German for Reading Knowledge

Fourth Edition

German for Reading Knowledge

Fourth Edition

Hubert Jannach

Purdue University

Richard Alan Korb

Columbia University

HH Heinle & Heinle Publishers
Boston, Massachusetts 02116, U.S.A.
A division of International Thomson Publishing, Inc.
I(T)P® The ITP logo is a trademark under license.

Boston • Albany • Bonn • Cincinnati • Detroit • Madrid • Melbourne • Mexico City
New York • Paris • San Francisco • Singapore • Tokyo • Toronto • Washington

The publication of **German for Reading Knowledge, Fourth Edition** was directed by the members of the Heinle & Heinle College Foreign Language Publishing Team:

Wendy Nelson, Editorial Director
Tracie Edwards and Amy R. Terrell, Market Development Directors
Gabrielle B. McDonald, Production Services Coordinator
Diana Bohmer, Associate Developmental Editor

Also participating in the publication of this program were:

Publisher: Vincent P. Duggan
Managing Editor: Beth Kramer
Project Manager: Kris Swanson
Assistant Editor: Beatrix Mellauner
Production Assistant: Lisa Winkler
Manufacturing Coordinator: Wendy Kilborn
Interior Designer: Mary Reed/Imageset Design
Cover Designer: Gina Petti/Rotunda Design House
Compositor: Christine Wilson/IBC

Library of Congress Cataloging-in-Publication Data

Jannach, Hubert.
     German for reading knowledge / Hubert Jannach. Richard Korb. —
4th edition
        p.   cm.
     Includes index.
     ISBN 0-8384-7835-2
     1. German language—Grammar. I. Korb, Richard. II. Title.
PF3112.J3   1997
438.2'421—dc21   97-15474
                                                  CIP

Heinle & Heinle Publishers is a division of International Thomson Publishing, Inc.

Manufactured in the United States of America

ISBN 0-8384-7835-2

10 9 8 7 6 5 4

CONTENTS

–Warst du in Vietnam, Carl? –Ja, ich war zwei Jahre in Vietnam.
Es war schrecklich.
"Were you in Vietnam, Carl?"
"Yes, I was in Vietnam for two years. It was terrible."

–Waren Sie im Konzert, Herr Mahler? –Ja, ich war im Konzert.
Die Musik war sehr gut.
"Were you at the concert, Mr. Mahler?"
"Yes, I was at the concert. The music was very good."

Das Buch von Günther Grass war lang. Die Bücher von Thomas
Mann waren sehr lang.
*The book by Günther Grass was long. The books by Thomas
Mann were very long.*

Examine the two verb forms in the last example. **Das Buch,** a singular
noun, is the subject of the first sentence; **war** is the singular form of the
verb in the third person, corresponding to the singular third-person subject. **Die Bücher,** a plural noun, is the subject of the second sentence;
waren is the plural form of the verb and corresponds to the plural subject. These examples illustrate an important rule: *subject and verb agree
in number.* Whenever you see a verb ending in **-en** or **-n** (or the form
sind), you know immediately that the subject is plural, with the exception of the formal **Sie** with singular meaning (in the next-to-last example).
Which other sentences exhibit a plural subject and verb?

In all conjugations, pay particular attention to verb forms in the third
person singular or plural; these forms constitute the vast majority of the
verb forms encountered in academic reading.

IV. Interrogatives

A. Common interrogatives

wann?	*when?*	wie?	*how?*
warum?	*why?*	wie viele?	*how many?*
was?	*what?*	wieviel?	*how much?*
was für ein?	*what kind of?*	wo?	*where?*
welcher?	*which, what?*	wohin?	*where to?*
wer?	*who?*		

B. Word order in information questions

Interrogatives seek information specifically related to the question word
that initiates the question. The main verb of the sentence follows the
interrogative in second position. In the case of such questions as **was für**

ein?, **welcher?**, **wieviel?**, and **wie viele?**, qualifiers accompany the interrogative and also precede the verb. Note the position of each interrogative and verb in the following questions.

Wo ist die Universität? *Where is the school (university)?*
Wohin gehen Sie? *Where are you going (to)?*
Was für ein Buch ist das? *What kind of a book is that?*
Was für Bücher sind das? *What kind of books are they?*
Wieviel kostet das Buch? *How much does the book cost?*
Wie viele Studenten sind hier? *How many students are here?*

Which German interrogative would be used to ask these questions?

1. When are you going to class?
2. Who is learning German?
3. Where do you live?
4. What kind of a teacher is Professor Korb?
5. Why are you studying philosophy?
6. Where are you going (to) today?

Basic Vocabulary

aber but, however
alt old
auch also, too
Berg *(m.)* mountain
berühmt famous
deutsch German
Deutschland *(n.)* Germany
dort there
ein a, an, one
einige some, several
Erde *(f.)* earth
Frage *(f.)* question
Frau *(f.)* Mrs., Ms., woman, wife
Fräulein *(n.)* Miss, young woman
Geographie *(f.)* geography
Geschichte *(f.)* history
groß large, great

gut good
Herr *(m.)* Mr., gentleman
hier here
hoch, hoh- high
ja yes
Jahr *(n.)* year
kein no, not any
krank sick, ill
Kunst *(f.)* art
Land *(n.)* land, state, country
natürlich of course, naturally
nicht not
Österreich *(n.)* Austria
Patient *(m.);* **Patientin** *(f.)* patient
schön beautiful, nice
schrecklich terrible, dreadful
Schule *(f.)* school

sehr very
sein to be
Stadt *(f.)* city
studieren to go to college/university
Tag *(m.)* day
und and
wann when
was what
Wasser *(n.)* water
wer who
wie how
wie viele how many
wieviel how much
Wissenschaft *(f.)* science
wo where
Woche *(f.)* week
Zahl *(f.)* number
ziemlich fairly, rather

Exercises

Many cognates occur in the first few chapters. If a word is not listed in the chapter vocabulary list, employ "intelligent guessing" and try to infer its meaning from the context before consulting the vocabulary list at the end of the book.[1] Be careful of singulars and plurals—remember the rule about **sind** and verbs ending in **-en** or **-n.** Adjectives and nouns may have endings added to the form given in the vocabulary. For the time being disregard these endings; they will be explained in later lessons.

1. Die Erde hat sieben (7) Kontinente: Afrika, Asien, Australien, Europa, Nordamerika, Südamerika und die Antarktis. Wie viele Studenten studieren Geographie?
2. China ist ein großes Land in Asien. Brasilien liegt in Südamerika. Wo liegt Kanada?
3. Wo ist die Zugspitze? Sie ist ein Berg in Deutschland.
4. München ist eine schöne alte Stadt. Sie ist die Hauptstadt von Bayern.
5. Österreich ist ein sehr schönes Land. Wie heißt die Hauptstadt von Österreich?
6. –Wie war die Temperatur? –Sie war sehr hoch. Der Patient ist ziemlich krank.
7. –Wie war das Wasser? –Es war klar aber sehr kalt. Die Temperatur war schrecklich.
8. –Wer war Max Planck? –Er war ein berühmter deutscher Physiker. Die Physik ist eine Naturwissenschaft.
9. Das Max-Planck-Institut ist ziemlich neu, aber sehr berühmt für Chemie und Biologie.
10. Die Universitäten in Deutschland sind gut. Einige sind auch sehr berühmt.
11. Die Universität Heidelberg ist sehr alt. Im Jahre 1986 war die Universität 600 Jahre alt. Sie liegt natürlich in Heidelberg.
12. Die Studenten studieren dort Naturwissenschaften, Politik, Geschichte, Musik und Kunst. Was studieren Sie?
13. Ich studiere Philosophie. Platon und Sokrates waren Philosophen. Sie waren Griechen.

2. **liegen** *to lie*
3. **Zugspitze** (*f.*) *highest mountain in Germany* (2,963 m)

4. **Hauptstadt** (*f.*) *capital city*
7. **klar** *clear*
13. **Griece** (*m.*) *Greek*

---

1. Numbers on vocabulary items beneath exercises refer to the corresponding practice sentence.

14. Ich studiere Kunstgeschichte und Architektur. Van Gogh war ein berühmter holländischer Künstler. Otto Wagner war ein großer Wiener Architekt.
15. Der Geist ist willig, aber das Fleisch ist schwach.
16. Der Student ist willig, aber er ist nicht sehr intelligent.
17. Ich bin zehn Jahre alt. Wie alt bist du, Fritz? Wie alt sind Sie, Herr Müller?
18. Wann war Frau Wagner in Berlin? Sie war dieses Jahr in Berlin. Wann waren Sie dort, Herr Korb? Ich war 1989 und 1995 in Berlin. Es ist eine phantastische Stadt.
19. Hamlet war ein dänischer Prinz. Die Geschichte ist tragisch. Shakespeares Theaterstück ist eine Tragödie.
20. „Sein oder nicht sein, das ist hier die Frage." Hamlet, V.1.

14.	**Kunstgeschichte** (*f.*) *art history*	15.	**willig** *willing*
	holländisch *Dutch*		**Fleisch** (*n.*) *flesh, meat*
	Wiener (*city names used as*		**schwach** *weak*
	adjectives end in **-er**) *Viennese*	18.	**dieses** *this*
15.	**Geist** (*m.*) *spirit, ghost*	19.	**Theaterstück** (*n.*) *theater play*

ZAHLEN: DER SCHULTAG

In Kapitel Eins lernen wir die zwölf Monate, die sieben Wochentage und die Zahlen von eins bis zwölf. Monat Nummer eins ist Januar. Nummer zwei ist Februar. Nummer drei und vier sind März und April. Mai ist Monat Nummer fünf. Die Sommermonate –
5 Juni, Juli und August – sind Monate sechs, sieben und acht. Die Schule beginnt im Monat Nummer neun, im September. Oktober ist Nummer zehn, und November und Dezember sind elf und zwölf. Die Zahlen von eins bis zwölf sind: eins, zwei, drei, vier, fünf, sechs, sieben, acht, neun, zehn, elf, zwölf. Wie heißen die zwölf Monate?
10   Eine Woche hat sieben Tage: Montag, Dienstag, Mittwoch, Donnerstag, Freitag, Samstag und Sonntag. Wie heißt Tag Nummer sechs? Nummer vier? Nummer eins? Wie viele Tage pro Woche lernen Sie Deutsch?
   Albert geht fünf Tage pro Woche zur Schule. Samstags und
15 sonntags ist die Schule geschlossen. Die Schule beginnt um neun Uhr. Von neun Uhr bis zehn Uhr lernt Albert Geometrie und Mathematik.

1	**Monat** (*m.*) *month*	2	**Nummer** (*f.*) *number*
	Wochentage (*pl.*) *days of the week*	14	**geht zur Schule** *goes to school*
2	**von ... bis** *from . . . to*		

In der Klasse lernt er:

Ein Dreieck hat drei Seiten und drei Winkel. Wie viele Seiten hat ein Viereck? Ein Viereck hat natürlich vier Seiten. Wie viele Seiten hat das Pentagon in Washington, D.C.? Kreise haben keine Winkel. Sie sind rund.

Wieviel ist vier plus fünf? Die Antwort ist: neun. Wieviel ist eins und sechs? Natürlich, sieben. Wieviel ist zehn minus acht? Zehn minus acht ist zwei. Wieviel ist elf minus elf? Elf minus elf ist null. Drei mal drei ist neun. Wieviel ist –4 mal 2? Die Antwort ist –8. Mathematik ist ziemlich einfach.

Um zehn Uhr lernt Albert englische Literatur. Die Schüler lesen Shakespeares Hamlet: Ist Hamlet krank, oder ist Dänemark krank? „Sein oder nicht sein, das ist hier die Frage." Shakespeare ist natürlich sehr berühmt in Deutschland und Österreich.

Um elf Uhr ist Geographie. Albert lernt, wo die Schweiz ist. Die Schweiz liegt südlich von Deutschland und Österreich. Deutsch ist Sprache Nummer eins hier, aber Französich ist Nummer zwei, Italienisch ist Nummer drei und Rätoromanisch ist Nummer vier. Was ist die Hauptstadt von der Schweiz? Die Stadt Bern ist die Hauptstadt von der Schweiz.

Es ist zwölf Uhr. Albert ist ziemlich hungrig: das Brötchen in seinem Lunch ist sehr gut.

18	**Dreieck** (*n.*) *triangle*	25	**mal** *times*
	Seite (*f.*) *side*	26	**einfach** *simple*
	Winkel (*m.*) *angle*	31	**Schweiz** (*f.*) *Switzerland*
20	**Kreis** (*m.*) *circle*	32	**südlich von** *south of*
21	**rund** *round*	34	**Rätoromanisch** (*n.*) *Romansh*
22	**Antwort** (*f.*) *answer*	37	**Brötchen** (*n.*) *roll, sandwich*
24	**null** *zero*		

KAPITEL 2

I. Case: Nominative and Accusative

Case is a grammatical phenomenon of which one need not be especially aware in order to read and understand a language such as English. German, however, has four distinct grammatical cases—nominative, accusative, dative, and genitive—which determine the function of the noun. We learn to differentiate among the cases and determine the function of the noun first of all by means of its definite article. The definite article, which also signals the gender and number of a German noun, indicates a noun's case by means of endings. The article assumes different forms in each of the cases and, thus, provides information that is key to understanding the noun's function and the overall meaning of the sentence. The forms of the definite article you learned in **Kapitel 1** were in the nominative case. We continue our declension below to include the accusative case.

	Singular			Plural
	Masculine	Feminine	Neuter	All genders
Nominative:	der	die	das	die
Accusative:	den	die	das	die

Since masculine articles exhibit a distinct change in the transition from nominative to accusative, they clearly indicate the masculine noun's function. Note, however, that feminine, neuter, and plural nouns have the same definite article in both nominative and accusative cases. Paying close attention to context will help you ascertain the case and function of plural nouns.

A. Nominative

The nominative case indicates or *names* the subject and/or the predicate noun, also called the predicate nominative, in a sentence.

> **Der Mann** ist intelligent.
> *The man is intelligent.* (masculine subject)
> **Die Frau** arbeitet viel.
> *The woman works a lot.* (feminine subject)
> **Das Kind** singt und tanzt.
> *The child is singing and dancing.* (neuter subject)

Predicate nouns occur with the verbs **sein** *(to be)*, **werden** *(to become)*, and **heißen** *(to be called, be named)*. These verbs function like an equal sign indicating that the subject is equivalent to its predicate nominative.

> **Der Mann** ist **der Reporter.**
> *The man is the reporter.* (masculine subject and predicate)
> **Die Frau** wird **die** erste **Präsidentin.**
> *The woman is going to be the first president.* (feminine subject and predicate)
> **Der** erste **Präsident** heißt **der Vater** seines Landes.
> *The first president is called the father of his country.* (masculine subject and predicate)
> **Die Kinder** sind **die Zukunft.**
> *The children are the future.* (plural neuter subject and feminine predicate)

The nominative interrogative is **wer** *(who)*.

> –Wer ist intelligent? –Der Mann ist intelligent.
> –Wer ist der Reporter? –Der Mann ist der Reporter.

B.   Accusative

In addition to a nominative subject, the following examples also have accusative direct objects. The direct object is the *target of the action* expressed in the verb.

> Der Student studiert **die Geschichte** von Berlin.
> *The student is studying the history of Berlin.*
> Das Buch beschreibt **die Situation** 1989 in Berlin.
> *The book describes the situation in Berlin in 1989.*
> Das Buch beschreibt auch **den Mauerfall.**
> *The book also describes the fall of the Wall.*
> Der Autor findet **die Situation** sehr komplex.
> *The author finds the situation very complex.*
> **Den Mauerfall** versteht der Student, aber **die Situation** versteht er nicht.
> *The student understands the fall of the Wall, but he does not understand the situation.*
> Der Student fragt **den Lehrer.**
> *The student asks the teacher.*
> Der Lehrer erklärt **die Situation, die Mauer** und **den Mauerfall.**
> *The teacher explains the situation, the Wall, and the fall of the Wall.*

Context as well as grammatical endings help us to identify and differentiate between subjects (in the nominative) and direct objects (in the accusative). Note the inverted word order in the fifth example, with the direct object in the first position (verb in second position, followed immediately by subject) to emphasize what it is that the student does and does not understand. Case signifiers and context clarify each noun's function.

The accusative interrogative is **wen** (*whom*).

> –Wen kennt die Studentin? –Den Professor kennt die Studentin.
> –Wen kennt der Professor nicht? –Die Studentin kennt der
>   Professor nicht.
> Wer kennt wen?

II. Infinitive

Vocabularies and dictionaries normally list only the infinitive form of the verb, e.g., **gehen** (*to go*), **kennen** (*to know*), **sagen** (*to say*), **liefern** (*to supply, deliver*), **handeln** (*to act*). These forms consist of a stem plus the ending **-en** or **-n: geh + en, kenn + en, sag + en, liefer + n, handel + n.**

Due to the close relationship of German and English, there are a large number of German and English infinitives that are nearly identical cognates (subtract the **-en** in German). You should recognize the following verbs readily.

beginnen	helfen	scheinen	springen
bringen	hören	schwimmen	starten
enden	kommen	senden	stinken
fallen	kosten	setzen	stoppen
finden	landen	singen	trinken
geben	lernen	sinken	wandern
gewinnen	salzen	sitzen	waschen
hängen			

III. Present Tense of Regular Verbs

sagen *to say*

ich sage *I say, am saying, do say*
du sagst *you say, are saying, do say*
er/sie/es sagt *he/she/it says, is saying, does say*

wir sagen *we say, are saying, do say*
ihr sagt *you say, are saying, do say*
sie sagen *they say, are saying, do say*
Sie sagen *you say, are saying, do say*

antworten *to answer*

ich antworte *I answer, am answering, do answer*
du antwortest *you answer, are answering, do answer*
er/sie/es antwortet *he/she/it answers, is answering, does answer*
wir antworten *we answer, are answering, do answer*
ihr antwortet *you answer, are answering, do answer*
sie antworten *they answer, are answering, do answer*
Sie antworten *you answer, are answering, do answer*

A. Meanings

Note the three English meanings that equate to the German. When translating verbs, use the form that seems most appropriate to the context. The degrees of differentiation become clear on comparison of German and English responses that might occur, for example, in the following three situations when one is unsure of how to greet a new acquaintance in a new environment.

- You are convinced you know exactly what to do:
  Ich sage „hello".
    I say "hello."

- You are not quite sure of yourself:
  Sage ich „hello" oder „hi"?
    Do I say "hello" or "hi"?

- After choosing "hi," you regret it immediately:
  Was sage ich? „Hi" ist nicht richtig!
    What am I saying? "Hi" isn't right!

B. Endings

The present tense is formed from the stem of the infinitive. The infinitive ending is dropped and the personal endings are added. To find the meaning of a verb in the dictionary, look up the infinitive (verb stem plus **-en** or **-n**).

Verbs whose infinitive stems end in **-d-, -t-,** or in certain consonant clusters (**öffnen, regnen**) are conjugated like the verb **antworten.** An **e** precedes the endings **-st** and **-t.**

Du antwort**est** auf Frage Nummer eins, und er antwort**et** auf Nummer zwei.
You answer question number one, and he answers question number two.
Das Institut eröff**net** im Sommer 1999 das neue Museum. *The institute is opening the new museum in the summer of 1999.*
Ich öff**ne** das Buch. *I'm opening the book.*
Es reg**net** viel im Frühjahr. *It rains a lot in spring.*
Es reg**net** nie im Süden von Kalifornien.
It never rains in southern California.

Verbs whose infinitive stem ends in **-s-, -ß-, -tz-,** or **-z-** drop the **-s** of the **-st** ending, so that the second- and third-person forms are identical in appearance.

> **heißen** *(to be called, named):* ich heiße, du heißt, er/sie/es heißt
> **sitzen** *(to sit):* ich sitze, du sitzt, er/sie/es sitzt

When the stem of the infinitive ends in **-el-** or **-er-,** e.g., **behandeln, liefern,** the first person singular usually drops the **e** of the stem, and the first- and third-person plural endings of the verb are **-n.**

behandeln *to handle, treat*

ich behandle	wir behandeln
du behandelst	ihr behandelt
er/sie/es behandelt	sie/Sie behandeln

liefern *to supply, deliver*

ich liefre	wir liefern
du lieferst	ihr liefert
er/sie/es liefert	sie/Sie liefern

Das Theaterstück behandelt die Tragödie von Hamlet aus Olivias Perspektive.
The play treats Hamlet's tragedy from Olivia's perspective.
Ich behandle in meinem Essay das Thema Hunger in Afrika.
In my essay I deal with the topic of hunger in Africa.
Die Firma liefert 9000 neue Autos.
The firm is delivering 9,000 new automobiles.
Die NATO-Truppen liefern Essen und Waren an die Menschen in Bosnien.
The NATO troops are delivering food and supplies to the people in Bosnia.

IV. Present Tense of the Verb *haben (to have)*

haben

ich habe	wir haben
du hast	ihr habt
er/sie/es hat	sie/Sie haben

What are the three possible translations for each form?

V. The Metric System

Here is a table with conversions from the metric system to the American system of measures.

Gewichte		*Weight measures*
1 Gramm	=	*0.03 ounce*
1 Pfund		
(500 Gramm)	=	*1.1 pounds*
1 Kilogramm/1 Kilo		
(1000 Gramm)	=	*2.2 pounds*
28 Gramm	=	*1 ounce*
0,45 Kilo	=	*1 pound*
900 Kilo	=	*1 U.S. ton (2,000 lbs)*

Flüssigkeitsmaße		*Liquid Measures*
1/4 Liter	=	*0.53 pint*
1/2 Liter	=	*1.06 pints*
1 Liter	=	*1.06 quarts*
0,47 Liter	=	*1 pint*
0,95 Liter	=	*1 quart*
3,8 Liter	=	*1 gallon*

Entfernungen		*Distances*
1 Zentimeter		
(10 Millimeter)	=	*0.4 inch*
1 Meter		
(100 Zentimeter)	=	*39.5 inches/1.1 yards*
1 Kilometer		
(1000 Meter)	=	*0.62 mile*

Entfernungen		Distances
2,5 Zentimeter	=	1 inch
0,3 Meter	=	1 foot
0,9 Meter	=	1 yard
1,6 Kilometer	=	1 mile

Temperaturen		Temperatures
0° Celsius	=	32° Fahrenheit
100° Celsius	=	212° Fahrenheit
°C (to convert from °F)	=	10 times (F − 32) ÷ 18
°F (to convert from °C)	=	18 times (C ÷ 10) + 32

Basic Vocabulary

all- all, every
Arbeit (f.) work
arbeiten to work
behandeln to handle, treat, deal with
bei at
Beispiel (n.) example
betrachten to observe
Blut (n.) blood
Buch (n.) book
denken to think
europäisch European
fast about, almost
gebrauchen to use, employ
Geld (n.) money
gesund healthy
handeln to act, trade

heißen to be called, be named
heute today
jetzt now
kalt cold
kennen to know, be acquainted with
Länge (f.) length
Leben (n.) life
Licht (n.) light
liefern to supply
machen to do, make, cause
Mann (m.) man, husband
meist most
Mensch (m.) mankind, human being, person

nein no
neu new
öffnen to open
Pflanze (f.) plant
regnen to rain
Staat (m.) state
Tier (n.) animal
ungefähr approximately
untersuchen to examine, investigate
versichern to insure
viel much
Welt (f.) world
wenig little, few
wichtig important
wiegen to weigh
z.B. (zum Beispiel) e.g. (for example)

Exercises

1. –Wieviel Geld hast du, Hans? –Ich habe wenig Geld, aber ich arbeite sehr viel. Wir alle arbeiten viel.
2. –Wo arbeitet ihr? –Wir arbeiten in einer Fabrik. Es ist eine Chemiefabrik.

2. **Fabrik** (f.) factory

3. Man sagt: „Arbeit macht das Leben süß.“
4. Deutschland hat viele gute Universitäten. Ich denke z.B. an die Freie Universität Berlin oder an die Technische Hochschule in Darmstadt.
5. Einige Studenten studieren Deutsch. Hanna studiert Spanisch, und sie lernt sehr schnell. Was studiert ihr? Studiert ihr Englisch, Spanisch oder Deutsch?
6. Ich studiere Wirtschaft und Geographie. Ich finde Geld und die Erde interessant, und auch wichtig.
7. Gold und Silber haben heute einen hohen Wert.
8. Der Äquator hat eine Länge von 40 070 Kilometern. Ecuador liegt direkt am Äquator in Südamerika.
9. Kanada hat viele hohe Berge und schöne Seen. Das Wasser in den Seen ist kalt und klar.
10. Wir betrachten jetzt ein konkretes Beispiel. Öffnen Sie das Buch!
11. –Kennen Sie das Buch? –Nein, ich kenne das Buch nicht.
12. –Karl, kennst du den Mann? –Ja ich kenne den Mann, er heißt Harro Müller.
13. –Wie heißen Sie? –Ich heiße auch Müller, Marlena Müller. Wer sind Sie?
14. Der Historiker untersucht jetzt eine wichtige Quelle. Er sucht neue Informationen.
15. Der Mensch verändert die Umwelt, und die Umwelt verändert den Menschen.
16. Ein Bus befördert 40 Personen und braucht 20 Liter Benzin auf 100 Kilometer. Das sind 20:40 oder 1,5 Liter pro Person. Ist das Verkehrsmittel gut für die Umwelt?
17. Die Schwedische Akademie in Stockholm wählt die Nobelpreisträger.
18. Die Nobelpreisträgerin für Medizin war 1995 die deutsche Professorin Christiane Nüsslein-Volhard.
19. Nüsslein-Volhard ist Direktorin am Max-Planck-Institut für Entwicklungsbiologie in Tübingen.

3. **süß** *sweet*
4. **denken an** *to think about*
6. **Wirtschaft** *(f.)* *economics*
7. **Wert** *(m.)* *value, price*
   Weltbank *(f.)* *World Bank*
9. **See** *(m.)* *lake*
10. **Öffnen Sie!** *(imperative form) Open!*
14. **Historiker** *(m.)* *historian*
   Quelle *(f.)* *source*
15. **verändern** *to change, alter*
15. **Umwelt** *(f.)* *environment*
16. **befördern** *to transport*
   Benzin *(n.)* *gasoline*
   Verkehrsmittel *(n.)* *means of transportation*
17. **wählen** *to choose, select*
   Nobelpreisträger *(pl.)* *Nobel Prize winners*
19. **Entwicklungsbiologie** *(f.) developmental biology*

20. Einige Künstler benötigen Finanzierung vom Staat, aber der Staat gibt heute wenig Geld.
21. Fast alle europäischen Staaten gebrauchen das metrische System.
22. Ein Liter Wasser bei vier Grad Celsius wiegt ein Kilogramm.
23. Die Vereinigten Staaten (die USA) gebrauchen das metrische System viel weniger.

20. **benötigen** *to require*

DAS METRISCHE SYSTEM

Die meisten europäischen und viele außereuropäische Staaten gebrauchen das metrische System. Wissenschaftler in der ganzen Welt gebrauchen fast ausschließlich das metrische System.

5   Die Einheit des Längenmaßes ist der Meter, die Einheit des Gewichtsmaßes ist das Kilogramm. Kilo bedeutet in Verbindung mit Maßen und Gewichten „tausend". 1000 Meter entsprechen daher einem Kilometer. Ein Meter entspricht ungefähr dem 40 000 000sten Teil des Äquators. Ein Meter hat 10 Dezimeter, 100 Zentimeter und
10 1000 Millimeter. Eine Seemeile entspricht 1852 Metern.

    Ein Kilogramm ist das Gewicht eines Liters destillierten Wassers bei 4 Grad Celsius. In Deutschland hat ein Pfund 500 Gramm; daher hat ein Kilogramm zwei Pfund. In den USA hat ein Pfund 453,6 Gramm; daher hat ein Kilogramm ungefähr 2,2 (*read:* zwei Komma
15 zwei) Pfund. Ein Kilogramm (kg) hat hundert Dekagramm (dkg) und tausend Gramm (g).

1	**außereuropäisch** *non-European*	7	**Maß** (*n.*) *measure*
2	**Wissenschaftler** (*pl.*) *scientists*		**entsprechen** *to correspond (to)*
3	**ganz** *whole, entire*		**daher** *therefore*
5	**Einheit** (*f.*) *unit*	8	**40 000 000ste** *40,000,000th*
	des *of the*	9	**Teil** (*m.*) *part*
	Längenmaß (*n.*) *linear measure*	10	**Seemeile** (*f.*) *nautical mile*
6	**bedeuten** *to mean*	11	**eines** *of a*
	in Verbindung mit *in connection with*	12	**Pfund** (*n.*) *pound*

KAPITEL 3

I. Dative

Dative case nouns function as indirect objects or as objects of so-called dative verbs, adjectives, or prepositions. The function of the dative noun is to indicate to whom or for whom something is *done*. The definite articles of singular dative nouns are **dem** for masculine, **der** for feminine, and **dem** for neuter. Plural dative-case nouns take the definite article **den** plus an -**(e)n** ending where possible. The dative interrogative **wem** means *to whom* or *for whom*.

	Singular			Plural
	Masculine	**Feminine**	**Neuter**	**All genders**
Nominative:	der	die	das	die
Accusative:	den	die	das	die
Dative:	dem	der	dem	den (+ **n**)

Nouns themselves may also take endings; note, for example, the extra -**n** added to dative plural nouns.

A. Indirect object

The dative articles and nouns printed in boldface in the following sentences are examples of indirect objects. For assistance in identifying the gender and case of any of the other nouns, refer to the outline above.

> Der Professor gibt **der Studentin** den Artikel über die Ökologie.
> *The professor gives the article about ecology **to the student**.*
> or: *The professor gives **the student** the article about ecology.*
> Die Sonne gibt **der Erde** Wärme.
> *The sun gives **the earth** warmth.*
> Der Regisseur erklärt **dem Schauspieler** den Text. **Wem? Dem Schauspieler.**
> *The director explains the text **to the actor**. **To whom? To the actor.***
> Wir zeigen **den Besuchern** das Parlament.
> *We are showing the parliament **to the visitors**.* or: *We are showing **the visitors** the parliament.*

Indirect object nouns (dative nouns) precede direct object nouns (accusative nouns) in German sentence structure. This may or may not be the case in the English translation where the regular German word order (*nominative subject noun + verb + dative indirect object noun + accusative direct object noun*) is translated with a prepositional phrase to indicate to whom or for whom the action is done. Pronouns can alter the sequential pattern.

Some verbs occur with both an indirect (dative) and a direct (accusative) object. Common examples are **erklären** *(to explain),* **geben** *(to give),* **kaufen** *(to buy),* **schenken** *(to present),* **schicken** *(to send),* **zeigen** *(to show).*

In the following examples, ask yourself who is doing what to/for whom.

> Der Architekt zeigt dem Ingenieur die Pläne für das neue Haus.
> *The architect is showing the engineer the plans for the new house.* or: *The architect is showing the plans for the new house to the engineer.*
> Der Großindustrielle schenkt dem Staat das Grundstück.
> *The industrialist is giving the land to the government.*
> –Wem schicken Sie die Rechnung? –Ich schicke dem Industriellen die Rechnung.
> *"To whom are you sending the bill?"*
> *"I'm sending the bill to the industrialist."*
> Die Kindergärtnerin kauft den Kindern die Eintrittskarten fürs Museum.
> *The preschool teacher buys the children the tickets for the museum.*

B.   Dative verbs

German also has a number of *dative verbs* in which the act of giving something is implicit or the preposition *to* is understood. These situations result in a dative object.

> Ich helfe **dem Regisseur.**
> *I help the director. (= I give help to the director.)*
> Wir danken **der Professorin.**   *We thank the professor.*
> *(= We give [our] thanks to the professor.)*
> Wir glauben **den Berichten.**   *We believe the reports.*
> *(= We put our belief in the reports.)*
> Die Bücher gehören **der Universität.**
> *The books belong to the university.*

Common verbs with dative objects are **antworten** *(to answer),* **danken** *(to thank),* **gefallen** *(to be pleasing to),* **gehören** *(to belong to),* **glauben** *(to believe),* **helfen** *(to help),* **schmecken** *(to taste),* **zuhören** *(to listen to).*

II. Genitive

The genitive case primarily denotes possession. Relations between possessed and possessor are indicated largely by genitive articles. The genitive article in German for masculine and neuter nouns is **des** and is accompanied most often by an **-(e)s** attached to the masculine or neuter noun. The genitive article for all feminine and plural nouns is **der.** Feminine and plural nouns have no special genitive ending. Schematically, the definite articles in the genitive case in German are as follows.

	Singular			Plural
	Masculine	Feminine	Neuter	All genders
Genitive:	des (+ **s**)	der	des (+ **s**)	der

The genitive articles **des, der, des, der** can be translated roughly as *of the.*

der Name **des** Künstlers *the artist's name; the name of the artist*
das Werkzeug **des** Arbeiters *the worker's tool*
der Verlauf **der** Revolution *the course of the revolution*
das Jahr **der** Frau *the Year of the Woman*
die Farbe **des** Hauses *the color of the house*
die Macht **der** Kirchen *the power of the churches*
der Einfluß **der** Kirche *the influence of the church*
die Meinung **der** Leute
  the people's opinion; the opinion of the people
die Stimme **des** Volkes *the voice of the populace (people)*

Articles and noun endings are essential keys to deciphering relationships between nouns in a German sentence. For example, once the reader recognizes the pattern *article + noun + article + noun,* it is a simple procedure to ascertain whether the pattern indicates possession (Hier ist **das Geld des Mannes:** the second article and noun are genitive) or an indirect/direct object relationship (Ich gebe **dem Mann das Geld:** dative followed by accusative).

In der Kritik schreibt der Autor über die Meinung **des Volkes** und die Macht **der Kirche.** (possession)
In the critique the author writes about the opinion of the people and the power of the church.

Das Volk gibt **der Kirche das Geld.** (indirect/direct object)
The people give the money to the church.
Die Professorin fragt: „Wie heißt der Titel **des Buches?"**
(possession)
The professor asks: "What is the title of the book?"
Der Student sagt **der Professorin den Titel.** (indirect/direct
object)
The student tells the professor the title.
Das Buch heißt: „Im Namen **des Vaters".** (possession)
The book is called In the Name of the Father.

Possession or a possessive relationship between German nouns (English *of the* or *'s*) is almost always expressed in the genitive case. Please note that the **-(e)s** ending may at first lead you to misidentify singular masculine or neuter nouns as plurals (because of the great frequency of the plural *-s* ending in English). The **-s** ending in German is rare as a plural ending. Be careful of this misconception when translating into English; do not mistake these singular genitive forms for plurals!

III. Plural of Nouns

Plural noun endings exhibit a much greater variety in German than is the case in English. Plural endings are best learned along with the gender and meaning of nouns when you first encounter them in your reading. It is not necessary, however, to memorize the plural ending of every noun in order to recognize the plural mode in most situations. In **Kapitel 1** you already encountered the most important rule for determining if the subject is singular or plural: *Subject and verb always agree in number.* Whenever you see a verb ending in **-en** or **-n** or the form **sind,** you know immediately that the subject is plural, with the exception of the formal, singular **Sie.**

It is also easy to recognize a plural noun in a dative situation because of the *double -n configuration:* The article ends in **-n** and the noun also ends (wherever possible) in **-n.** Plural genitive nouns have no ending. Context is of key importance in recognizing whether accusative nouns are singular or plural.

In vocabularies and dictionaries you will generally find plurals indicated with the symbols given below in the right-hand column. Study the various plural endings and the symbols used to indicate them. Noting the plural form of nouns will assist you in becoming a more accurate reader and/or a more efficient translator.

Singular	Plural	Change	Dictionary symbol
der Verfasser *author*	die Verfasser	no change	–
der Mantel *coat*	die Mäntel	umlaut added	¨
der Versuch *experiment*	die Versuche	**e** added	**-e**
der Sohn *son*	die Söhne	umlaut plus **e**	**¨e**
der Mann *man*	die Männer	umlaut plus **er**	**¨er**
das Lied *song*	die Lieder	**er** added	**-er**
der Gedanke *thought*	die Gedanken	**n** added	**-n**
das Auto *auto*	die Autos	**s** added	**-s**
die Frau *woman*	die Frauen	**en** added	**-en**

IV. *N*-nouns

Masculine nouns that take an **-(e)n** ending in the plural also take an **-(e)n** ending in the accusative, dative, and genitive singular. Note the potential for confusion because of the similarity of forms.

Nominative singular:	der Mensch der Student	der Planet der Präsident
Nominative plural:	die Menschen die Studenten	die Planeten die Präsidenten
Accusative singular:	den Menschen den Studenten	den Planeten den Präsidenten
Accusative plural:	die Menschen die Studenten	die Planeten die Präsidenten
Dative singular:	dem Menschen dem Studenten	dem Planeten dem Präsidenten
Dative plural:	den Menschen den Studenten	den Planeten den Präsidenten

Genitive singular:	des Menschen	des Planeten
	des Studenten	des Präsidenten
Genitive plural:	der Menschen	der Planeten
	der Studenten	der Präsidenten

These nouns are called *n-nouns.* To help you be aware of this feature, the vocabulary lists in this book indicate n-nouns as follows.

Mensch *(m., n-noun),* **-en** *human being*
Planet *(m., n-noun),* **-en** *planet*

Most dictionaries list a masculine noun like **Mensch** as follows.

Mensch *(m.),* **-en, -en** human being

Pay particularly close attention to the article introducing any n-noun; this will help you to ascertain the noun's function and meaning in that particular situation.

V. Past Tense of Weak Verbs and of *haben*

	spielen	antworten	haben
	to play	*to answer*	*to have*
ich	spielte	antwortete	hatte
du	spieltest	antwortetest	hattest
er/sie/es	spielte	antwortete	hatte
wir	spielten	antworteten	hatten
ihr	spieltet	antwortetet	hattet
sie/Sie	spielten	antworteten	hatten

Weak verbs are verbs whose stem vowels do not change in the past tense, like the English verbs that take an *-ed* ending in the simple past: *to play—played; to answer—answered.* Strong verbs experience stem vowel changes in the past tense: *to sing—sang.*

The characteristic ending of the past tense of German weak verbs, such as **spielen,** is **-te.** Verbs whose stems end in **d** or **t** (e.g., **enden, antworten**) or in certain consonant clusters (e.g., **öffnen, regnen**) add an **-e-** in front of the past tense ending.

Present

er spielt   wir öffnen   ihr antwortet   er hat   ich habe

Past

er spielte   wir öffneten   ihr antwortetet   er hatte   ich hatte

VI. Meanings of the Past Tense

Just as in the present tense, German past tense may also have three English meanings. Use the one that best fits the context.

> Er spielte die Rolle von Hamlet.
> *He played the role of Hamlet.*
> *He was playing the role of Hamlet.*
> *He did play the role of Hamlet.*

Translate the following sentences, and pay close attention to the verb tenses.

1. Er hat in „Hamlet" eine gute Rolle. Er hatte in „Macbeth" eine bessere Rolle.
2. Die Frauen spielten die besten Rollen. Sie spielen immer die besten Rollen.
3. Ich hatte eine Frage *(question)*. Wer hat die Antwort?
4. Die Studenten hatten Fragen. Ich habe keine Antworten.
5. Der Professor antwortete dem Studenten.
6. Er öffnete das Buch.
7. Was sagte er? Was sagen Sie?
8. Wer hat keine Zeit *(no time)*?
9. Ich habe heute keine Zeit. Ich hatte auch gestern keine Zeit.
10. Sie fragte: „Warum antworten Sie nicht?"
11. Der Architekt zeigte dem Ingenieur die Pläne für das neue Haus.
12. Der Großindustrielle schenkte dem Staat das Landstück.
13. –Wem schickten Sie die Rechnung *(the bill)*? –Ich schickte dem Industriellen die Rechnung.
14. Die Kindergärtnerin kaufte den Kindern die Eintrittskarten fürs Museum.

VII. Cardinal Numbers

0	null	10	zehn	20	zwanzig
1	ein(s)	11	elf	21	einundzwanzig
2	zwei, zwo	12	zwölf	30	dreißig
3	drei	13	dreizehn	40	vierzig
4	vier	14	vierzehn	50	fünfzig
5	fünf	15	fünfzehn	60	sechzig
6	sechs	16	sechzehn	70	siebzig
7	sieben	17	siebzehn	80	achtzig
8	acht	18	achtzehn	90	neunzig
9	neun	19	neunzehn	100	hundert

1 000	tausend
1 000 000	eine Million
1 000 000 000	eine Milliarde *(billion)*
1 000 000 000 000	eine Billion *(trillion)*

Basic Vocabulary

antworten to answer
bauen to build
beantworten to answer
bedeuten to mean, signify
Bedeutung *(f.)*, **-en**
  meaning, significance
bekannt (well) known
bezahlen to pay
danken to thank
dann then
dienen to serve,
  be used for
einkaufen to shop (for)
Erfindung *(f.)*, **-en**
  invention
erst first, only
Farbe *(f.)*, **-n** color
Flüssigkeit *(f.)*, **-en** liquid
Forscher *(m.)*, **-;**
  Forscherin *(f.)*, **-nen**
  researcher

fragen to ask
gehören to belong to
gestern yesterday
Idee *(f.)*, **-n** idea
Jahrhundert *(n.)*, **-e**
  century
kaufen to buy
Luft *(f.)*, **⸚e** air
Monat *(m.)*, **-e** month
Ökologie *(f.)* ecology
Regisseur *(m.)*, **-e; Regis-**
  seurin *(f.)*, **-nen** director
  (movie, theater)
Römer *(m.)*, **-; Römerin** *(f.)*,
  -nen Roman
sagen to say
Schauspieler *(m.)*, **-;**
  Schauspielerin *(f.)*,
  -nen actor/actress
Teil *(m.)*, **-e** part
verkaufen to sell

Verkäufer *(m.)*, **-;**
  Verkäuferin *(f.)*, **-nen**
  salesman/woman
Versuch *(m.)*, **-e**
  experiment, attempt
Wärme *(f.)* warmth,
  heat
was für (ein) what
  kind of
Weltkrieg *(m.)*, **-e**
  world war
wirtschaftlich
  economic, industrial
wissenschaftlich
  scientific, scholarly
zählen to count
die Zahl *(f.)*, **-en**
  number
zahlen to pay
zeigen to show

1. Ein Jahr hat 12 Monate, 52 Wochen und 365 Tage.
2. Die Länge eines Schaltjahres ist aber 366 Tage.
3. –Warum beantworteten Sie die Frage nicht? –Ich hatte keine Zeit und keine gute Antwort.
4. Brecht erklärte den bekannten V-Effekt im Jahre 1929. („V" bedeutet „Verfremdung".)
5. Der Schauspieler spielt eine Rolle, aber er identifiziert sich nicht mit der Rolle.
6. Die Revolution des epischen Theaters änderte die deutsche Bühne.
7. Der V-Effekt dient der Verfremdung des Zuschauers.
8. Der Volkswagen beeinflußte die Geschichte des 20. Jahrhunderts.
9. Das wirtschaftliche Ausmaß der Erfindung war bedeutend.
10. Ein Amerikaner bestätigte die Spaltung des Plutoniums. Er sagte: „Die Spaltung des Plutoniums verdanken wir den Forschern des Instituts."
11. Der Versuch machte den Forschern große Schwierigkeiten.
12. Friedrich der Große sagte: „Der Fürst ist der erste Diener des Staates."
13. Der Fürst lebte in Zeiten der Unruhe.
14. Der erste Teil des Buches behandelt den Ersten Weltkrieg.
15. Der Erste Weltkrieg dauerte ungefähr vier Jahre.
16. Die Römer besetzten viele Teile Europas. Den Einfluß der Römer findet man überall.
17. Die moderne Kunst ist den meisten Menschen unverständlich.
18. Was ist die Hauptrolle der Dozenten in einem Museum? Sie helfen dem Publikum.
19. Die Ideen Platons beeinflußten viele Philosophen der folgenden Jahrhunderte.

2. **Schaltjahr** (*n.*), **-e** *leap year*
4. **V-Effekt** (*m.*), **-e** *alienation effect*
6. **Bühne** (*f.*), **-n** *stage*
8. **beeinflussen** *to influence*
9. **Ausmaß** (*n.*), **-e** *extent, impact*
   Erfindung (*f.*), **-en** *invention*
10. **bestätigen** *to confirm*
    Spaltung (*f.*) *splitting*
11. **Schwierigkeit** (*f.*), **-en** *difficulty*

12. **Fürst** (*m., n-noun*), **-en** *ruler*
    Diener (*m.*), **–** *servant*
13. **Unruhe** (*f.*), **-n** *unrest, upheaval*
15. **dauern** *to last*
16. **besetzen** *to occupy*
17. **unverständlich** *unintelligible*
18. **Hauptrolle** (*f.*), **-n** *main function*
    Dozent (*m., n-noun*), **-en** *docent*

20. Die Parteien in einer parlamentarischen Monarchie treffen die Entscheidungen in allen Staatsgeschäften, und der Monarch ist der Repräsentant des Staates.
21. Ein Verkäufer in einer Buchhandlung verkauft Bücher.
22. –Was für Bücher verkaufen Sie? –Ich verkaufe Bücher über Kunstgeschichte und Theaterwissenschaft.
23. –Wieviel kostet das Buch? –Es ist billig, es kostet nur zehn Mark.

20. **Partei** (f.), **-en** political party **Entscheidungen treffen** to make decisions **Staatsgeschäft** (n.), **-e** government business or matter	21. **Buchhandlung** (f.), **-en** bookstore 23. **kosten** to cost

I think this should be "count", and not "pay"

ZÄHLEN UND BEZAHLEN: HERR MÜLLER KAUFT BÜCHER EIN

In Kapitel Drei behandeln wir die Zahlen von zehn bis hundert. Die Zahlen von zehn bis hundert sind nicht kompliziert, sie sind ziemlich einfach. Von zehn an zählen wir: elf, zwölf, dreizehn, vierzehn, fünfzehn, sechzehn, siebzehn, achtzehn, neunzehn, zwanzig,
5 einundzwanzig, zweiundzwanzig usw. In dem folgenden Text erzählen wir den Studenten eine kurze Episode aus dem Leben des Herrn Müller.

Herr Müller, der bekannte Kommunikationstheoretiker aus Bielefeld, war gestern in einer Buchhandlung und kaufte einige
10 wissenschaftliche Bücher. Er kaufte Habermas' „Kultur und Kritik", Luhmanns „Reden und Schweigen" und einige andere Bücher über Kommunikationstheorie. Herr Müller fragte den Verkäufer: „Wieviel kosten die Bücher?" Der Verkäufer antwortete ihm: „Das Buch von Habermas kostet 24 Mark, und Luhmanns Buch ist 48 Mark. Was sind
15 die anderen Bücher? Ich verkaufe Ihnen die anderen drei Bücher für 20 Mark zusammen. Das macht 92 Mark."

1 **behandeln** to treat, deal with
3 **von zehn an** beginning with ten
8 **Kommunikationstheoretiker** (m.), –
  communications theorist
9 **Bielefeld** German city in the
  Federal State of North Rhine–
  Westphalia
	9 **Buchhandlung** (f.), **-en** bookstore
	11 **Reden und Schweigen** Speech and
	  Silence
	15 **Ihnen** (to) you
	16 **zusammen** (all) together

Herr Müller hatte nicht sehr viel Geld in der Tasche. Er zählte das Geld: Er hatte 10 Zehnmarkscheine. Er zählte die Scheine: „Zehn, zwanzig, dreißig, vierzig, fünfzig, sechzig, siebzig, achtzig, neunzig, hundert." Er hatte genug Geld. Er bezahlte das Geld und packte die Bücher in seine Aktenmappe.

Der Verkäufer zählte die Scheine noch einmal: „Zehn, zwanzig, dreißig, vierzig, fünfzig, sechzig, siebzig, achtzig, neunzig, hundert." Er legte die Scheine in die Kasse und gab Herrn Müller drei Markstücke und ein Fünfmarkstück und zählte: „Dreiundneunzig, vierundneunzig, fünfundneunzig, hundert." Dann öffnete der Verkäufer dem Kunden die Tür und sagte: „Vielen Dank und auf Wiedersehen." Herr Müller sagte auch: „Auf Wiedersehen."

18	**Zehnmarkschein** (*m.*), **-e** *10-mark bills*		24	**Kasse** (*f.*), **-n** *cash register*
	Schein (*m.*), **-e** *bank-note*		25	**Markstück** (*n.*), **-e** *1-mark coin*
20	**genug** *enough*			**Fünfmarkstück** (*n.*), **-e** *5-mark coin*
	packen *to pack*		27	**Kunde** (*m., n-noun*), **-n** *customer*
21	**seine** *his*			**Tür** (*f.*), **-en** *door*
	Aktenmappe (*f.*), **-n** *briefcase*			**sagen** *to say*
22	**noch einmal** *once more*			**vielen Dank** *thank you very much*
24	**legen** *to lay, place*			**auf Wiedersehen** *good-bye*

KAPITEL 4

I. Indefinite Articles

The indefinite article **ein** (plus endings) corresponds in English to *a, an,* or *one.* In order to indicate case, **ein** takes the same case endings as the definite article (**den—einen, dem—einem, des—eines; die—eine, der— einer**) in all but the three forms boldfaced in the table below.

	Singular		
	Masculine	**Feminine**	**Neuter**
Nominative:	**ein**	eine	**ein**
Accusative:	einen	eine	**ein**
Dative:	einem	einer	einem
Genitive:	eines + **s**	einer	eines + **s**

As with the definite articles, indefinite article endings provide key information regarding function and meaning of the noun. Note that, just like English, there is no plural. This means that indefinite plurals occur without an article.

II. *Kein* and Other *ein*-Words

Ein-words are limiting adjectives and are declined like **ein.** The other **ein**-words are the negative forms of the indefinite article **kein** *(no, not a)* and the possessive adjectives. These **ein**-words have singular and plural forms.

	Singular			**Plural**
	Masculine	**Feminine**	**Neuter**	**All genders**
Nominative:	**kein**	keine	**kein**	keine
Accusative:	keinen	keine	**kein**	keine
Dative:	keinem	keiner	keinem	keinen + **n**
Genitive:	keines + **s**	keiner	keines + **s**	keiner

The primary forms of the possessive adjectives, listed on the next page according to singular and plural, are pronominal and identify the possessor. Like other limiting adjectives, their endings, which are identical to those for **kein,** identify the gender and function of the noun that is possessed.

Singular	Plural
mein- *my*	unser- *our*
dein- *your*	euer- *your*
sein- *his, its*	ihr- *their*
ihr- *her, its*	Ihr- *your*

In addition to **kein** and the possessives, the most frequently occurring limiting adjectives of this type are:

andere *(plural)   other, different*
Andere Länder, andere Sitten!
   Different countries, different customs!

einige *(plural)   some*
Einige Länder haben kostenlose Universitäten.
   Some countries have free universities.

mehrere *(plural)   several*
Mehrere Universitäten hier haben zu viele Studenten.
   Several universities here have too many students.

solch ein   *such a*
Solch ein Problem!
   Such a problem!

viele *(plural)   many*
Viele Studenten haben keine Wohnung.
   Many students have no place to live.

was für ein   *what kind of a*
Was für eine Universität suchen sie?
   What kind of a university are they looking for?

welch ein   *what a*
Welch ein Dilemma!
   What a dilemma!

wenige *(plural)   (a) few*
Wenige Leute haben eine gute Lösung.
   Few people have a good solution.

III. Irregular Forms in the Present Tense of Strong Verbs

	sehen	geben	laufen	fahren
	to see	*to give*	*to run*	*to drive, ride*
ich	sehe	gebe	laufe	fahre
du	siehst	gibst	läufst	fährst
er/sie/es	sieht	gibt	läuft	fährt
wir	sehen	geben	laufen	fahren
ihr	seht	gebt	lauft	fahrt
sie/Sie	sehen	geben	laufen	fahren

Vowel changes occur in the second and third persons singular of some verbs. The most common vowel changes and the verbs that undergo these changes in the second and third persons singular of the present tense are the following ones.

Infinitive	English	du	er/sie/es
Vowel change: e to ie or i *Also ss ⟹ ß*			
befehlen	*to order*	befiehlst	befiehlt
bergen	*to hide*	birgst	birgt
brechen	*to break*	brichst	bricht
empfehlen	*to recommend*	empfiehlst	empfiehlt
erschrecken	*to frighten*	erschrickst	erschrickt
essen	*to eat*	ißt	ißt
fressen	*to devour*	frißt	frißt
geben	*to give*	gibst	gibt
geschehen	*to happen*	–	geschieht
helfen	*to help*	hilfst	hilft
lesen	*to read*	liest	liest
messen	*to measure*	mißt	mißt
nehmen	*to take*	nimmst	nimmt
sehen	*to see*	siehst	sieht
sprechen	*to speak*	sprichst	spricht
stehlen	*to steal*	stiehlst	stiehlt
sterben	*to die*	stirbst	stirbt
treffen	*to meet*	triffst	trifft
treten	*to tread, step*	trittst	tritt
vergessen	*to forget*	vergißt	vergißt
werden	*to become*	wirst	wird
werfen	*to throw*	wirfst	wirft

Infinitive	English	du	er/sie/es
Vowel change: a to ä		*Also: ss → ß*	
backen	*to bake*	bäckst	bäckt
empfangen	*to receive*	empfängst	empfängt
fallen	*to fall*	fällst	fällt
fahren	*to drive, ride*	fährst	fährt
fangen	*to catch*	fängst	fängt
halten	*to hold*	hältst	hält
laden	*to load*	lädst	lädt
lassen	*to allow, let*	läßt	läßt ←
raten	*to advise*	rätst	rät
schlafen	*to sleep*	schläfst	schläft
schlagen	*to hit*	schlägst	schlägt
wachsen	*to grow*	wäch(se)st	wächst
waschen	*to wash*	wäsch(e)st	wäscht

Vowel change: au to äu

laufen	*to run*	läufst	läuft
saufen	*to drink, guzzle*	säufst	säuft

Vowel change: o to ö

stoßen	*to push*	stößt	stößt

Note that some dictionaries list strong and irregular forms only in an appended "Irregular Verb List," like the list in Appendix B on pages 299–302 of this book. Thus, if you do not recall that **spricht** means *speaks* and do not find the verb form in the alphabetical listing of your dictionary, check the irregular verb list for a verb beginning with **spr.** In the column marked present indicative, you will find **spricht.** The infinitive is **sprechen,** which you will find listed in the dictionary proper.

IV. Compound Nouns

One of the most salient features of German is its compound nouns, those "big long words" that you will quickly note when reading German. Here is a sampling taken from a **Studiumzulassungsantrag** *(application for permission to study).*

das Wintersemester   *winter semester*
die Hochschule   *university, institute of higher education*

das Merkblatt *leaflet, information sheet*
Deutschkenntnisse *knowledge of German*
das Staatsexamen *civil service examination*
der Studiengang *course of study*
der Studienabschluß *academic degree*
der Geburtsort *place of birth*
das Geburtsdatum *date of birth*
die Staatsangehörigkeit *citizenship*
die Bundesrepublik *Federal Republic*

Compound nouns are common in German because it is possible to form an almost unlimited number of word combinations. The combinations may consist of several nouns (occasionally with an **s** inserted between two nouns in the compound, as in **Staat-s-angehörigkeit**) or of nouns plus other modifying words (e.g., **Hochschule**). The key part of the compound is the final element, with the preceding elements usually functioning as modifiers.

As a rule of thumb for translating, follow these suggestions.

1. The final component of the compound noun becomes the first word in a literal English translation if both words are nouns: e.g., **die Korrespondenzadresse** = *address for correspondence (mailing address);* **die Postleitzahl** = *number that directs the mail (zip code).* If the first component is an adjective, translate from left to right: e.g., **der Lieblingsprofessor** = *favorite professor;* **das Hauptfach** = *major field.*

2. If you need to look up the word and do not find it in the dictionary, look up each component and then create a logical meaning: don't be too literal!

3. The final component always determines the gender and plural ending of the compound.

   Staat *(m.),* -en *state, country*
   Angehörigkeit *(f.),* -en *status of belonging*
   Staatsangehörigkeit *(f.),* -en *citizenship*

   Arbeit *(f.),* -en *work*
   Platz *(m.),* ⸚e *place*
   Arbeitsplatz *(m.),* ⸚e *workplace*

When two or more compound nouns share an identical component—
this can occur in the initial parts or in the final parts of the compounds—
German uses a hyphen to avoid repetition.

> Auf dem Studiumzulassungsantrag sind Fragen über **Geburtsort**
> und **-datum.**
> *On the application for admission to study there are questions*
> *about date and place of birth.*
>
> Ich studiere im **Winter-** und **Sommersemester** in der Bundesre-
> publik.
> *I am studying in both the winter and summer semesters in the*
> *Federal Republic.*
>
> Ich habe Fragen über mein **Haupt-** und **Nebenfach.**
> *I have questions about my major and my minor (courses of*
> *study).*

V. Ordinal Numbers

German ordinals are indicated by the number followed by a period.
Written out, the ordinals from **2.** *(second)* to **19.** *(nineteenth)* are formed
by adding **-t** + *adjective ending* to cardinal numbers. From **20.** *(twenti-
eth)* on, **-st** + *adjective ending* are added.

1.	der/die/das	erste *the first*
2.		zweite *the second*
3.		dritte *the third*
4.		vierte *the fourth*
7.		sieb(en)te *the seventh*
12.		zwölfte *the twelfth*
19.		neunzehnte *the nineteenth*
20.		zwanzigste *the twentieth*
25.		fünfundzwanzigste *the twenty-fifth*
30.		dreißigste *the thirtieth*
100.		hundertste *the hundredth*
101.		hunderterste *the hundred-and-first*

Note that ordinal numbers in dates are usually indicated with numerals
(using the number followed by a period), as in **der 3. Oktober 1999,** also
commonly expressed as **der 3. 10. 99.** In German dates, the day appears
first, followed by the month. In English, it is the opposite: first the month,
then the day.

Basic Vocabulary

also thus, therefore
ander- other, different
Anfang (m.), -̈e
  beginning, origin
aus out of, from
beschreiben to describe
bis until
Brief (m.), -e letter
dein yours, your
dritt- third
durch through, by
enthalten (enthält)
  to contain, include
essen (ißt) to eat
fallen (fällt) to fall
Form (f.), -en form, shape,
  type

frei free, unconnected
für for, in favor of
Hauptfach (n.), -̈er
  major field (of study)
heutig present-*day*
ihr her, its, theirs
Ihr your
kurz short
mein my, mine
Mitarbeiter (m.), -;
  Mitarbeiterin (f.), -nen
  co-worker
nach after, to
Nebenfach (n.), -̈er
  minor field (of study)
nur only
schreiben to write

sehen (sieht) to see
sein his, its (as pronoun,
  not verb)
sondern but (rather)
Sonne (f.), -n sun
Stamm (m.), -̈e tribe,
  stem
Studium (n.), **Studien**
  studies at university
über over, about
Umwelt (f.) environment
unser our
verändern to change
Volk (n.), -̈er people,
  nation

Exercises

1. „Ein Gradmesser der Zivilisation eines Volkes ist die soziale Stellung der Frau." (Domingo F. Sarmienti, 1888–1911, Argentinien)

2. Das Universalstimmrecht für Frauen in den USA hatte seinen Anfang mit dem neunzehnten Abänderungsantrag (1920).

3. Der dritte Paragraph enthält einen offensichtlichen Widerspruch. Da steht: „Der Mensch sieht seine eigenen Fehler nicht, nur die Fehler anderer Menschen."

4. „Der Mensch ist, was er ißt", sagte Ludwig Feuerbach, ein deutscher Materialist des neunzehnten Jahrhunderts.

5. Mein Artikel beschreibt unsere neuen Versuchsergebnisse und ihre Bedeutung für die AIDS-Forschung.

6. Dein Mitarbeiter im Forschungszentrum bestätigte meine Resultate.

1. **Gradmesser** (m.), – *indicator (of the degree)*
   Stellung (f.), -en *position*
2. **Universalstimmrecht** (n.), -e *universal right to vote*
   Abänderungsantrag (m.), -̈e *amendment*
3. **offensichtlich** *obvious(ly)*

3. **Widerspruch** (m.), -̈e *contradiction*
   eigen *own*
   Fehler (m.), – *mistake, error*
5. **Versuchsergebnis** (n.), -se *experimental result*
   Bedeutung (f.), -en *significance, meaning*

*has to do with
immunology
T-cells develop
in the thymus*

7. Er und seine Mitarbeiter untersuchten die Reaktion der T-Zellen.
8. Der Talmud enthält die Lehren und Gesetze für den jüdischen Gottesdienst, Vorschriften für die Lebensführung des jüdischen Volkes und geschichtliche, geographische und mathematische Lehren.
9. –Frau Doktor, wann beginnt Ihre Vorlesung? –Ich halte heute keine Vorlesung.
10. Heute schreibe ich meinem Vater und meiner Mutter einen langen Brief und beschreibe meine Afrikareise.
11. Im heutigen Afrika gibt es viele relativ neue Staaten, z.B. Zimbabwe, Namibia oder Botswana.
12. Das Buch enthält eine kurze Geschichte der afrikanischen Stämme.
13. Wir verändern unsere Umwelt nicht nur durch unsere Tätigkeit sondern auch durch unsere Untätigkeit.
14. Die Niederschlagsmenge in den Bergen beträgt über tausend Millimeter. Dort fällt der erste Schnee des Winters.
15. Seine Arbeit beschreibt die Forschung eines Biologen über den Kuckuck in Mecklenburg-Vorpommern. Der junge Kuckuck wirft die Eier seiner Pflegeeltern aus ihrem Nest. Sie füttern ihr Adoptivkind, bis es aus dem Nest fliegt.
16. Die Geschwindigkeit des Schalles in der Luft beträgt 333 m in der Sekunde. Die Überschallgeschwindigkeit ist fünfmal schneller.
17. Sonne-, Wasser- und Sanduhren sind alte Uhrenformen.
18. Deutschland hatte nach dem Ersten Weltkrieg über dreißig politische Parteien.
19. In totalitären Ländern gibt es keine Redefreiheit, in Demokratien ist die Redefreiheit die erste Freiheit.
20. Der Zweite Weltkrieg hatte seinen Anfang mit dem Einmarsch deutscher Truppen in Polen am 1.9.39 (ersten September 1939).

8. **Lehre** (*f.*), **-n** *teaching*
   Gesetz (*n.*), **-e** *law*
   jüdisch *Jewish*
   Gottesdienst (*m.*), **-e** *religious service*
   Vorschrift (*f.*), **-en** *rule*
   Lebensführung (*f.*), **-en** *lifestyle*
9. **Vorlesung** (*f.*), **-en** *lecture*
   halten (**hält**) *to hold*
13. **Tätigkeit** (*f.*), **-en** *activity*
   Untätigkeit (*f.*), **-en** *inactivity*
14. **Niederschlagsmenge** (*f.*), **-n** *amount of precipitation*
   Schnee (*m.*) *snow*
15. **Kuckuck** (*m.*), **-e** *cuckoo*

15. **werfen** (**wirft**) *to throw*
   Ei (*n.*), **-er** *egg*
   Pflegeeltern (*pl.*) *foster parents*
   füttern *to feed*
   Adoptivkind (*n.*), **-er** *adopted child*
16. **Geschwindigkeit** (*f.*), **-en** *speed, velocity*
   Schall (*m.*) **-e** or **ꞋꞋe** *sound*
   fünfmal *five times*
17. **Uhr** (*f.*), **-en** *clock*
19. **Redefreiheit** (*f.*), **-en** *freedom of speech*
20. **mit dem Einmarsch ... in** *with the invasion . . . of*
   Truppe (*f.*), **-n** *troops*

KURZE GESCHICHTE DER DEUTSCHEN HOCHSCHULEN

Einige deutsche Universitäten sind sehr alt. Kaiser Karl IV. gründete die erste deutsche Universität im Jahre 1348 in Prag. Prag ist heute natürlich nicht in Deutschland sondern in Tschechien. Die zweitälteste deutsche Universität ist in Wien (1365),
5 also auch nicht im heutigen Deutschland. Die älteste Hochschule Deutschlands ist die Universität Heidelberg (1386). Mehrere andere Universitäten hatten schon ihre Fünfhundertjahrfeier, zum Beispiel die Universitäten Leipzig (1409) und Rostock (1419). Es gibt auch einige ziemlich junge Universitäten, über 20 hatten ihren Anfang nach 1960.
10 Die Bundesrepublik hat heute Universitäten, Technische Hochschulen, Spezialhochschulen und viele andere Bildungsanstalten, wie z.B. Musikhochschulen und Pädagogische Akademien. Die Bildungspolitik öffnete die Hochschulen weiten Bevölkerungsschichten. Einige Beispiele: Im Wintersemester 1952/53 kamen vier Prozent der
15 Studienanfänger aus Arbeiterfamilien, heute sind es rund 19 Prozent. 1952 waren ein Fünftel der Studenten Frauen. Im Wintersemester 1994–95 waren es in den alten Bundesländern knapp 40, in den neuen über 45 Prozent. Rund 135 000 Ausländer waren 1994 Studenten an deutschen Hochschulen.

Title	**Hochschule** (*f.*), **-n** *university, college* (not: *high school*)	11	**Bildung** (*f.*), **-en** *education*
			Anstalt (*f.*), **-en** *institution*
2	**gründen** *to found*	13	**weit** *broad*
4	**Tschechien** *Czech Republic*		**Bevölkerungsschichten** (*pl.*) *segments of the population*
	zweitältest- *second-oldest*		
	Wien *Vienna*	14	**kommen** *to come*
7	**schon** *already*	15	**Studienanfänger** (*m.*), **–** *beginning student*
	Fünfhundertjahrfeier (*f.*), **-n** *celebration commemorating five hundred years*		**rund** *around, approximately*
		16	**Fünftel** (*n.*), **–** *one fifth*
9	**ziemlich** *fairly, rather*	17	**knapp** *barely, just*
10	**Bundesrepublik** (*f.*) *Federal Republic*	18	**über** *over*
			Ausländer (*m.*), **–** *foreigner*

I. *Der*-words

In addition to the definite articles that you learned in **Kapitel 1–3,** there are a number of pronouns that take the same case endings and, for that reason, are called **der**-words. These are the most frequently occurring **der**-words.

alle *(pl.)* all	mancher *many a*
beide *(pl.)* both	manche *(pl.) some, several*
dieser *this, that, the latter*	solcher *such*
jeder *each, every*	welcher *which*
jener *that, the former*	

Case endings for the **der**-words follow this pattern.

	Singular			Plural
	Masculine	**Feminine**	**Neuter**	**All genders**
Nominative:	dieser	diese	dies(es)	diese
Accusative:	diesen	diese	dies(es)	diese
Dative:	diesem	dieser	diesem	diesen + **n**
Genitive:	dieses + **s**	dieser	dieses + **s**	dieser

Alle, beide, and **manche** occur in combination with plural nouns.

When **jener** and **dieser** occur in the same sentence or sequence, they frequently mean *the former* and *the latter.*

> Washington und Lincoln waren amerikanische Präsidenten. **Jener** war der erste, **dieser** war der sechzehnte Präsident. Ihre Frauen hießen Martha Daindridge Washington und Mary Todd Lincoln. **Diese** lebte mit ihrem Mann im Weißen Haus zur Zeit des amerikanischen Bürgerkrieges (1860–1865), aber **jene** lebte nicht im Weißen Haus. Abigail Smith Adams, die Frau des zweiten Präsidenten, John Adams, wurde die erste Präsidentenfrau im Weißen Haus.
>
> *Washington and Lincoln were American presidents. The **former** was the first, the **latter** was the sixteenth president. Their wives' names were Martha Daindridge Washington and Mary Todd Lincoln. The **latter** lived with her husband in the White House at the time of the American Civil War (1860–1865), but the*

former did not live in the White House. *Abigail Smith Adams, wife of the second president, John Adams, became the first president's wife in the White House.*

II. Simple Past Tense of Strong Verbs

The preceding passage is written in the simple past tense and includes examples of both weak and strong verbs. The simple past consists of a verb stem plus endings. Note below the different endings on weak and strong verbs in the simple past.

	Weak	Strong		
	leben	**kommen**	**heißen**	**fahren**
	to live	*to come*	*to be called*	*to drive, ride*
ich	lebte	kam	hieß	fuhr
du	lebtest	kamst	hießt	fuhrst
er/sie/es	lebte	kam	hieß	fuhr
wir	lebten	kamen	hießen	fuhren
ihr	lebtet	kamt	hießt	fuhrt
sie/Sie	lebten	kamen	hießen	fuhren

Strong verbs have no ending in the first and third persons singular. A stem-vowel change is characteristic of strong verbs in the simple past. Many types of vowel changes occur in the strong verb stems, but not all of these forms are listed as separate entries in a dictionary. Information about the strong verbs can be found in the strong and irregular verb list. If you cannot find a verb form in your vocabulary, check the list of irregular verbs in Appendix B (pages 299–302) to determine the infinitive that you will find in the vocabulary and dictionary.

The vocabulary at the back of this book indicates vowel changes for each strong verb listed. In **sehen (sah, gesehen; sieht)**, **sehen** is the infinitive, **sah** is the simple past, and **gesehen** is the past participle[1]; **sieht** is the third-person present-tense form resulting from a vowel change. Note the important variation in this listing: **finden (fand, gefunden)**. Here you are told that **finden** is the infinitive, **fand** the simple past, **gefunden** the past participle; however, there is no vowel change in the third-person present tense.

When no vowel changes are indicated, it means that the verb is weak and takes the simple past endings you learned in **Kapitel 3.**

---

1. See **Kapitel 9** regarding the past participle used to express the perfect tenses.

III. Irregular Weak Verbs

A small number of weak verbs are irregular. Like strong verbs, such irregular weak verbs have a vowel change in the simple past (as well as in the past participle that you will learn about beginning in **Kapitel 9**). Unlike strong verbs, irregular weak verbs take the same endings in the simple past as regular weak verbs.

The most common irregular weak verbs are listed below with their singular and plural endings in the simple past tense.

bringen *to bring*	ich brachte	er brachte	wir brachten
denken *to think*	ich dachte	er dachte	wir dachten
brennen *to burn*	ich brannte	er brannte	wir brannten
kennen *to know (a person)*	ich kannte	er kannte	wir kannten
nennen *to name*	ich nannte	er nannte	wir nannten
rennen *to run*	ich rannte	er rannte	wir rannten
wissen *to know (a fact)*	ich wußte	er wußte	wir wußten

IV. Present and Simple Past Tense of *werden* (*to become*)

	Present	Simple past
ich	werde	wurde/ward
du	wirst	wurdest/wardst
er/sie/es	wird	wurde/ward
wir	werden	wurden
ihr	werdet	wurdet
sie/Sie	werden	wurden

The form **ward** is archaic, but it still may be found occasionally, for example in a biblical passage.

> Und Gott sprach: Es werde Licht! Und es ward Licht.
> *And God said, let there be light! And there was light.*

Contemporary past tense forms of **werden** are frequently used.

> Abigail Smith Adams wurde die erste Präsidentenfrau im Weißen Haus.
> *Abigail Smith Adams became the first president's wife in the White House.*
> 200 Jahre später wurde die Geschichte der Präsidentenfrauen zu einem Lieblingsthema von Hillary Rodham Clinton.
> *200 years later, the history of the First Ladies turned into a favorite topic of Hillary Rodham Clinton's.*
> Am Nachmittag wurde das Wetter kalt, und der Regen wurde zu Schnee. Die Straßen wurden zu einem Chaos.
> *In the afternoon it got cold, and the rain turned to snow. The streets turned into chaos.*

Note that the combination of **werden** + **zu** is best translated *to turn (in)to*.

V. Word Order

A. Position of verb

In a German statement the conjugated verb is always in the second position. This main verb always agrees in number with its subject.

B. Word order types

There are three types of word order: normal, inverted, and dependent.

1. *Normal word order* means that the subject and its modifiers are in the first position, followed immediately by the conjugated verb in second position followed by its modifiers.

   > Präsident Roosevelt verkündete die vier Freiheiten im Jahre 1941.
   > *President Roosevelt proclaimed the four freedoms in 1941.*

2. *Inverted word order* occurs when the conjugated verb in the second position precedes the subject. Any other element (except the subject or a conjunction) holds the first position and precedes the verb.

   > Im Jahre 1941 verkündete Präsident Roosevelt die vier Freiheiten.
   > *In 1941, President Roosevelt proclaimed the four freedoms.*

Die vier Freiheiten verkündete Präsident Roosevelt im Jahre
1941.
President Roosevelt proclaimed the four freedoms in 1941.

3. *Dependent word order* (which you learn about in detail in **Kapitel 18**) occurs in a dependent clause set off by commas from the main clause. The dependent clause is introduced by a subordinating conjunction, followed by the subject and its modifiers, and the conjugated verb in the final position of the dependent clause.

Wir lernen in diesem Buch, daß Präsident Roosevelt die vier
Freiheiten im Jahre 1941 verkündete.
Daß Präsident Roosevelt die vier Freiheiten im Jahre 1941
verkündete, lernen wir in diesem Buch.
*In this book we learn that President Roosevelt proclaimed
the four freedoms in 1941.*

Note that in the second example, a dependent clause, set off by a comma from the main clause, stands in the first position and is followed by the main verb, **lernen.** As always, the main verb is located in the second position of the sentence. Both variations may be translated the same.

C. Final position

In addition to the second position in a German statement, where you must look for the conjugated verb, the most important position in the German sentence is the *final position.* Always read a German sentence to the end before translating it. Important elements commonly found in the final position include:

- negation (see **Kapitel 6**)
- predicate adjectives (see **Kapitel 7**)
- verb prefixes (see **Kapitel 8**)
- compound verb components (see **Kapitel 9, 12–14, 16**)

D. Translation hints

When a German sentence has normal word order, read the entire sentence, then translate the subject first, followed by the verb (the first word order example on page 44).

When a German sentence begins with an adverb or adverbial phrase, translate the adverb or phrase first, then the subject and verb (the second word-order example on page 44).

When a direct object begins a German sentence, translate the subject first, followed by the verb. Alternatively, you may begin with the object and follow with a passive construction (the last example on page 44).

Should an indirect object be the initial element, it is best to begin with the subject.

> Dem amerikanischen Volk verkündete Präsident Roosevelt die vier Freiheiten im Jahre 1941.
> *President Roosevelt proclaimed the four freedoms to the American people in 1941.*

Note that despite the variable word order in a German sentence, the main verb always remains in second position. The word order does not greatly alter the English translation (compare the word order examples on page 44 and the subordinate clauses in the two examples at the top of page 45).

Basic Vocabulary

alle all	**Gegend** (f.), **-en** region, district	**schnell** rapid, fast
als as, when, than	**Jahrzehnt** (n.), **-e** decade	**so** so, such
auf on, upon	**jeder** each, every	**solch** such
beginnen (begann) to begin	**jener** that, the former, the one	**stark** strong
beide both	**kommen (kam)** to come	**steigen (stieg)** to rise, climb
bringen (brachte) to bring	**Krieg** (m.), **-e** war	**verschieden** various, different
dieser this, the latter	**leben** to live	**von** of, from
Entwicklung (f.), **-en** development	**letzt** last	**vor** before, ago, in front of
Ergebnis (n.), **-se** result	**Lösung** (f.), **-en** solution	**werden (wurde; wird)** to become
erklären to explain	**manch** some, many a	**ziehen (zog)** to move, pull
etwa about, perhaps	**mehr** more	**zwischen** between
Fluß (m.), **Flüsse** river	**mit** with	
Gebiet (n.), **-e** area, region, field	**nun** now	
	schaffen (schuf) to create	

Der Vater setzte sich zwischen seinen Sohn und seine Frau.

1. 1990 wurde Magdeburg die Landeshauptstadt von Sachsen-Anhalt. Vor der Wende war Halle die Hauptstadt dieses Landes im Osten.
2. Beide Städte – Magdeburg und Halle – waren im Mittelalter wichtige Zentren. Diese war eine Salzstadt, jene war eine Kaiser- und Bischofsstadt.
3. In der Nachbarstadt Eisleben lebte und starb Martin Luther (1483–1546). Seine 95 Thesen schlug er an die Tür der Schloß-kirche zu Wittenberg.
4. Das erste Buch Moses beginnt: „Am Anfang schuf Gott Himmel und Erde. Und die Erde war wüst und leer, und es war finster auf der Tiefe; und der Geist Gottes schwebte auf dem Wasser. Und Gott sprach: Es werde Licht! Und es ward Licht. Und Gott sah, daß das Licht gut war. Da schied Gott das Licht von der Finsternis und nannte das Licht Tag und die Finsternis Nacht. Da ward aus Abend und Morgen der erste Tag."
5. In Wittenberg arbeitete im 16. Jahrhundert auch die berühmte Malerfamilie Cranach. Der Vater schuf religiöse Bilder wie z.B. „Ruhe auf der Flucht" (1504).
6. In der Kunst der Renaissance trat die Darstellung des Menschen und seiner Umwelt in den Vordergrund. Die Schönheit des menschlichen Körpers wurde wichtig.
7. Der Dreißigjährige Krieg (1618–1648) begann als Religionskrieg zwischen Protestanten und Katholiken, wurde aber später mehr und mehr zum Krieg um Macht- und Ländergewinn.
8. Der Physiker Otto von Guericke war Bürgermeister in Magdeburg und demonstrierte 1663 mit seinen „Magdeburger Halb-kugeln" die Wirkung des Luftdrucks.

1. **Wende** (f.), **-n** *turning point; 1989*
   Osten (m.) *east*
2. **Mittelalter** (n.) *Middle Ages*
   Zentrum (n.), **Zentren** *center*
   Salz (n.), **-e** *salt*
   Bischof (m.), **-̈e** *bishop*
3. **Nachbar** (m., n-noun), **-n** *neighbor*
   sterben (**starb; stirbt**) *to die*
   schlagen (**schlug; schlägt**) *to fasten to, nail to*
   Tür (f.), **-en** *door*
4. **Himmel und Erde** *heaven and earth*
   wüst *barren*
   leer *empty*
   Geist (m.), **-er** *spirit*
4. **schweben** *to hover*
   scheiden (**schied**) *to separate, divide*
   Finsternis (f.), **-se** *darkness*
5. **berühmt** *famous*
   Maler (m.), **–** *painter*
   Bild (n.), **-er** *picture*
6. **Darstellung** (f.), **-en** *portrayal*
   Vordergrund (m.), **-̈e** *foreground*
7. **später** *later*
   um Macht- und Ländergewinn *for the gain of power and territories*
8. **Halbkugel** (f.), **-n** *hemisphere*
   Wirkung (f.), **-en** *effect*
   Luftdruck (m.), **-̈e** *air pressure*

9. Die Arbeiten von Aerodynamikern in den letzten Jahrzehnten des zwanzigsten Jahrhunderts bestätigten manche alten Theorien, aber viele überstanden diesen Test nicht.
10. Die Bevölkerungsanzahl Kaliforniens stieg in den letzten Jahrzehnten sehr schnell an. Solch ein Zuwachs brachte manche komplizierte soziale Entwicklungen.
11. Die Lösung dieses Problems ist schwierig aber nicht unmöglich.
12. Mancher Politiker sprach von „einer Umwertung aller Werte". Es klang wie Nietzsche.
13. Friedrich Nietzsche empfand den Niedergang des Menschen und forderte ein neues, kräftiges und starkes Menschengeschlecht, den „Übermenschen". Er sprach auch von der Umwertung aller Werte.
14. Nach dem Regen wurde das Wasser des Flusses trüb.
15. Die Überflutungen in manchen Gegenden nach den Regenstürmen zerstörten Häuser. Getreide- und Maisfelder standen unter Wasser.
16. Der Präsident verkündete in den Überflutungsgebieten den Notzustand.
17. Nach jedem Versuch schrieb der Forscher die Ergebnisse in sein Notizbuch.
18. Den Studenten erklärte Einstein nicht alle Einzelheiten seiner Theorie. Solche Details waren einfach zu kompliziert.
19. Die Völkerwanderungen brachten germanische Stämme nach Westeuropa.
20. Die Angelsachsen und Langobarden waren beide germanische Stämme. Jene zogen nach England, diese nach Norditalien.

9. **bestätigen** *to confirm*
   überstehen (überstand) *to withstand*
10. **Zuwachs** (*m.*) *growth*
11. **schwierig** *difficult*
    unmöglich *impossible*
12. **„Umwertung aller Werte"** *"reevaluation of all values"*
    klingen (klang) *to sound*
13. **empfinden (empfand)** *to feel, sense, perceive*
    fordern *to demand, advocate*
    kräftig *powerful, vigorous*
    Geschlecht (*n.*), **-er** *race*
    Übermensch (*m., n-noun*), **-en** *superman*
14. **Regen** (*m.*), **–** *rain*
14. **trüb** *muddy, cloudy*
15. **Überflutung** (*f.*), **-en** *flood*
    zerstören *to destroy*
    Getreide- und Maisfelder *grain and corn fields*
16. **Notzustand** (*m.*), **⸚e** *state of emergency*
17. **Notizbuch** (*n.*), **⸚er** *notebook*
18. **Einzelheit** (*f.*), **-en** *detail*
    einfach *simple, simply*
    kompliziert *complicated, complex*
19. **Völkerwanderung** (*f.*), **-en** *migration of nations, period of migrations*
20. **Angelsachsen** (*pl.*) *Anglo-Saxons*
    Langobarden (*pl.*) *Lombards*

DIE VÖLKERWANDERUNG

Vor der Völkerwanderung lebten nur wenige germanische Stämme in Westeuropa. Die Geschichte erzählt von den Cimbern und Teutonen und ihren Kriegen mit den Römern von ungefähr 100 v. Chr. (vor Christus) bis etwa 100 n. Chr. (nach Christus). 5

Die große Flut der Germanen nach Mittel- und Westeuropa kam nach 375 n. Chr. Die Ursache der Völkerwanderung ist nicht ganz klar. Vielleicht gab es verschiedene wichtige Gründe, wie z.B. Landarmut, Hungersnot und die Hunnen. Die Hunnen, ein kriegslustiges und tapferes Volk, verdrängten die Germanen aus dem Gebiet zwischen 10 dem Rhein und der Elbe, und viele germanische Stämme zogen dann in Gebiete, wo ihre Nachkommen ihre heutigen Wohnsitze haben. Die Angelsachsen wanderten nach England, die Franken nach dem heutigen Westfrankreich, die Bajuwaren und Alemannen nach dem heutigen Bayern und Österreich, die Langobarden nach Norditalien. 15 So schuf die Völkerwanderung die Grundlagen für die staatliche Entwicklung in Mittel- und Westeuropa.

2	**erzählen** *to tell*	9	**Hungersnot** (*f.*), *∺e famine*
3	**Cimbern** (*pl.*) *Cimbri*		**Hunnen** (*pl.*) *Huns*
	Teutonen (*pl.*) *Teutons*		**kriegslustig** *bellicose, warlike*
6	**Flut** (*f.*), **-en** *flood*	10	**tapfer** *brave*
	Germane (*m.*), **-n** *Teuton, member*		**verdrängen** *to displace, push out*
	of a Germanic tribe	12	**Nachkomme** (*m., n-noun*), **-n**
7	**Ursache** (*f.*), **-n** *cause*		*descendant*
	ganz *entirely, whole*		**Wohnsitz** (*m.*), **-e** *home*
8	**vielleicht** *perhaps*	14	**heutig** *present*
	geben (**gab; gibt**) *to give;* **es gab**		**Bajuwaren** (*pl.*) *Bavarians*
	there were	16	**Grundlage** (*f.*), **-n** *basis*
	Grund (*m.*), *∺e cause, reason*		**staatlich** *political, national*
	Landarmut (*f.*) *scarcity of land*		

WIEDERHOLUNG 1

DEUTSCHLAND

Die Bundesrepublik Deutschland liegt im Herzen Europas. Sie ist umgeben von neun Nachbarstaaten: Dänemark im Norden, den Niederlanden, Belgien, Luxemburg und Frankreich im Westen, der Schweiz und Österreich im Süden und von
5 Tschechien und Polen im Osten.

Das Staatsgebiet der Bundesrepublik Deutschland ist rund 357 000 km² groß. Die Grenzen der Bundesrepublik haben eine Länge von insgesamt 3758 km. Deutschland zählt rund 81 Millionen Einwohner. Italien hat 58, Großbritannien 57 und Frankreich 56 Millionen
10 Menschen. Flächenmäßig ist Deutschland kleiner als Frankreich mit 544 000 und Spanien mit 505 000 Quadratkilometern.

1	**liegen (lag)** *to lie, be located*	4	**Süden** *(m.) south*
	im Herzen *in the heart, in the center*	5	**Osten** *(m.) east*
		6	**rund** *approximately*
2	**umgeben von (umgab; umgibt)** *surrounded by*	7	**Grenze** *(f.), -n boundary, border*
	Nachbarstaat *(m.), -en neighboring country*	8	**von insgesamt** *totaling*
			Einwohner *(m.), – inhabitant*
3	**Norden** *(m.) north*	10	**flächenmäßig** *according to surface measure*
4	**Westen** *(m.) west*		**kleiner als** *smaller than*

DIE LANDSCHAFTEN

Deutschland hat drei große Landschaftszonen: das Norddeutsche Tiefland, das Deutsche Mittelgebirge und das Alpengebiet. Das Nordeutsche Tiefland ist die Fortsetzung des Nordfranzösischen Tieflandes. Im Osten des Norddeutschen
5 Tieflandes ist das Osteuropäische Tiefland. Die höchsten Erhebungen

Title	**Landschaft** *(f.), -en landscape*	3	**Alpengebiet** *(n.), -e Alpine region*
1	**Landschaftszone** *(f.), -n geographic region*		**Fortsetzung** *(f.), -en continuation*
2	**Tiefland** *(n.), ⁼er lowland*	5	**höchst-** *highest*
	Mittelgebirge *(n.), – central chain of mountains*		**Erhebung** *(f.), -en elevation*

erreichen eine Höhe von 200 bis 300 m. Im Norddeutschen Flachland gibt es viele Seen und Moore, Sand- und Schotterflächen.

Die deutschen Mittelgebirgslandschaften sind sehr mannigfaltig. In diesem Teil Deutschlands finden wir viele Wälder und niedere Berge. Die höchsten Erhebungen liegen im Riesengebirge und erreichen eine Höhe von 1600 m.

Die Alpen sind im Süden des Landes. Der höchste Berg ist die Zugspitze (2968 m). In diesem Gebiet sind zahlreiche Gebirgsseen, Flüsse und Wälder. Viele Touristen besuchen das Alpengebiet.

6	**erreichen** *to attain*		8	**mannigfaltig** *varied, manifold*
	Höhe *(f.),* **-n** *height*		9	**Wald** *(m.),* **⁻er** *forest, woods*
	Flachland *(n.),* **⁻er** *lowland,*			**nieder** *low*
	flatland		10	**Riesengebirge** *(n.),* **–** *Riesenge-*
7	**See** *(m.),* **-n** *lake*			*birge, "giant mountains"*
	Moor *(n.),* **-e** *swamp, moor*		13	**zahlreich** *numerous*
	Schotter *(m.),* **–** *stone, slag, rock*		14	**besuchen** *to visit*
	Fläche *(f.),* **-n** *area, surface*			

DIE GESCHICHTE

D ie Bewohner Deutschlands gehören zum germanischen Zweig der indogermanischen Sprachfamilie. Um Christi Geburt besetzten die Römer Teile des Landes. Die Bayern, Alemannen, Sachsen und Friesen kamen während der Völkerwanderung des dritten bis fünften Jahrhunderts in ihre heutigen Gebiete. Die Franken zogen weiter nach Westen.

Wir finden den Anfang des „deutschen" Staates im großfränkischen Reich Karls des Großen (768–814). Im Jahre 800 krönte der Papst Karl den Großen in Rom zum Kaiser. Die Blütezeit des mittelalterlichen Deutschlands fällt in die Epoche zwischen 900 und 1250. Von 1438 bis 1806 regierten die Habsburger als Kaiser des „Heiligen Römischen Reiches Deutscher Nation".

5

10

1	**Bewohner** *(m.),* **–** *inhabitant,*		3	**Bayer** *(m.),* **-n** *Bavarian (person)*
	resident		4	**während** *during*
	zum *to the*		6	**weiter** *farther, further*
2	**Zweig** *(m.),* **-e** *branch*		8	**Reich** *(n.),* **-e** *empire*
	indogermanisch *Indo-European*			**krönen** *to crown*
	Sprachfamilie *(f.),* **-n** *family of*		9	**Papst** *(m.),* **⁻e** *pope*
	languages			**Blütezeit** *(f.),* **-en** *golden age*
	um *around, about*		10	**mittelalterlich** *medieval*
3	**Geburt** *(f.),* **-en** *birth*		11	**regieren** *to rule*
	besetzen *to occupy*		12	**heilig** *holy*

Im 18. Jahrhundert begann Preußens Aufstieg, und in dieses Jahrhundert fällt auch die Blütezeit der klassischen deutschen Dichtung. Nach dem siegreichen Krieg gegen Frankreich wurde der preußische König, Wilhelm I., der erste Kaiser des Deutschen Reiches (1871). Dieses Reich war ein Bundesstaat. Nun folgte ein bedeutender politischer und wirtschaftlicher Aufstieg, besonders in der Industrie. Großstädte entstanden, und Berlin wurde zu einer Weltstadt. Der Lebensstandard des deutschen Volkes stieg. Die deutschen wissenschaftlichen, technischen, und kulturellen Leistungen wurden in der ganzen Welt bekannt.

Nach dem Ersten Weltkrieg (1914–1918) wurde Deutschland eine Republik. Die wirtschaftliche Depression und die innere Schwäche der Republik, mit über dreißig politischen Parteien, verhalfen Adolf Hitler zur Macht. Hitlers nationalsozialistische Politik führte schließlich zum Zweiten Weltkrieg und zum Holocaust. 1945 erlebte Deutschland eine totale Niederlage.

Über vierzig Jahre lang existierten zwei deutsche Länder mit zwei Hauptstädten: Im Osten war Ost-Berlin die Hauptstadt der Deutschen Demokratischen Republik (DDR), und im Westen war Bonn die Hauptstadt der Bundesrepublik Deutschland (BRD). Im Jahre 1990 unterzeichneten Politiker aus dem Osten und Westen den „Einigungsvertrag", und am 3. Oktober 1990 feierten die Deutschen die Vereinigung. Kurz nach der Vereinigung wurde Berlin wieder die Hauptstadt von Deutschland.

13	**Preußen** *Prussia*	25	**verhelfen (verhalf; verhilft)** *to aid, help*
	Aufstieg *(m.)*, **-e** *rise*		
15	**Dichtung** *(f.)*, **-en** *literature*	26	**Macht** *(f.)*, **⁻e** *power*
	siegreich *victorious*		**führen** *to lead*
	gegen *against*	27	**schließlich** *finally, eventually*
17	**Bundesstaat** *(m.)*, **-en** *federal state*		**erleben** *to experience*
		28	**Niederlage** *(f.)*, **-n** *defeat*
	folgen *to follow*	30	**Hauptstadt** *(f.)*, **⁻e** *capital city*
18	**besonders** *especially*	33	**unterzeichnen** *to sign*
19	**Weltstadt** *(f.)*, **⁻e** *metropolis*	34	**Einigungsvertrag** *(m.)*, **⁻e** *unity agreement/contract*
21	**Leistung** *(f.)*, **-en** *achievement*		
25	**Schwäche** *(f.)*, **-n** *weakness*		**feiern** *to celebrate*
	Partei *(f.)*, **-en** *(political) party*	35	**Vereinigung** *(f.)*, **-en** *unification*

KAPITEL 6

I. Prepositions

Recognizing that German prepositions are grouped into four grammatical categories can sometimes assist you in clarifying or establishing connections among words in a sentence. It is, first of all, important to recognize a noun or pronoun that is the object of a preposition. Objects of prepositions *are never* in the nominative. Object nouns and pronouns may be in the accusative, dative, or genitive.

A. Accusative prepositions

These prepositions (listed here with their basic meanings) always take the accusative case.

bis *until, up to, as far as*	gegen *against, toward*
durch *through, by, by means of*	ohne *without*
entlang *along*	um *around, about, at* (+ *time*)
für *for*	wider *against*

B. Dative prepositions

These prepositions always take the dative case.

aus *out of, of, from*	mit *with*
außer *besides, except*	nach *after, to, according to*
bei *with, near*	seit *since, for*
entgegen *toward*	von *from, by, of*
gegenüber *opposite*	zu *to, at*
gemäß *in accordance with*	

C. Genitive prepositions

These prepositions always take the genitive case.

(an)statt *instead of*	infolge *as a result of, due to*
außerhalb *outside of*	inmitten *in the midst of*
innerhalb *inside of, within*	mittels *by means of*
oberhalb *above*	trotz *in spite of*
unterhalb *below*	um ... willen *for the sake of*
diesseits *on this side of*	während *in the course of,*
jenseits *on that side of*	*during*
halber *for the sake of*	wegen *on account of, because of*

D. Dative and accusative prepositions

These prepositions take dative objects if the prepositional phrase expresses time or location; they take accusative objects if a direction is indicated.

an	*at, to, on (vertically)*	über	*over, above, about, concerning, via*
auf	*on (horizontally), in, to*		
hinter	*behind*	unter	*under, between, among*
in	*in, into*	vor	*in front of, before, prior, ago*
neben	*next to, beside*	zwischen	*between, among*

II. Idiomatic and Special Meanings

Prepositions indicate relations such as time, position, direction, and cause and effect between their noun or pronoun object and other items in a sentence. Establishing meanings of prepositions is complicated by the fact that most prepositions have a variety of applications and meanings. There is not always a simple correlation between German and English when dealing with usage or meaning of prepositions. Context will often play a crucial role; you can often differentiate among meanings based on the context. Dictionary listings and verb-and-idiom lists can also help you establish the most accurate meaning. Learn to check if dictionary entries for nouns or verbs list special or idiomatic meanings in connection with specific prepositions. In the dictionary, you will also find examples and idiomatic expressions listed under the prepositions themselves. Here is the definition for the preposition **nach** as it appears in *Langenscheidt's New College German Dictionary*.

---

nach [naːx] **I.** *prp.* (*dat.*) **1.** to, towards; for, bound for; ~ *rechts* to the right; ~ *unten* down, downstairs; ~ *oben* up, upstairs; ~ *England reisen* go to England; ~ *England abreisen* leave for England; *der Zug* ~ *London* the train to London; *das Schiff fährt* ~ *Australien* the ship is bound for (*or* is going to) Australia; ~ *Hause* home; *das Zimmer geht* ~ *hinten (vorn) hinaus* the room faces the back (front); *der Balkon geht* ~ *Süden* the balcony faces south; *Balkon* ~ *Süden* south-facing balcony; *wir fahren* ~ *Norden* we're travel(l)ing north (*or* northwards); *die Blume richtet sich* ~ *der Sonne* the flower turns towards the sun; ~ *dem Arzt schicken* send for the doctor; **2.** after; *fünf (Minuten)* ~ *eins* five (minutes) past (*Am. a.* after) one; ~ *zehn Minuten* ten minutes later; ~ *einer Stunde* in an hour('s time); ~ *Ankunft (Erhalt)* on arrival (receipt) (*gen.* of); **3.** after; *einer* ~ *dem anderen* one by one, one after the other; *der Reihe* ~ in turn; *der Reihe* ~*!* take it in turns!, one after the other!; *fig.* ~ *ihm kommt lange keiner* he's in a class of his own, he's streets ahead of the rest; **4.** according to; ~ *dem, was er sagte* a. going by what he said; ~ *Ansicht gen.* in (*or* according to) the opinion of; ~ *Gewicht verkaufen* sell by weight; ~ *Bedarf* as required; *s-e Uhr stellen* ~ *dat.* set one's watch by *the radio etc.*; *wenn es* ~ *mir ginge* if I had my way; *dem Namen* ~ by name; *s-m Namen (Akzent etc.)* ~ judging *or* going by his name (accent *etc.*); ~ *Musik tanzen etc.* dance *etc.* to music; ~ *Noten* from music; *es ist nicht* ~ *s-m Geschmack* it's not to his taste; *schmecken (riechen)* ~ *dat.* taste (smell) of; ~ *s-r Weise* in his usual way; ~ *bestem Wissen* to the best of one's knowledge; ~ *Stunden (Dollar etc.) gerechnet* in (terms of) hours (dollars *etc.*); → *Ermessen, Meinung;* **5.** ~ *j-m fragen* ask for s.o.; *die Suche* ~ *dem Glück etc.* the pursuit of (*or* search for) happiness *etc.*; **II.** *adv.* after; *mir* ~*!* follow me!; ~ *und* ~ gradually, bit by bit; ~ *wie vor* still, as ever

---

It is important to note the basic as well as some of the most common idiomatic meanings of the prepositions.

Preposition/ Basic meaning(s)	Common idiomatic applications
an *on, at, to*	**am (an dem)** Tage *during the day* Rußland ist reich **an** Mineralien. *Russia is rich in minerals.*
auf *on, upon*	Wir warten **auf** den Frühling. *We're waiting for spring.* Die Lebensbedingungen **auf** dem Land sind anders. *Living conditions in the country are different.* **Auf** diesem Gebiet habe ich keine Erfahrung. *I have no experience in this field.*
aus *out of, of, from*	**aus** diesem Grund(e) *for this reason* **aus** Liebe zu einem Freund *out of love for a friend*
bei *at, with, near*	**bei** indogermanischen Sprachen *in the case of Indogermanic languages* **beim (bei dem)** Sieden *on (upon, when) boiling* **Bei** uns findet man alles. *At our place (At our house) one finds everything.*
durch *through, by, by means of*	**Durch** diesen Versuch bewies er seine Theorie. *With this experiment he proved his theory.*
für *for*	Ich interessiere mich **für** die gotische Baukunst. *I'm interested in Gothic architecture.*
in *in, into*	Die Forscher arbeiteten **in** der Nacht. *The researchers worked at night.*

Preposition/ Basic meaning(s)	Common idiomatic applications
nach *after, to,* *according to*	Sie verfuhren **nach** der Methode von Weber. *They proceeded according to Weber's* *method.* **Nach** der Schule gingen die Kinder **nach** **Hause.** *After school the children went home.*
um *at, around*	Dieses Stück ist **um** vier Meter größer. *This piece is larger by four meters.* Die Vorlesung beginnt **um** acht Uhr. *The lecture begins at eight o'clock.*
von *from, by, of*	Das Buch handelt **von** den Säugetieren. *The book deals with the mammals.* Im Urwald lebten diese Tiere **von** Pflanzen. *In the jungle these animals lived on* *plants.*
zu *to, at*	**Zur (Zu der)** Reinigung des Wassers gebraucht man Chlor. *Chlorine is used for the purification of* *water.* **Zu** der Zeit war dies noch nicht bekannt. *At that time this was not yet known.* Wir bleiben heute abend **zu** Hause. *We'll stay at home tonight.*

III. Contraction of Prepositions

Prepositions are often contracted with certain definite articles. These contractions are common, and except in the case of idiomatic meanings, the two variations are identical in meaning.

am	=	an dem	ins	=	in das
aufs	=	auf das	ums	=	um das
beim	=	bei dem	vom	=	von dem
durchs	=	durch das	zum	=	zu dem
fürs	=	für das	zur	=	zu der
im	=	in dem			

IV. Prepositions Following Nouns or Pronouns

Some prepositions follow the noun or pronoun object.

> die Straße **entlang** *along the highway*
> den Vorschriften **gemäß** *according to the regulations*
> Ihrer Geschwindigkeit **wegen** *because of your speed*
> **deswegen** *because of this, for this reason*
> meiner Meinung **nach** *in (according to) my opinion*
> dem Gesetz **gegenüber** *compared to, with respect to the law*
> **demnach** *according to this*
> **demgegenüber** *compared to that*
> der Genauigkeit **halber** *for the sake of accuracy*

Here are some of these prepositions used in context.

> Ein dicker Mercedes fuhr eines Morgens mit 200 km pro Stunde die Straße entlang. Ein Polizist hielt den Mercedes an. In dem großen Auto saß ein Arzt, er war unterwegs zum Krankenhaus. Der Polizist erklärte dem Mediziner: „Den Vorschriften gemäß fahren Sie hier 70 km pro Stunde zu schnell. Ihrer Geschwindigkeit wegen bekommen Sie einen Strafzettel *(ticket)*." „Deswegen halten Sie meinen Wagen an?" fragte der Arzt. „Ich bin eine sehr wichtige Person in dieser Stadt! Meiner Meinung nach habe ich als Arzt auf dem Weg zum Krankenhaus dem Gesetz gegenüber keine Verpflichtung *(responsibility)*." „Demnach," meinte der Polizist und schrieb dabei den Strafzettel, „gibt es für Ärzte keine Gesetze, oder?" „Ja, doch *(Well, yes)*," meinte der Arzt, „der Genauigkeit halber: ich sprach nur von mir."

V. Indefinite Pronouns: *man, jemand, niemand*

Man is an indefinite pronoun meaning *one, they, people, we* (and also *you, a person, someone, somebody)*. **Man** occurs only in the nominative and is always the subject of the clause. In the accusative it changes to **einen,** in the dative to **einem. Man** is sometimes best expressed by an English passive construction. Thus, the frequently used expression, „**man sagt**" equates in English to *one says, people say, we say, it is said.*

> Man strebt, solange man lebt. *One strives as long as one lives.*
> Wenn man bei einem Wort Hilfe braucht, verwendet man ein Wörterbuch.
> *When you need help with a word, you use a dictionary.*

There is no connection to, but occasionally confusion with, the noun **der Mann,** meaning *man.*

Jemand (*somebody, anybody*) and **niemand** (*nobody*) may or may not be declined.

> Die Polizei sucht jemanden. = Die Polizei sucht jemand.
> *The police are looking for somebody.*
> Ist jemand da? War gestern jemand zu Hause?
> *Is somebody there? Was anybody at home yesterday?*
> Niemand kommt heute; das Wetter ist zu schlecht.
> *Nobody is coming today; the weather is too awful.*

Basic Vocabulary

allein alone, only, but
Bau *(m.)*, **-ten** construction, building
bestehen aus (bestand) to consist of
bestimmt certain, definite
brauchen to need, require
Brot *(n.)*, **-e** bread
bzw. (beziehungsweise) or, respectively
damals at that time, in those days
eng narrow
entdecken to discover
Erklärung *(f.)*, **-en** explanation
folgen to follow
geben (gab; gibt) to give
es gibt ... there is ... , there are ...
gegen against, toward
gemäß according to

Geschwindigkeit *(f.)*, **-en** speed
glauben to believe
immer always, ever
war schon immer has always been
jemand somebody, anybody
kaum hardly
Lage *(f.)*, **-n** position, situation
meinen to opine, state an opinion
Meinung *(f.)*, **-en** opinion
menschlich human, humane
möglich possible
Möglichkeit *(f.)*, **-en** possibility
nennen (nannte) to name
niemand nobody
ohne without

Reich *(n.)*, **-e** empire, state, realm
seit since
sowohl ... wie both ... and, not only ... but also, ... as well as
um around, about, at (+ *time*)
unterstützen to support
Unterstützung *(f.)*, **-en** support
Untersuchung *(f.)*, **-en** investigation, examination
verwenden to use, employ
während in the course of, during
wegen because of
Werk *(n.)*, **-e** work, plant
Wien *(n.)* Vienna
Zeit *(f.)*, **-en** time

1. Lange Zeit gab es ein Deutsches Reich nur dem Namen nach.
2. Das Oberhaupt eines Königreiches nennt man einen König. Ludwig XIV. von Frankreich nannte man „den Sonnenkönig".
3. Die Erde bewegt sich in einem Jahr um die Sonne. Vor dreieinhalb Jahrhunderten wurde Galileo Galilei in den Augen der Kirche zum Ketzer, denn er erklärte, die Erde bewegte sich um die Sonne, nicht die Sonne um die Erde, wie man damals glaubte.
4. „Der Mensch lebt nicht von Brot allein."
5. Die Physiologie ist die Wissenschaft von den Lebensvorgängen bei Pflanzen, Tieren und Menschen.
6. Physiologen entdeckten ein interessantes Phänomen: Wegen seines hohen Salzgehaltes ist das Tote Meer ohne Tierwelt.
7. Diesem Bericht nach zeigt die Bundesrepublik ein starkes Interesse für die Grundlagenforschung. Aus diesem Grund finanzierte der Staat die Ausstattung eines neuen Forschungszentrums.
8. In den ersten Untersuchungen auf dem Gebiet der Physik beobachtete man Geschwindigkeiten bis zu 99,6% der Lichtgeschwindigkeit.
9. Dem bekannten französischen Mediziner nach äußern Antibiotika ihre Wirkung fast immer nur gegen bestimmte Gruppen von Mikroorganismen.
10. Seinem Bericht nach verwendet man auch chromatographische Methoden zur Bestimmung von verschiedenen Penicillinen.
11. Eine ausführliche Erklärung innerhalb des engen Bereiches dieser Untersuchung ist nicht möglich.
12. Die wirtschaftliche und politische Lage im Lande ist hoffnungslos. Deswegen ist meiner Meinung nach eine Revolution unvermeidlich.

1. **nur dem Namen nach** *in name only*
2. **Oberhaupt** *(n.),* **¨er** *head, ruler*
   Königreich *(n.),* **-e** *kingdom*
3. **sich bewegen um** *to orbit*
   dreieinhalb *three and a half*
   Auge *(n.),* **-n** *eye*
   Kirche *(f.),* **-n** *church*
   Ketzer *(m.),* **–** *heretic*
5. **Lebensvorgang** *(m.),* **¨e** *vital function*
6. **Phänomen** *(n.),* **-e** *phenomenon*
   Gehalt *(m.),* **-e** *content*
   Totes Meer *(n.)* *Dead Sea*

7. **Bericht** *(m.),* **-e** *report*
   Grundlagenforschung *(f.)* *basic research*
   Ausstattung *(f.),* **-en** *equipment*
8. **beobachten** *to observe*
9. **äußern** *to express, show, exert*
10. **Bestimmung** *(f.),* **-en** *determination, identification*
11. **ausführlich** *detailed*
    Bereich *(m.),* **-e** *range, scope, realm*
12. **hoffnungslos** *hopeless*
    unvermeidlich *unavoidable*

13. Nach einem solchen totalen Krieg braucht man für den Wiederaufbau der Wirtschaft sowohl den guten Willen des Siegers wie auch sehr viel Kapital.

14. Bei solchen sozioökonomischen Prozessen betragen allein die Kosten zum Wiederaufbau von Wohnungen unzählige Millionen Dollar.

15. Den Vorschriften gemäß unterstützen die Hilfsorganisationen nicht nur Kindergärten sondern auch Institutionen für Behinderte.

16. Nicht nur für die Deutschen, sondern auch für die Österreicher bedeutete der Marshall-Plan einen neuen Anfang.

17. Damals nannte man Amerika „das Land der unbegrenzten Möglichkeiten".

18. Seiner Lage wegen war Österreich schon immer ein strategisch wichtiges Land.

19. Seit dem Anfang der neunziger Jahre steht Österreich unter den Mitgliedsländern der Europäischen Union.

20. –Hat jemand die richtige Antwort? –Nein, niemand versteht die Frage.

13. **Wille** (*m.*), **-n** *will*
Sieger (*m.*), **–** *winner, conqueror*
Kapital (*n.*), **-e, -ien** *capital, funds*
14. **Prozeß** (*m.*), **Prozesse** *process*
denen *those*
Wiederaufbau (*m.*) *rebuilding, reconstruction*

14. **unzählige** *countless*
15. **Vorschrift** (*f.*), **-en** *rule, instruction*
Behinderte (*pl.*) *disabled individuals*
17. **unbegrenzt** *unlimited*
19. **Mitglied** (*n.*), **-er** *member*

VOR 50 JAHREN WAR DER KRIEG ZU ENDE ...[1]

...**U**nd wurde die Zweite Republik gegründet. So wurde 1995 zu einem besonderen Gedenkjahr. Als Geste der Dankbarkeit für die Befreiung Wiens durch die alliierten Truppen vor 50 Jahren und die Hilfe beim Wieder-

5 aufbau startete Wien dieses Jahr „Dankaktionen" in den damals beteiligten Ländern.

2 **Gedenkjahr** (*n.*), **-e** *commemorative year*
3 **Geste** (*f.*), **-n** *gesture*
Dankbarkeit (*f.*), **-en** *gratitude*

3 **Befreiung** (*f.*), **-en** *liberation*
4 **Hilfe** (*f.*), **-n** *help, assistance*
6 **damals beteiligt** *involved at that time*

---

1. Adapted from *Illustrierte Neue Welt*, October 1995, p. 20.

Aus den USA lud die Stadt Wien eine Gruppe behinderter Kinder für eine Woche nach Wien ein. Aus jedem amerikanischen Bundesstaat kam ein Kind mit einer Begleitperson. Mit dieser Aktion dankte Wien nicht nur für den Beitrag der USA zur Befreiung Öster- 10 reichs von der Nazidiktatur, sondern auch für die Soforthilfe für das hungernde Wien in der Nachkriegszeit und für die Unterstützung des Wiederaufbaus durch den Marshall-Plan.

In England schuf man im Londoner Stadtteil Islington einen Integrationskindergarten speziell für behinderte und sozial geschädigte 15 Kinder. Die Stadt Wien finanzierte nicht nur mit 3,67 Millionen Schilling die Ausstattung dieses Kindergartens, sie stellte auch das Know-how zur Verfügung. Bei der Integration Behinderter in den „normalen" Kindergartenalltag genießen die Wiener Kindergärten Weltruf. 20

In Rußland unterstützt man in Zusammenarbeit mit österreichi- schen Hilfsorganisationen eine Reihe von Sozialprojekten. 50 Kriegs- veteranen aus Rußland und den GUS-Staaten waren eine Woche lang in Wien zu Gast. Mit Frankreich plant man noch verschiedene Projekte. 25

7 **ein/laden (lud … ein; lädt … ein)** *to invite (prefix at end)* **behindert** *disabled*	18 **zur Verfügung stellen** *to place at (one's) disposal*
8 **Kind** *(n.)*, **-er** *child*	19 **Alltag** *(m.)*, **-e** *everyday life* **genießen (genoß)** *to enjoy*
9 **Begleitperson** *(f.)*, **-en** *chaperone*	20 **Weltruf** *(m.)* *world-wide reputation*
10 **Beitrag** *(m.)*, **˝e** *contribution*	
11 **sofort** *immediate*	21 **Zusammenarbeit** *(f.)*, **-en** *cooperation*
12 **Nachkriegszeit** *(f.)*, **-en** *postwar years*	22 **Reihe** *(f.)*, **-n** *series*
14 **schaffen (schuf)** *to create*	23 **GUS (= Gemeinschaft Unabhängiger Staaten)** *CIS (= Commonwealth of Independent States*
15 **geschädigt** *impaired*	
17 **Schilling** *(m.)*, **-e** *shilling* **Ausstattung** *(f.)*, **-en** *equipment, equipping*	

KAPITEL 7

I.   Adjective Endings

From the very beginning of this book you have been reading and translating a considerable number of adjectives without great difficulty, for the most part paying little or no attention to adjective endings. In this chapter you will begin to be aware of the extent to which adjective endings supply essential information and help you read and translate accurately.

A.   Adjectives without endings

Aller Anfang ist **schwer.**   *Every beginning is **difficult.***
Die Aufgaben wurden **interessant** aber **schwierig.**
   *The exercises became **interesting** but **difficult.***
Die Lebensbedingungen bleiben **gut.**
   *Living conditions remain **good.***

Predicate adjectives, following the verbs **sein, werden,** and **bleiben,** do not have adjective endings.

B.   Adjectives with endings

politisch**es** Theater   *political theater*
das politisch**e** Theater   *the political theater*
ein groß**er** Dichter des politisch**en** Theaters
   a great poet of the political theater

Attributive adjectives precede a noun and have endings determined by the gender, number, and case of the noun that they modify. When looking up an adjective in the dictionary, you will find the form without endings. Unlike English, proper noun adjectives are not capitalized in German.

deutsch**es** Theater   *German theater*
der amerikanisch**e** Kritiker   *the American critic*

Descriptive adjectives derived from city names, however, are capitalized and have an **-er** ending in all cases and genders, singular and plural.

ein neu**es** Berliner Theater
   a new Berlin theater
der bekannt**e** New Yorker Kritiker
   the well-known New York critic

II. Declension of Adjectives

Learning to recognize endings on adjectives that are preceded by a der-word or an ein-word or that are unpreceded will make it much simpler to differentiate singular from plural nouns and to ascertain the meaning of modified nouns.

A. Adjectives preceded by a definite article or *der*-word

	Singular Masculine	Singular Feminine
Nominative:	der moderne Stil	die moderne Kunst
Accusative:	den modernen Stil	die moderne Kunst
Dative:	dem modernen Stil	der modernen Kunst
Genitive:	des modernen Stils	der modernen Kunst

	Singular Neuter	Plural All genders
Nominative:	das moderne System	die modernen Theorien
Accusative:	das moderne System	die modernen Theorien
Dative:	dem modernen System	den modernen Theorien
Genitive:	des modernen Systems	der modernen Theorien

Note: **der, die, das** with adjective **-e** ending always means the noun is singular; **die** with adjective **-en** ending always means the noun is plural.

B. Adjectives preceded by an indefinite article or *ein*-word

	Singular Masculine	Singular Feminine
Nominative:	sein letzter Roman	seine letzte Oper
Accusative:	seinen letzten Roman	seine letzte Oper
Dative:	seinem letzten Roman	seiner letzten Oper
Genitive:	seines letzten Romans	seiner letzten Oper

	Singular Neuter	Plural All genders
Nominative:	sein letztes Werk	seine letzten Bücher
Accusative:	sein letztes Werk	seine letzten Bücher
Dative:	seinem letzten Werk	seinen letzten Büchern
Genitive:	seines letzten Werks	seiner letzten Bücher

Note that a noun preceded by an **ein**-word ending in **-e** and an adjective ending in **-en** is plural, e.g., **seine letzten Bücher** *(his last books).*

Note also that except for the *uninflected* **ein**-words, e.g., **sein letzter Roman, sein letztes Werk,** adjectives preceded by **ein**-words have endings identical with those preceded by **der**-words.

| des letzten Romans | die letzte Oper | dem letzten Werk |
| seines letzten Romans | seine letzte Oper | seinem letzten Werk |

C. Unpreceded adjectives (not preceded by an article or a *der*- or *ein*-word)

	Singular Masculine	Singular Feminine
Nominative:	warmer Regen	warme Luft
Accusative:	warmen Regen	warme Luft
Dative:	warmem Regen	warmer Luft
Genitive:	warmen Regens	warmer Luft

	Singular Neuter	Plural All genders
Nominative:	warmes Wasser	warme Temperaturen
Accusative:	warmes Wasser	warme Temperaturen
Dative:	warmem Wasser	warmen Temperaturen
Genitive:	warmen Wassers	warmer Temperaturen

Unpreceded adjectives are common in the plural. In the singular, unpreceded adjectives occur for the most part with uncountables, as in the following sentence, which occurs in the reading selection of **Kapitel 2.**

Ein Kilogramm ist das Gewicht eines Liters destillierten Wassers bei 4 Grad Celsius.
A kilogram is the weight of a liter of distilled water at a temperature of 4 degrees Celsius.

III. Adjectives Used as Nouns

Adjectives used as nouns are capitalized. Masculine nouns usually denote males, feminine nouns females, and neuter nouns abstractions.

	Singular		Plural
Masculine	**Feminine**	**Neuter**	**All genders**
der Alte	die Alte	das Alte	die Alten
ein Alter	eine Alte		Alte
der Deutsche	die Deutsche	das Deutsche	die Deutschen
ein Deutscher	eine Deutsche		Deutsche
der Schöne	die Schöne	das Schöne	die Schönen
ein Schöner	eine Schöne		Schöne

An abstraction like **das Schöne** can be effectively translated as *that which is beautiful.*

Nouns derived from adjectives are inflected like adjectives preceding a noun.

der Deutsche	ein Deutscher
den Deutschen	einen Deutschen
dem Deutschen	einem Deutschen
des Deutschen	eines Deutschen

Unpreceded plural forms are quite common.

> Hier ist das Institut für **Behinderte.**
> *Here is the institute for disabled individuals.*
> **Alte** und **Junge** suchen hier Hilfe.
> *Old and young (people) seek help here.*

Nouns derived from adjectives are not usually listed in the dictionary. You will need to look up the basic adjective when you do not find the noun listed.

Practice translating the following adjectives used as nouns.

1. das Wahre, Gute und Schöne
2. viel Gutes
3. nichts Gutes
4. etwas Gutes
5. das Wichtige
6. eine Deutsche
7. der Blonde
8. viel Interessantes
9. die Guten und Bösen

ähnlich similar
arm poor
ausführlich detailed
außer besides, except for
beeinflussen to influence
Bereich (m.), -e realm, sphere
besuchen to visit
bewegen to move
Blütezeit (f.), -en golden age
Einfluß (m.), **Einflüsse** influence
einzig only, single
entwickeln to develop
etwas something, some, somewhat
finden (fand) to find

Flugzeug (n.), -e airplane
früh early
führen to lead
geistig intellectual, mental
gelten (galt; gilt) to be valid, to be true
gleich same, equal
glücklich happy, fortunate
Grieche (f. or m.), -n Greek
Hälfte (f.), -n half
Körper (m.), – body
krank sick, ill
Mittelalter (n.) Middle Ages
Nacht (f.), ⸚e night
nichts nothing
noch still, even
   noch nicht not yet

politisch political
Roman (m.), -e novel
schon already
   wir wissen es schon lange we have known it for a long time
schwierig difficult
Stil (m.), -e style
tot dead
tragen (trug; trägt) to carry, bear, wear
wesentlich essential, important, considerable
wissen (wußte; weiß) to know (facts)

1. Während der Wirtschaftskrise von 1930 hatte Deutschland über sieben Millionen Arbeitslosen.
2. Viele Verwandte und Bekannte besuchten die Kranke im Krankenhaus. Niemand wußte aber, wie krank sie war.
3. Die neue Untersuchung ergab nichts Wesentliches.
4. In dem neuen Buch fragt man: Verteilte Tolstoi sein großes Vermögen an die Armen aus christlicher Nächstenliebe oder nicht?
5. Das Gute an dem Buch ist nicht neu, und das Neue ist nicht gut.
6. Das Gleiche gilt auch für viele andere Bücher.
7. Nach dem Flugzeugunfall im brasilianischen Dschungel fand man nur Tote und Schwerverletzte. Die Namen der Verletzten standen in der heutigen Zeitung.

1. **Wirtschaftskrise** (f.), -n *economic crisis, depression*
   Arbeitslose (f. or m.), -n *unemployed person*
2. **Verwandte** (f. or m.), -n *relative*
   Bekannte (f. or m.), -n *acquaintance*
3. **ergeben (ergab; ergibt)** *to yield, give, show*
4. **verteilen** *to distribute*
   Vermögen (n.), – *wealth*
   Nächstenliebe (f.) *love for one's fellow man, charity*
7. **Unfall** (m.), ⸚e *accident*
   Dschungel (m.), – *jungle*
   schwerverletzt *seriously injured*

8. Heute ist der 5. Dezember, Ihr Geburtstag. Ihre ganze Klasse wünscht Ihnen alles Gute zum Geburtstag, Herr Professor.

9. Der Franzose Louis Braille entwickelte eine Schrift für die Blinden.

10. Im frühen Mittelalter zogen einige germanische Stämme nach Österreich.

11. Jedes Schulkind weiß, farbloses Licht ist ein Gemisch von Lichtwellen verschiedener Längen. Man lernt diese Tatsache aus einem wissenschaftlichen Lehrbuch.

12. In den Untersuchungen mit Kupfer fand man etwas Wichtiges: Kupfer ist, außer Gold, das einzige farbige Metall und außer Silber, der beste Leiter für Wärme und Elektrizität.

13. Das ist natürlich nichts Neues, wir wissen es schon lange.

14. Etwas Ähnliches wußten schon in der Antike die alten Griechen.

15. Laut dem Protagonisten des Romanes unterscheiden sich das Wahrscheinliche und das Unwahrscheinliche nur der Häufigkeit nach.

16. Edmund Burke, der große englische Staatsmann und Redner, hatte zwei Gesichter: Der eine Burke war der Bewahrer des Alten, der andere war der Reformer, der Liberale.

17. Die wirtschaftliche Entwicklung des letzten Jahrzehnts war fast unglaublich. Das Berliner Stadtbild ist heute als Resultat dieser Entwicklung wesentlich anders.

18. In seinem ersten Buch über die deutsche Literaturgeschichte gibt es ausführliche Einblicke sowohl in die Berliner als auch in die Jenaer Romantik.

19. Die Romantik beeinflußte in der ersten Hälfte des 19. Jahrhunderts fast alle Bereiche des kulturellen und geistigen Lebens in Deutschland.

20. Die literarische Form des Briefes hatte besonders in der Zeit der Romantik ihre Blütezeit.

---

8. **Geburtstag** (*m.*), **-e** *birthday*
9. **Schrift** (*f.*), **-en** *script, form of writing*
11. **farblos** *colorless*
 Gemisch (*n.*), **-e** *mixture*
 Welle (*f.*), **-n** *wave*
 Tatsache (*f.*), **-n** *fact*
12. **Kupfer** (*n.*) *copper*
 farbig *colored*
 Leiter (*m.*), **–** *conductor*
14. **Antike** (*f.*) *antiquity*

15. **laut dem Protagonisten** *according to the protagonist*
 sich unterscheiden *to differ*
 wahrscheinlich *probable*
 Häufigkeit (*f.*), **-en** *frequency*
16. **Redner** (*m.*), **–** *orator, speaker*
 Gesicht (*n.*), **-er** *face*
 Bewahrer (*m.*), **–** *preserver*
17. **unglaublich** *unbelievable*
18. **Einblick** (*m.*), **-e** *insight*

DIE ROMANTIK

Die Romantik war eine ästhetisch-literarische Epoche in der Literatur verschiedener europäischer Länder. In Deutschland dauerte sie von ungefähr 1790 bis 1840. Sie ist gekennzeichnet durch einen Abfall vom verstandesmäßigen Denken und von aller Nüchternheit. Gefühl, Phantasie, Stimmung und Sehnsucht bewegten die Romantiker. Ihre Sehnsucht trug sie aus der Wirklichkeit in eine glückliche Vergangenheit und in ferne Länder.

Die Romantiker „entdeckten" das Mittelalter wieder und schätzten an ihm die Einheit von Leben und christlichem Glauben. Diese Besinnung auf die Vergangenheit führte zur Sammlung von Volksliedern, Sagen und Märchen (Brüder Grimm). In Märchen und Erzählungen mischen sich Phantasie, Spuk und Wirklichkeit. Das Geheimnisvolle und Unergründliche, der Traum und die Nacht faszinierten das Denken der Romantiker.

Die Romantik hatte einen starken Einfluß auf fast alle Bereiche des kulturellen und geistigen Lebens. Sie beeinflußte die Kunst, Musik, Philosophie und andere Gebiete. Die bildende Kunst, u.a. die Malerei der Romantik, suchte in der Wiedererweckung der mittelalterlichen Welt eine ideale, harmonische Welt zu finden und stellte in Landschaftsbildern die Schönheit und Großartigkeit der Natur dar. Mit der Musik schilderten die Romantiker Naturstimmungen oder Gefühle. Bekannte Namen in der Musik sind Weber, Schubert und Mendelssohn. Im Gesellschaftlichen führte der romantische Subjektivismus zu einer Lockerung der sittlichen Bindungen.

4	**gekennzeichnet** *characterized*	13	**Traum** (*m.*), ⁼e *dream*
	Abfall (*m.*) **von** *revolt against*	17	**u.a. (unter anderem)** *among other things*
	verstandesmäßig *rational*		
5	**Nüchternheit** (*f.*) *sobriety, dullness*	18	**Wiedererweckung** (*f.*), **-en** *reawakening*
	Gefühl (*n.*), **-e** *feeling*		
	Stimmung (*f.*), **-en** *mood, emotion*	20	**stellte ... Großartigkeit der Natur dar** *represented the grandeur of nature*
	Sehnsucht (*f.*), ⁼e *longing, desire*		
6	**Wirklichkeit** (*f.*) *reality*		
7	**Vergangenheit** (*f.*) *past*	23	**gesellschaftlich** *social*
	fern *distant, far*	24	**Lockerung** (*f.*), **-en** *loosening*
13	**geheimnisvoll** *mysterious*		**sittlich** *moral, ethical*
	unergründlich *unfathomable*		**Bindung** (*f.*), **-en** *bond, tie*

Zum ersten Mal in der Romantik spielten Frauen auch eine
große Rolle im geistigen Leben der deutschen Geschichte. Vor allem
aus den Briefen solcher geistreichen Frauen wie Bettina von Arnim
und Caroline Schlegel-Schelling lernt man viel Interessantes über die
Romantik: sowohl private biographische Ereignisse wie Berichte über
die literarischen Salons.

KAPITEL 8

I. Adverbs

Adverbs modify verbs, adjectives, or other adverbs.

A. Adverbs modifying verbs

Diese Bäume kommen **ursprünglich** aus Asien und wachsen **langsam.**
These trees originally come from Asia and grow slowly.
Die Ökologen überprüfen **regelmäßig** die Effekte des Sauerregens.
The ecologists regularly check the effects of the acid rain.

B. Adverbs modifying adjectives

In **wahrhaft** tropischer Hitze sind die Lebensbedingungen **wahrscheinlich** anders. *In truly tropical heat, the living conditions are probably different.*
Es gibt **wirklich** unglaubliche Unterschiede.
There are truly unbelievable differences.

C. Adverbs modifying other adverbs

Der Regenwald wächst **verhältnismäßig** schnell.
The rain forest grows relatively rapidly.
Wir holzen ihn aber **gleich** schnell ab.
We cut it down, however, equally rapidly.

Unlike their often identical adjective forms, German adverbs used in the positive or comparative form never take an ending.

Adverb forms	Adjective forms
Er arbeitet gut. *He works well.*	Seine Arbeit ist gut. *His work is good.*
Das Auto fährt schneller. *The car drives (goes) faster.*	Mein Auto ist schneller. Ich fahre das schnellere Auto. *My car is faster. I drive the faster car.*
die unglaublich schöne Geschichte *the unbelievably beautiful story*	die unglaubliche schöne Geschichte *the unbelievable, beautiful story*

Keep in mind that English adverbs end in -ly.

Note that adverbs in a German sentence generally follow the main verb and precede direct object nouns: **Die Ökologen überprüfen regelmäßig die Bäume.** The English equivalent follows a slightly different pattern: *The ecologists test the trees regularly.* or: *The ecologists regularly test the trees.*

II. Verbs with Inseparable and Separable Prefixes

Simple German verbs often are used to form compound verbs. Separable or inseparable prefixes added to the simple verb change the overall meaning of the verb but do not affect the regular or irregular forms of the stem verb. Take for example the simple verb **kommen** and derivative verbs with inseparable or separable prefixes.[1]

kommen (kam; kommt) *to come*

Inseparable prefixes

bekommen (bekam; bekommt) *to receive*
entkommen (entkam; entkommt) *to escape*
verkommen (verkam; verkommt)
   to decay, to come down in the world

Separable prefixes

ab/kommen (kam ... ab; kommt ... ab) *to come away, deviate*
an/kommen (kam ... an; kommt ... an) *to arrive*
auf/kommen (kam ... auf; kommt ... auf) *to recover*
aus/kommen (kam ... aus; kommt ... aus) *to get along (with),*
   come from
ein/kommen (kam ... ein; kommt ... ein) *to come in*
her/kommen (kam ... her; kommt ... her) *to come from, originate*
hin/kommen (kam ... hin; kommt ... hin) *to come to*
mit/kommen (kam ... mit; kommt ... mit) *to accompany*
nach/kommen (kam ... nach; kommt ... nach) *to follow*
um/kommen (kam ... um; kommt ... um) *to perish, die*
vor/kommen (kam ... vor; kommt ... vor) *to occur, happen*
zurück/kommen (kam ... zurück; kommt ... zurück) *to return*
zusammen/kommen (kam ... zusammen; kommt ... zusammen)
   to come together

---

1. Infinitive forms of verbs with separable prefixes are indicated throughout the text with a slash (/) separating the prefix from the infinitive.

A. Inseparable prefixes

Some German verbs have unstressed prefixes that are never separated from any form of the verb, and in the perfect tenses these verbs do not take the participial prefix **ge-** (see **Kapitel 9**). The most common of these prefixes are **be-, emp-, ent-, er-, ge-, miß-, ver-,** and **zer-.**

While some prefixes imply certain types of actions and allow you to surmise a meaning based on the simple verb + prefix meaning, there are numerous exceptions. It is always best to check the meaning of compound verbs that are new to you. Two prefixes, **ent-** and **zer-,** have fairly consistent meanings that may help you determine the meaning of the resulting verb with prefix.

> **ent-** *away from*
> entdecken *to discover* (**decken** *to cover*)
> entfernen *to remove, take away from*
> entwässern *to drain, take water away from*
> entziehen *to withdraw, pull away from* (**ziehen** *to pull*)

> **zer-** *to pieces*
> zerbrechen *to break into pieces* (**brechen** *to break*)
> zerreißen *to rip into pieces* (**reißen** *to rip*)
> zerschlagen *to beat up* (**schlagen** *to beat*)
> zerstören *to destroy* (**stören** *to disturb*)

B. Separable prefixes

Stressed prefixes in conjugated forms are separated from the main part of the verb.

> Die Vorlesung fängt um neun Uhr an.
> *The lecture begins at nine o'clock.*

The verb in this sentence is **fängt ... an;** its infinitive is **anfangen, an-** being a *separable prefix.* Separable prefixes are detached from the simple verb in main clauses in the present and simple past tenses. The separated prefix stands last in the clause. This means that you must always read each clause completely to the end before you begin to translate it.

Separable prefixes generally consist of short, simple words that you have already learned to recognize on their own as prepositions, infinitives, adjectives, or adverbs. The most common separable prefixes are **ab-, an-, auf-, aus-, bei-, ein-, fort-, her-, hin-, mit-, nach-, vor-, weg-, zurück-,** and **zusammen-.** The prefix **hin-** indicates a motion away from the speaker or action; the prefix **her-** indicates a motion toward the speaker or action. Both may occur in combination with other prefixes: **hinab-, heran-, hinauf-, herein-, hervor-.**

Here are some hints for translating German sentences containing verbs with separable prefixes.

> Wir ziehen diese Methode der alten vor.
> *We prefer this method to the old one.*
> Die Uhr blieb um zehn Minuten nach eins stehen.
> *The clock stopped at ten minutes past one.*
> Wir kamen deshalb spät an.
> *For that reason we arrived late.*

The first rule is: always read the entire sentence before attempting to translate, and pay close attention to the end of the clause. The last word of the clause may be a separable prefix. Attach it to the stem of the simple verb and look up this combination in the dictionary. In the examples above, the infinitives of the compound verbs are **vor/ziehen, stehen/ bleiben,** and **an/kommen.** If you need the assistance of the irregular verb list to help ascertain the infinitive, check the list for the infinitive of the simple verb, reattach the prefix, and then proceed to look up the compound verb.

Practice this procedure with the following verb forms taken from the exercises in this chapter.

1. die Schule zog ... um
2. das Problem stellt ... dar
3. Friedrich hob ... auf
4. er lud ... ein
5. sechs Millionen wanderten ... aus
6. ein Magnet zieht ... an
7. er gab ... bekannt
8. die Titanic ging ... unter

III. Recognizing Singulars and Plurals of Nouns

By now you know that articles and adjectives preceding nouns provide important information for determining a noun's function and meaning in context. Here is a summary of indicators that may help you determine singulars and plurals of nouns.

A. Singular

- when preceded by **das, des,** or **dem:**
  das Buch des Mannes; auf dem Tisch
- when preceded by **ein**-words without endings or with the endings **-es** or **-em:**
  ein Freund meines Freundes; in unserem Haus
- subject noun, if verb does not have **-en** ending
- feminine nouns ending in **-ung, -heit, -keit, -schaft, -ie, -ik, -in, -ion, -tät, -ei** (their plurals have **-en** endings)

B. Plural

- **die** with obviously masculine noun: **die Männer**
- **die** plus noun ending in **-en: die Klassen**
- **die** plus adjective ending in **-en: die gefährdeten Tiere** (*the endangered animals*)
- subject noun, if verb ends in **-en, -n,** or is **sind**
- frequently, noun without article (check context before deciding)
- frequently, noun with unpreceded adjective ending in **-e**

Note that an **-s** ending indicates a plural ending *in English* but generally *not in German.*

When these rules or the context still do not provide enough information to help you, consult the vocabulary list or look the word up in a dictionary.

Basic Vocabulary

an/fangen (fing ... an; fängt ... an) to begin
an/ziehen (zog ... an) to attract
Aufgabe *(f.)*, **-n** task
aus/führen to carry out, execute
aus/üben to exert
aus/wandern to emigrate
besitzen (besaß) to possess, have
Bruder *(m.)*, **≟** brother
daher therefore, hence
dar/stellen to represent
Eigenschaft *(f.)*, **-en** property, quality
einfach simple
Einführung *(f.)*, **-en** introduction
ein/laden (lud ... ein; lädt ... ein) to invite
ein/nehmen (nahm ... ein; nimmt ... ein) to take up, occupy

ein/teilen to divide, classify
Entdeckung *(f.)*, **-en** discovery
Erziehung *(f.)* education
gefährdet endangered
grün green
grundsätzlich fundamental
Grundzug *(m.)*, **≟e** main feature, characteristic
Heimat *(f.)* home, homeland
Kraft *(f.)*, **≟e** power, force, strength
Reise *(f.)*, **-n** trip
sofort immediately
statt/finden (fand ... statt) to take place, occur
Umweltschutz *(m.)* environmental protection
um/ziehen (zog ... um) to move

Ursprung *(m.)*, **≟e** origin, source
ursprünglich original
Veränderung *(f.)*, **-en** change
verhältnismäßig relative, comparative
verstehen (verstand) to understand
Vielfalt *(f.)* plurality, variety, multiplicity
Voraussetzung *(f.)*, **-en** assumption, hypothesis, prerequisite
vor/ziehen (zog ... vor) to prefer
wahrscheinlich probably
weich soft
weiß white
weiter further
Wort *(n.)*, **-e; ≟er**[2] word
zurück/kehren to return

Exercises

1. Das Bauhaus war ursprünglich eine Unterrichtsstätte in Weimar.
2. 1925 siedelte das Bauhaus nach Dessau um, und einige Jahre später zog die Schule für Kunst, Handwerk und Technik nach Berlin um.
3. Im Artikel 20a des Grundgesetzes erhob der Staat 1994 den Umweltschutz zum Staatszweck.

1. **Unterrichtsstätte** *(f.)*, **-n** *pedagogical workshop*
2. **um/siedeln** *to shift to new quarters, emigrate*
3. **Grundgesetz** *(n.)* *Basic Law of the Federal Republic*

3. **erheben (erhob)** *to elevate*
   Staatszweck *(m.)*, **-e** *civic goal, purpose*

---

2. German has two plural forms for **Wort**. The plural form **Wörter** refers to *unconnected words, vocables.* In all other cases, the plural is **Worte.**

4. Der konsequente Schutz von Luft, Wasser und Boden ist natürlich eine zentrale Voraussetzung für eine gesunde wirtschaftliche Entwicklung.

5. Eine besondere Aufgabe stellen die globalen Umweltprobleme wie Klimaänderung, Abbau der Ozonschicht und der Rückgang der biologischen Vielfalt dar.

6. Der Architekt Andreas Schlüter prägte fast eigenhändig den preußisch-berlinerischen Barockbaustil.

7. Der Große Kurfürst (1620–1688) forderte seinen Hofarchitekten auf, Berlin grundsätzlich umzugestalten.

8. Das Zeughaus illustriert das Wesentliche des preußisch-berlinerischen Stils: einen Sinn für Realität findet man hier zusammen mit verschnörkelten Dekorationen.

9. In seinem Edikt von 1671 hob Friedrich das Verbot gegen die Ansiedlung von Juden auf. In dieser Zeit kamen viele jüdische Familien nach Berlin.

10. Einige Zeit später lud der Kurfürst verfolgte Calvinisten aus Frankreich nach Berlin ein.

11. Zwischen 1820 und 1920 wanderten über sechs Millionen Deutsche in die Neue Welt aus.

12. Hunderttausende kehrten aber auch in ihre deutsche Heimat zurück und verbrachten ihren Lebensabend in Deutschland.

13. Ein Magnet zieht andere Eisenstücke an. Ein Magnet übt auf einen anderen Magneten und auf weiches Eisen mechanische Kräfte aus.

14. Eisen besitzt technisch sehr wichtige Eigenschaften.

15. 1895 gab Röntgen seine große Entdeckung bekannt. Die Bekanntgebung fand in seinem Labor in München statt.

4. **konsequent** *consistent, ongoing* (not: *consequent*)
5. **Klimaänderung** *(f.)*, **-en** *climatic change*
   Abbau der Ozonschicht *depletion of the ozone layer*
   Rückgang *(m.)*, **-̈e** *decline*
6. **prägen** *to coin, give something a characteristic look*
   fast *nearly*
   eigenhändig *single-handed*
7. **Der Große Kurfürst** *The Great Elector*
   auf/fordern *to call upon, command, invite*
   um/gestalten (+ *zu*-construction) *to reconfigure*
8. **Zeughaus** *(n.)*, **-̈er** *military storehouse*
   Sinn *(m.)*, **-e** *sense*
   verschnörkelt *ornate*
9. **auf/heben** (**hob ... auf**) *to suspend, repeal*
   Verbot gegen die Ansiedlung von Juden *prohibition of Jewish immigration*
10. **verfolgt** *persecuted*
12. **verbringen** (**verbrachte**) *to spend*
    Lebensabend *(m.)*, **-e** *last days of one's life*
13. **Eisen** *(n.)* *iron*
15. **bekannt/geben** (**gab ... bekannt; gibt ... bekannt**) *to make known, make public*

16. Die Brüder Orville und Wilbur Wright führten im Jahre 1903 mit einem selbstgebauten Doppeldecker den ersten Motorflug aus.

17. 1912 stieß der englische Dampfer Titanic auf seiner ersten Reise nach New York mit einem Eisberg zusammen und ging mit 1500 Menschen unter.

18. In seiner Autobiographie beschrieb der Staatsmann die Einflüsse seiner Erziehung auf seine persönliche Entwicklung. Seine Beschreibung ist verhältnismäßig glaubwürdig.

19. Die alten Römer teilten das Jahr in nur zehn Monate ein. Sie fingen mit dem Kriegsgott Mars an, und am Ende zählten sie mit September bis Dezember den siebten bis zum zehnten Monat ab. Der zweite römische Kaiser fügte schließlich zwei weitere Monate hinzu: Januar und Februar.

20. Die vorliegende Einführung behandelt kurz die Grundzüge der physisch-geographischen Ähnlichkeiten und Unterschiede zwischen Naturschutzgebieten, Nationalparks und Landschafts-schutzgebieten.

16. **selbstgebaut** *built by themselves, home-made*
Doppeldecker *(m.), – double decker*
Flug *(m.), ⸚e flight*
17. **zusammen/stoßen (stieß ... zusammen; stößt ... zusammen)** *to collide*
unter/gehen (ging ... unter) *to sink*
18. **glaubwürdig** *believable, worthy of believing*

19. **ab/zählen** *to count down*
hinzu/fügen *to add (to)*
schließlich *finally*
20. **vorliegend** *present, currently under discussion*
kurz *brief, short*
Ähnlichkeit *(f.), -en similarity*
Unterschied *(m.), -e difference*
Schutzgebiet *(n.), -e conservation area*

UNSERE UMWELT: SCHUTZGEBIETE

I n der Bundesrepublik Deutschland findet man grundsätzlich drei verschiedene Sorten von Schutzgebieten vor. In der folgenden Einführung zum Thema „Unsere Umwelt" stellen wir die Unterschiede kurz dar.

    Naturschutzgebiete dienen der Sicherung gefährdeter Pflanzen-und Tierarten und ihrer Lebensräume aus wissenschaftlichen und naturgeschichtlichen Gründen oder wegen ihrer Seltenheit, ihrer 5

1 **grundsätzlich** *basically*
vor/finden (fand ... vor) *to find, come upon*
4 **Unterschied** *(m.), -e difference*

5 **dienen** *to serve*
Sicherung *(f.) protection*
7 **Grund** *(m.), ⸚e ground, reason*
Seltenheit *(f.), -en rarity*

besonderen Eigenart oder hervorragenden Schönheit. Die gesamte *erste*
Land- und Wasserfläche der Naturschutzgebiete betrug in der Bundesrepublik Deutschland Mitte 1991 rund 680 000 Hektar. Das sind
1,91 Prozent der Gesamtfläche der Bundesrepublik Deutschland.
Jüngste Entwicklungen in den neuen Ländern versprechen einen
starken Zuwachs in bezug auf Anzahl und Flächengröße der Naturschutzgebiete, zum Beispiel im Südost-Rügen oder im Spreewald.
Unter Naturschutzgebieten reiht man häufig auch folgende Gebiete
ein: Schutzwald auf rund 450 000 Hektar, Naturwaldreservate auf
rund 11 000 Hektar und Wildschutzgebiete auf rund 85 000 Hektar.

Die Nationalparks der Bundesrepublik Deutschland entsprechen
in vielen Teilen großräumigen Naturschutzgebieten. Hier findet man
einen Naturzustand mit verhältnismäßig wenig oder gar keinem
menschlichen Einfluß vor. Diese Parks dienen der Erhaltung eines
möglichst artenreichen heimischen Tier- und Pflanzenbestandes. Die
Nationalparks nehmen eine Fläche von rund 700 000 Hektar ein. Der
größte Nationalpark Schleswig-Holstein nimmt fast 300 000 Hektar
ein.

Landschaftsschutzgebiete sind weniger streng geschützt als
Naturschutzgebiete und Nationalparks. In Landschaftsschutzgebieten
erhält man so weit wie möglich die Vielfalt, Eigenart und Schönheit
des Landschaftsbildes und sichert seine Bedeutung für die Erholung.
Hier handelt es sich hauptsächlich um großflächigere Gebiete. Die
6200 Landschaftsschutzgebiete der Bundesrepublik Deutschland
umfaßten Mitte 1991 rund 8 Millionen Hektar, das sind 22,5 Prozent
der Gesamtfläche.

8	**besonders** *especially*		17	**Wild** *(n.)* *large game*
	Eigenart *(f.),* **-en** *individuality*		18	**entsprechen (entsprach; entspricht)**
	hervorragend *outstanding*			*to correspond to*
10	**rund** *approximately, around*		19	**großräumig** *large-scale*
	Hektar *(n.),* **–** *hectare*		21	**Erhaltung** *(f.)* *preservation*
12	**jüngste** *youngest, most recent*		22	**heimisch** *native*
	versprechen (versprach, verspricht)			**Bestand** *(m.),* **–e** *state, existence,*
	to promise			*amount*
13	**Zuwachs** *(m.)* *growth, increase*		24	**größte** *largest*
	in bezug auf *with regard to*		28	**erhalten (erhielt; erhält)**
	Anzahl *(f.)* *number, quantity*			*to preserve*
14	**Rügen** *(island in Baltic Sea)*		29	**Erholung** *(f.)* *relaxation, recreation*
15	**häufig** *frequently*		30	**sich handeln um** *to be a matter of*
	ein/reihen *to include in a series*		32	**umfassen** *to include, contain*

KAPITEL 9

I. Perfect Tenses

In English, the perfect tenses consist of forms of the auxiliary verb *to have* plus the past participle of the main verb, e.g., *he has acted* and *she has seen* (present perfect forms of a regular and an irregular verb); *he had acted* and *she had seen* (past perfect forms). Much as in German, regular and irregular verbs are clearly differentiated by weak and strong endings, as well as by vowel changes in the strong forms. Unlike contemporary English, which uses the auxiliary verb *to have* for all perfect tense forms, the auxiliary verb in the perfect tenses in German may be **haben** or **sein.** Note, however, that this fact does not lead to two different translations. Both auxiliaries have the same translation in English.

Present perfect
Weak verbs

er/sie/es hat gesagt   *he/she/it said (has said)*
sie haben gesagt   *they said (have said)*
er/sie/es ist gereist   *he/she/it traveled (has traveled)*
sie sind gereist   *they travelled (have traveled)*

Strong verbs

er/sie/es hat gesehen   *he/she/it saw (has seen)*
sie haben gesehen   *they saw (have seen)*
er/sie/es ist gekommen   *he/she/it came (has come)*
sie sind gekommen   *they came (have come)*

Past perfect
Weak verbs

er/sie/es hatte gesagt   *he/she/it had said*
sie hatten gesagt   *they had said*
er/sie/es war gereist   *he/she/it had travelled*
sie waren gereist   *they had travelled*

Strong verbs

er/sie/es hatte gesehen   *he/she/it had seen*
sie hatten gesehen   *they had seen*
er/sie/es war gekommen   *he/she/it had come*
sie waren gekommen   *they had come*

Transitive verbs (verbs that take a direct object) always use **haben** as the auxiliary verb in the perfect tenses. *Intransitive verbs* (verbs that do not take direct objects), particularly when they indicate motion or state of being, usually use **sein.** Most German verbs use **haben.**

II.   Meanings of the Perfect Tenses

The German present perfect is usually equivalent to the English past tense. Occasionally, however, the English present perfect may be better. This is true, for example, in the presence of the adverbs **gerade** *(just)* or **schon** *(already).*

> Der Neinsager hat „nein" gesagt.
> *The naysayer said "no."*
> Der Neinsager hat gerade „nein" gesagt.
> *The naysayer has just said "no."*
> Der Neinsager ist gekommen und gegangen.
> *The naysayer came and went.*
> Der Neinsager ist schon gekommen und gegangen.
> *The naysayer has already come and gone.*

Remember that the German differentiation between **haben** and **sein** has no influence on the English meaning.

> Er hatte (gerade) nein gesagt.
> *He had (just) said no.*
> Er war (schon) gekommen und gegangen.
> *He had (already) come and gone.*

The past perfect is used to differentiate between events in past time and events that had happened at an earlier time in the past. Whereas German expresses past events using either or both simple past and present perfect, the past perfect is always expressed by means of a compound tense utilizing **hatt-** or **war-** plus the past participle. In the past perfect, both **hatt-** and **war-** are equivalent to *had.*

III.   *Seit* + Present Tense = *Have been + -ing*

When answering questions about how long one has been doing something (which continues to be happening), German uses **seit** plus the present tense.

> Seit wann lernen Sie Deutsch?
> *How long have you been learning German?*

Ich spreche seit drei Jahren Deutsch.
I've been speaking German for three years.
Sie wohnt erst seit sechs Monaten in der Hauptstadt.
She's been living in the capital for just six months.

IV. Past Participles

As you begin to learn the past participle forms of German verbs, you will quickly recognize great similarities between the German and the English verb systems, not only with regard to endings on weak and strong verbs but also in the vowel changes in the many strong verbs that are alike in German and English.

Dictionaries do not ordinarily list past participles. You must, therefore, be able to derive the infinitive of a verb by analyzing the past participle. In order to analyze past participles efficiently, you will need to recognize the following patterns and variations that occur among them.

A. Weak verbs

Past participle	Components	Infinitive
gesagt	ge+sag+t	sagen
gearbeitet	ge+arbeit+et	arbeiten
bezahlt	bezahl+t	bezahlen
verzeichnet	verzeichn+et	verzeichnen
studiert	studier+t	studieren
fotografiert	fotografier+t	fotografieren
ausgedrückt	aus+ge+drück+t	ausdrücken
kennengelernt	kennen+ge+lern+t	kennenlernen

Note that the past participles of all regular (i.e., weak) verbs end in **-t** or **-et.** A majority of past participles, such as **gesagt** and **gearbeitet,** are simple verbs beginning with the prefix **ge-.** To determine the infinitive of the past participle of most weak verbs, simply drop the prefix **ge-** and the ending **-(e)t,** and add **-en** to the stem.

Note, however, the variations that characterize the three other categories of past participles for regular verbs.

- Verbs with inseparable prefixes, such as **bezahlt** and **verzeichnet,** have no **ge-** past participle prefix.

- Verbs ending in **-ieren,** such as **studiert** and **fotografiert,** have no **ge-** past participle prefix.
- In verbs with separable prefixes, such as **ausgedrückt** and **kennengelernt, ge-** stands between the separable prefix and the stem of the verb in the past participle.

B. Strong verbs

Past participle	Components	Infinitive
gesungen	ge+sung+en	singen
genommen	ge+nomm+en	nehmen
bestanden	bestand+en	bestehen
vergessen	vergess+en	vergessen
angefangen	an+ge+fang+en	anfangen
beigetragen	bei+ge+trag+en	beitragen

The past participles of irregular (i.e., strong) verbs end in **-en.** Past participles of simple verbs, such as **gesungen** and **genommen,** have **ge-** as prefix in the past participle; those formed from verbs with inseparable prefixes, such as **bestehen** and **vergessen,** do not. In past participles of verbs with separable prefixes, such as **angefangen** and **beigetragen, ge-** stands between the separable prefix and the stem.

To determine the infinitive of a strong verb, check the list of irregular verbs. Simple verbs can be found under the initial letter of the stem, e.g., **gesungen** under **s, genommen** under **n.**

Note that the vowel and the stem in **genommen** have changed markedly from **nehmen,** leaving little but the first letter of the stem as a clue to help find the verb in the list of irregular verbs. Another source of potential frustration lies in "look-alike" pairs of participles, for example **gelesen** and **gelassen** (from **lesen** and **lassen**) or **gegessen** and **gesessen** (from **essen** and **sitzen**). Intelligent guessing is a valuable skill for decoding participles, and memorizing the principal parts of most common strong verbs is another. In fact, memorization is the *only* way to recognize **gewesen** as the past participle of **sein** *(to be).*

> Erhard **ist** nur drei Jahre (1963–1966) Bundeskanzler **gewesen.**
> *Erhard was Federal Chancellor for only three years (1963–1966).*
> Erhard **war** 1957 bis 1963 Vizekanzler **gewesen.**
> *Erhard had been Vice-Chancellor from 1957 until 1963.*

C. Principal parts of strong verbs

The vocabulary lists in this book indicate the principal parts of a verb when its forms vary from the infinitive. The principal parts of a verb are the infinitive (**fallen; beginnen**) plus the third-person singular forms of the verb's simple past (**fiel; begann**), past participle (**gefallen; begonnen**), and present (**fällt; beginnt**). Note the difference between the vocabulary listings for these two verbs.

> **fallen (fiel, ist gefallen; fällt)** *to fall*
> **beginnen (begann, begonnen)** *to begin*

Fallen is an example of how the lists note verbs that take the auxiliary verb **sein** and that have a vowel change in the present tense. **Beginnen** exemplifies verbs that take the auxiliary verb **haben** and that do not experience a vowel change in the present tense.

The vocabulary lists do not make special note of the principal parts of regular verbs.

V. Word Order

> Viele deutsche Revolutionäre sind 1848 und 1849 nach Amerika gekommen. *Many German revolutionaries came to America in 1848 and 1849.*

The complete verb in this sentence is **sind gekommen** *(came)*. Note that the past participle stands at the end of the main clause. The auxiliary **sind** stands in second position because it is the *finite* verb.

The finite verb is the *inflected* or *conjugated* form of the verb, indicating person and number of the subject, and tense. In simple tenses, the finite verb is the main verb itself. In compound tenses, the finite verb is the auxiliary. Remember: When you come to a form of **haben** or **sein**, *check the end of the clause for a past participle to see whether the form of* **haben** *or* **sein** *is an auxiliary of the perfect tense.* If this is the case, translate the two-part verb as a single unit.

Use the following translating order: First translate the subject, then the compound verb as a unit. Proceed by translating verb complements (adverbs, objects, prepositional phrases in adverbial functions) in what may seem to be reverse order, since the German sequence is often a mirror image of the English.

Viele deutsche Revolutionäre sind 1848 und 1849 nach Amerika gekommen.

1. Viele deutsche Revolutionäre *Many German revolutionaries*
2. sind gekommen *came*
3. nach Amerika *to America*
4. 1848 und 1849 *in 1848 and 1849*

Basic Vocabulary

bei/tragen (trug ... bei, beigetragen; trägt ... bei) to contribute
berichten to report
bestimmen to ascertain, define
bleiben (blieb, ist geblieben) to stay, remain
bürgerlich middle class, bourgeois; civic
deshalb therefore
Einwohner (m.), –; Einwohnerin (f.), -nen inhabitant
erfinden (erfand, erfunden) to invent
erhöhen to increase, raise
ermöglichen to make possible
erscheinen (erschien, ist erschienen) to appear

Gegenstand (m.), ⸚e object
Gelehrte (f. or m.), -n scholar, scientist
geschehen (geschah, ist geschehen; geschieht) to happen, take place
Gesetz (n.), -e law
Gesundheit (f.) health
Grenze (f.), -n boundary, border
Hauptstadt (f.),⸚e capital city
hören to hear
kämpfen to fight, battle
kennen/lernen to get to know, become acquainted with
Lehre (f.), -n doctrine, teaching
lesen (las, gelesen; liest) to read

nötig necessary, needed
rein pure, clean
spät late
Sprache (f.), -n language
sprechen (sprach, gesprochen; spricht) to speak
steigern to increase, raise
Teilnehmer (m.), –; Teilnehmerin (f.), -nen participant
Vereinigte Staaten (pl.) United States
Vernunft (f.) reason
vor before, ago
vor zehn Jahren ten years ago
vor/bereiten to prepare

vor zwei Jahren wohnte ich in Deutschland

Exercises

1. Sind Sie schon in Salzburg gewesen? Diese Stadt, die Hauptstadt des Landes Salzburg, hat in den letzten Jahren viel zur Förderung des Fremdenverkehrs beigetragen.
2. Die Salzburger Festspiele sind letztes Jahr ein großer Erfolg gewesen. Rund 500 000 Touristen haben die Stadt besucht.

1. Förderung (f.), -en *advancement*
   Fremdenverkehr (m.) *tourism*

2. Erfolg (m.), -e *success*
   rund *approximately, around*

3. Nach seiner achten Sinfonie hat Gustav Mahler „Das Lied von der Erde" komponiert. Es ist eine Sinfonie für Alt, Tenor und großes Orchester.
4. 1980 hat man AIDS (erworbenes Immundefekt-Syndrom) entdeckt. Die Medizinforschung der Neunziger hat die Lebenserwartung der Aidskranken wesentlich erhöht.
5. Eine wirksame Behandlungsmethode hat man jedoch bis heute noch nicht gefunden.
6. Am Anfang des neunzehnten Jahrhunderts hat man wieder ziemlich viel über den großen deutschen Mystiker Jakob Böhme gehört. Außer der Bibel hatte Böhme nur einige mystische Schriften theosophischen und alchimistischen Inhalts gelesen.
7. Mit seiner Bibelübersetzung hatte Luther der deutschen Sprache einen großen Dienst erwiesen.
8. Das Wort des Familienoberhauptes ist in einer streng moslemisch geprägten Familie eine Art Gesetz geblieben. Die fremde Umgebung in der neuen Heimat hat dieses Gesetz nicht geändert.
9. Nach dem Fall der Mauer (1989) haben manche nicht zu Unrecht Marx und Engels „Wessis" genannt: Karl Marx hatte zuerst in Bonn studiert und „Das Kapital" in London vollendet. Engels war in Wuppertal in eine Unternehmerfamilie geboren und hatte in Wuppertal und Manchester in der väterlichen Fabrik gearbeitet.
10. Zusammen haben Marx und Engels im Jahre 1848 „Das kommunistische Manifest" verfaßt. Engels hatte schon 1844 in Paris den Gelehrten Marx kennengelernt.
11. Nach der Revolution von 1848 sind viele deutsche Intellektuelle in die Vereinigten Staaten ausgewandert. Marx und Engels sind aber in London gelandet.

3. **Lied** (*n.*), **-er** *song*
komponieren *to compose*
4. **Lebenserwartung** (*f.*) *life expectancy*
5. **wirksam** *effective*
Behandlungsmethode (*f.*), **-n** *method of treatment*
jedoch *nevertheless*
6. **Schrift** (*f.*), **-en** *work, writing, script*
Inhalt (*m.*), **-e** *content*
7. **Übersetzung** (*f.*), **-en** *translation*
erweisen (erwies, erwiesen) *to prove, show, render*

8. **moslemisch geprägt** *steeped in Moslem beliefs*
fremd *foreign*
Umgebung (*f.*), **-en** *surroundings*
9. **Mauer** (*f.*), **-n** *wall; Berlin Wall*
nicht zu Unrecht *not totally without reason*
„Wessis" *"westerners"*
vollenden *to complete*
Unternehmer (*m.*), **–** *entrepreneur*
väterlich *paternal*

12. Der norwegische Polarforscher Roald Amundsen hat während der Suche nach Nobiles Luftschiff sein Leben für seinen italienischen Rivalen Nobile geopfert. Amundsen ist 1928 bei Spitzbergen verschollen.
13. Mit Nobile und Ellsworth war er selber 1926 über den Nordpol geflogen.
14. In seiner „Kritik der reinen Vernunft" hat Kant die Grenzen aller menschlichen Erkenntnis untersucht und bestimmt. Das Wissen selbst ist hier zum Gegenstand der Kritik geworden.
15. Seine wichtigsten philosophischen Arbeiten sind in dem vorletzten Jahrzehnt des achtzehnten Jahrhunderts erschienen.
16. James Watt hat im Jahre 1765 die erste brauchbare Dampfmaschine erfunden. Die Erfindung der ersten Dampfmaschine hat die Massenherstellung von industriellen Produkten ermöglicht.
17. Das Stadtbild der Stadt Augsburg ist u.a. von Renaissancebauten geprägt.
18. Die günstige Lage an der Handelsstraße nach Italien hat schon im fünfzehnten Jahrhundert Augsburg zu einem wichtigen Handelsplatz gemacht.

12. **Suche** (*f.*), **-n** *search*
    Luftschiff (*n.*), **-e** *airship*
    opfern *to sacrifice*
    verschollen *disappeared, sunk into oblivion*
14. **Erkenntnis** (*f.*), **-se** *knowledge*
15. **vorletzt** *next-to-last*
16. **brauchbar** *practical*
    Herstellung (*f.*), **-en** *production*

17. **u.a. (unter anderem)** *among other things*
    Renaissancebau (*m.*), **-ten** *building of the Renaissance period*
    prägen *to coin, shape, mold, leave an impression upon*
18. **günstig** *favorable*
    Handelsplatz (*m.*), **-̈e** *place of trade, commercial center*

DIE ANFÄNGE BERTOLT BRECHTS

Augsburg ist u.a. die Geburts- und Heimatstadt von Bertolt Brecht. Der berühmte Schriftsteller und Regisseur ist am 10. Februar 1898 in dieser bayrischen Kleinstadt geboren und dort in einem bürgerlichen Milieu aufgewachsen. Sein Vater hat als kaufmännischer Angestellter gearbeitet und ist 1914 Direktor einer Papierfabrik geworden. Ab 1908 hat der junge Brecht das Königliche Realgymnasium besucht. Besonders gut in der Schule war er nicht,

2 **Schriftsteller** (*m.*), **–** *writer*
   Regisseur (*m.*), **-e** *director*
4 **auf/wachsen** (*wuchs ... auf, ist aufgewachsen; wächst auf*) *to grow up*

5 **angestellt** *employed*
7 **Realgymnasium** (*n.*), **-gymnasien** *high school*
   besonders *especially*

aber schon mit 15 Jahren hat der Schüler Brecht angefangen, Gedichte zu schreiben. Seine ersten Gedichte sind in der Augsburger Schülerzeitschrift „Die Ernte" erschienen. In dieser Zeit hat er auch seinen ersten Ein-Akter geschrieben; er ist aber leider verschollen.

Auf Dauer ist Augsburg Brecht zu klein geworden, und er ist bald nach seinem Abitur nach München umgezogen. In der bayrischen Landeshauptstadt hat der junge Pazifist an der Universität Medizin studiert und den Ersten Weltkrieg überstanden. Nach dem Tod seiner Mutter im Jahre 1920 hat Brecht langsam seine enge Verbindung zu Augsburg abgebrochen.

Im Jahre 1922 hat Brecht für seine Stücke „Baal", „Trommeln in der Nacht" und „Im Dickicht der Städte" den Kleist-Preis bekommen. Im ersten Akt von „Baal" hat er den bürgerlichen Literatur-Salon dargestellt und satirisiert. Baals Sprache ist durch das Gemeine und Brutale charakterisiert. Seine Verehrer sind komisch-grotesk. Frauen und Männer fallen ihm zu Füßen. So eine extreme Offenheit hat die kleinbürgerlichen Zuschauer und auch viele Kritiker in München schockiert. Der Berliner Kritiker Herbert Ihering hat aber Brechts Zeitkritik verteidigt und sein Lob gesungen. Mit diesem wichtigen Kontakt hat die Geschichte des größten deutschen Dramatikers des zwanzigsten Jahrhunderts seinen Anfang genommen.

8	**Gedicht** (*n.*), **-e** *poem*		18	**Trommel** (*f.*), **-n** *drum*
10	**Zeitschrift** (*f.*), **-en** *journal, magazine*		19	**Dickicht** (*n.*), **-e** *thicket*
	Ernte (*f.*), **-n** *harvest*		21	**gemein** *ordinary, vulgar*
11	**leider** *unfortunately*		22	**Verehrer** (*m.*), **–** *admirer*
	verschollen *missing, lost*		23	**jemandem zu Füßen fallen** (**fiel,**
13	**Abitur** (*n.*) *high school diploma*			**ist gefallen; fällt**) *to fall at*
15	**überstehen** (**überstand,**			*someone's feet*
	überstanden) *to survive*			**Offenheit** (*f.*) *openness, frankness*
16	**Tod** (*m.*) *death*		24	**Zuschauer** (*m.*), **–** *observer,*
	langsam *slow*			*audience member*
	eng *close*		26	**verteidigen** *to defend*
17	**Verbindung** (*f.*), **-en** *connection*			**sein Lob singen** (**sang, gesungen**)
	ab/brechen (**brach ... ab, ist**			*to sing his praises*
	abgebrochen; bricht ... ab)			
	to break off			

KAPITEL 10

I. Present Participle

Unlike the present participle in English, which is frequently used in compound verbs or as an adjective, the present participle in German functions primarily as a modifier.

> der **sterbende** Wald *the dying forest*
> das **fließende** Wasser *the running water*
> der **entscheidende** Moment *the deciding (decisive) moment*

The present participle is formed by adding **-d** to an infinitive: **sterben—sterbend, fließen—fließend, entscheiden—entscheidend.** Watch for words ending in **-end** or **-nd** (plus adjective ending). All German infinitives can be turned into a present participle, thus creating many forms that require a relative clause construction in English.

> eine **alleinstehende** Mutter
> *a mother who is living on her own (a single mother)*
> das **antwortende** Kind *the child who is answering*
> der in die Pflanze **eindringende** Stoff
> *the material that is penetrating into the plant*

The phenomenon of the "extended-adjective construction," which you see in the final example above, is discussed in detail in **Kapitel 23** and **24.**

II. Participles Used as Adjectives and Adverbs

A. Adjectives

Present and past participles will occur frequently as adjectives.

> das **bedrohte** Tier *the threatened animal*
> **fließendes** Wasser *running water*
> Das ist **verboten.** *That is forbidden.*
> Die Antwort war **überraschend.** *The answer was surprising.*

When used as attributive adjectives (preceding a noun), both past participles **(bedrohte)** and present participles **(fließendes)** have endings in accordance with the outline for adjective endings in **Kapitel 7.** As predicate adjectives **(verboten, überraschend),** they take no endings.

B. Adverbs

Present participles are often used as adverbs.

> **fließend** Deutsch sprechen *to speak German fluently*
> **dringend** nötige Hilfe *urgently needed help*
> **überraschend** hohe Preise *surprisingly high prices*

Participles used as adverbs have no endings.

III. Meanings of Present and Past Participles

Remember: nouns modified by a *present* participle are *doing* something.

> das **schlafende** Kind
> *the sleeping child (the child who is sleeping)*
> die Bücher **schreibende** Frau
> *the woman who is writing books*
> die **blühende** Blume *the blossoming flower*

When a noun is modified by a *past* participle, something *has been done* to the noun, or the past participle shows something that the noun *has done.*

> das **geschriebene** Wort
> *the written word (the word that was written)*
> der gerade **angekommene** Zug
> *the train that just arrived*
> die im Text **angeführten** Informationen
> *the information that was cited in the text*

IV. Past Participle Used with *sein* to Express State of Being

You will remember from **Kapitel 9** that transitive verbs (verbs that take a direct object) normally use **haben** as an auxiliary to form the perfect tenses. When a form of **sein** is used with the past participle of a transitive verb, the past participle functions as a predicate adjective describing a state of being or status. You must learn to differentiate among the various uses of the past participle demonstrated in the following examples.

> In der Tabelle **haben** wir die Ergebnisse **wiedergegeben.**
> *We have shown the results in the table.*

Note that **haben wiedergegeben** is the present perfect tense.

In der Tabelle **sind** die Ergebnisse **wiedergegeben.**
The results are shown in the table.

In this sentence, **wiedergegeben** (following **sind**) functions as a predicate adjective defining the status of the results.

Die Studenten **sind** in die Bibliothek **gegangen.**
The students went to the library.

Sind gegangen is the present perfect tense. Like most intransitive verbs, **gehen** uses **sein** to form the perfect tenses.

Determine the functions and meanings of the past participles in the following sentences.

1. Der Schriftsteller hat drei Bücher geschrieben, und er recherchiert für ein viertes Buch. Sein viertes Buch ist noch nicht geschrieben.
2. Die Tür ist geschlossen. Das kleine Kind hat die Tür geschlossen und ist ausgegangen.
3. Unsere Schule hat Rauchen und Trinken verboten. Rauchen und Trinken sind in unserer Schule verboten.

V. Participles Used as Nouns

Like all other German adjectives, participles can also function as nouns.

das Gesagte
what was said, that which has been said
das Berichtete
what was reported, that which has been reported
das oben Beschriebene
what was described above, that which was described above
der Verwundete
the injured, wounded (man)
das Folgende
the following

Participles used as nouns are capitalized and are inflected like other adjectives used as nouns **(Kapitel 7).** Gender is determined in the same fashion as with all adjectives used as nouns. Since many nouns derived from participles are not listed in the dictionary, their meaning must be determined from the infinitive. In order to find the infinitive corresponding to a strong verb's participle used as a noun, refer to the irregular verb list in Appendix B.

VI. Infinitives Used as Nouns

Infinitives used as nouns are always neuter and represent no particular difficulty in translating. English often uses a gerund (verb + -*ing*) in place of the German infinitive used as a noun. Here are several examples that you have encountered already in this book.

> **das Denken** der Romantiker
> *the thinking of the romanticists*
> **das Gedenken** an das Ende des Krieges
> *the commemorating of the war's end*
> **das Rauchen** und **Trinken**
> *smoking and drinking, smoke and drink*

Basic Vocabulary

Abb. = Abbildung *(f.)*, **-en** illustration
an/führen to cite, state
Anwendung *(f.)*, **-en** use, application
auf/bauen to build up, synthesize
besprechen (besprach, besprochen; bespricht) to discuss
bestätigen to confirm
Bewegung *(f.)*, **-en** movement

blühen to bloom, blossom
da there, then, here
einzeln individual, single
Freiheit *(f.)*, **-en** freedom
Ganze *(n.)* whole, entirety
Hilfe *(f.)*, **-n** help, aid
Kind *(n.)*, **-er** child
klein small
lehren to teach
Leute *(pl.)* people
lösen to solve, dissolve
oben above

reifen to ripen, mature
Seite *(f.)*, **-n** page
Stoff *(m.)*, **-e** substance, material
überraschen to surprise
unten below
verbieten (verbot, verboten) to forbid
verlangen to demand, ask, require
wie as, like, how
wiederholen to repeat
Zelle *(f.)*, **-n** cell

Exercises

1. Das Museum ist weltweit für die Qualität und Vielfalt seiner ausgestellten Werke bekannt.
2. Die Sammlung des Museums ist von der ursprünglichen Schenkung von acht Drucken und einer Zeichnung auf mehr als 10 000 Gemälde, Skulpturen, Zeichnungen, Drucke, Fotografien und Architekturmodelle und -pläne angewachsen.

1. **aus/stellen** *to exhibit*
2. **Sammlung** *(f.)*, **-en** *collection*

   2. **Schenkung** *(f.)*, **-en** *gift*

3. Die ursprüngliche Aufgabe der Aktionsgruppe war die Rettung der gefährdeten und bedrohten Pandabären im Naturschutz-park.

4. Ihre Arbeit ist nicht immer mit Erfolg gekrönt.

5. Zum Gedeihen brauchen die Pflanzen außer Licht, Wärme, Luft und Wasser auch Nährstoffe.

6. Feste Stoffe dringen nur in gelöster Form in die Pflanze ein.

7. Die Pflanzen sind aus Zellen aufgebaut.

8. Schweden hat als erstes Land der Europäischen Union die Anwendung von DDT verboten.

9. Das christliche „Alte Testament" ist zum großen Teil in hebräi-scher Sprache abgefaßt. Es ist die Bibel der Juden. Die christli-che Kirche hat es aufgenommen und mit den Schriften des Neuen Testaments zur christlichen Bibel vereinigt.

10. Der Kandidat wiederholte mehrfach seine Behauptung: „Das Lösen dieses weit ergreifenden Problems ermöglicht eine Steige-rung des Lebensstandards."

11. Das fast ununterbrochene nördliche Tageslicht in Alaska be-schleunigt den Wachstumsrhythmus und drängt Blühen und Reifen auf wenige Monate zusammen.

12. Die oben angeführten Ergebnisse sind auf Seite 67 in Abb. 5 wiedergegeben.

13. Das Besprochene ist auch durch die unten beschriebenen Versuche bestätigt.

14. Das Aufrechterhalten des sogenannten Drogenkriegs verlangt andauernde Übereinstimmung aller beteiligten Parteien.

---

3. **Rettung** (f.), -en *rescue*
gefährden *to endanger*
bedrohen *to threaten*
Bär (m., n-noun), -en *bear*

4. **Erfolg** (m.), -e *success*
krönen *to crown*

5. **gedeihen** *to flourish*
Nährstoff (m.), -e *nutrient*

6. **ein/dringen** (drang ... ein, ist eingedrungen) *to penetrate*

9. **ab/fassen** *to write, compose*
Kirche (f.), -n *church*
auf/nehmen (nahm ... auf, aufgenommen; nimmt ... auf) *to adopt, take up*
vereinigen *to combine, unify*

10. **Behauptung** (f.), -en *assertion, statement*

10. **ergreifen** *to reach*

11. **ununterbrochen** *uninterrupted*
beschleunigen *to accelerate*
Wachstum (n.) *growth*
zusammen/drängen *to compress*

12. **wieder/geben** (gab ... wieder, wiedergegeben) *to reproduce*

14. **aufrecht/erhalten** (erhielt ... aufrecht, aufrechterhalten; erhält ... aufrecht) *to maintain*
sogenannt- *so-called*
Droge (f.), -n *drug*
an/dauern *to last, continue*
Übereinstimmung (f.), -en *agreement*
beteiligen *to take part, be involved in*

15. „Zum Kriegführen sind dreierlei Dinge nötig: Geld, Geld, Geld", sagte Marschall Trivulzio zu Ludwig XII. von Frankreich.
16. In der englischsprechenden Welt wurde Beethovens Klavierkonzert Nummer fünf in Es-Dur als „Emperor"-Concerto populär. Das inspirierende Moment für das Werk war Beethovens Bewunderung Napoleons.
17. Wie die Universität als Ganzes, so genießt auch der einzelne Professor in Deutschland vollkommene Freiheit im Denken, Lehren und Handeln.
18. Nach den Unruhen im Winter und Frühjahr 1968 zeigte die deutsche Studentenbewegung eine überraschend schnelle Entwicklung.
19. Die Gaszellen des Zeppelins waren mit brennbarem Wasserstoff gefüllt.
20. Das Luftschiff ist nach seinem Erfinder „Graf Zeppelin" benannt.

15. **Kriegführen** (*n.*) *waging of war* **dreierlei** *three kinds of* **Ding** (*f.*), **-e** *thing*	18. **Unruhe** (*f.*) *unrest* 19. **brennbar** *combustible* **Wasserstoff** (*m.*) *hydrogen* **füllen** *to fill*
16. **Es-Dur** *E-flat major*	
17. **genießen (genoß, genossen)** *to enjoy*	

MAMA BÄR, ALLEINERZIEHENDE MUTTER

Bären sind große Tiere (rund 1 bis 3 Meter groß) und gehören zur Raubtierfamilie. Bären sind Allesfresser (sie fressen alles) und Sohlengänger (beim Gehen treten sie mit der ganzen Fußsohle auf den Boden). Hauptsächlich in der nördlichen Hemisphäre lebend, stehen diese massigen, großköpfigen Tiere in vielen Ländern auf der Liste von bedrohten, gefährdeten oder schon ausgestorbenen Tieren. Zum Beispiel sind Bären schon seit mehr als 150 Jahren in Deutschland ausgestorben.

Die männlichen Tiere verbringen ihr Leben zum großen Teil allein. Das Familienleben eines Bären ist durch das väterliche Benehmen bedeutend stark geprägt. Im Mai oder Juni paaren sich männliche

Title **erziehen (erzog, erzogen)** *to teach, train*	11 **paaren sich** *to mate with each other*
2 **Raubtier** (*n.*), **-e** *predator*	

und weibliche Bären. Nach der Paarung verschwinden die Bärenmänner. Getrennt verbringen die riesigen Raubtiere den Winter dann
meist mit Schlafen.

15   Im Februar werden die Bärenbabys geboren. Die kleinen Bären –
ein bis drei Säuglinge in einem Wurf – kommen blind in die Welt und
wiegen rund 500 g. Drei Monate werden sie mit der Muttermilch
gesäugt. Mama Bär (etwa 225 Kilo schwer, 2 bis 3 Meter groß) unter-
richtet ihre Kinder drei Jahre lang im Fischen, Schwimmen, Klettern

20 und Beeren-Pflücken. Die beschützende Mutter hält ständig Ausschau
nach Männern. Als Einzelgänger sind Bärenmänner besonders gefährlich: sie töten ihre eigenen Kinder.

12	**Paarung** (f.), **-en** *coupling*	19	**unterrichten** *to teach*
13	**verbringen (verbrachte, verbracht)**		**klettern** *to climb*
	to spend	20	**pflücken** *to pick*
15	**werden geboren** *are born*		**beschützen** *to protect, watch over*
16	**Säugling** (m.), **-e** *infant, suckling*		**ständig** *constant*
	Wurf (m.), **-e** *brood, litter*		**Ausschau** (m.) *look-out*
17	**wiegen** *to weigh*	22	**töten** *to kill*
18	**werden gesäugt** *are suckled/nursed*		

WIEDERHOLUNG 2

DIE BEWOHNER ÖSTERREICHS

D ie Vielfältigkeit der österreichischen Bevölkerung heute hat eine interessante Geschichte. Wegen seiner geographischen Lage ist Österrreich schon immer ein strategisch wichtiges Land gewesen, und viele Völker sind auf der Suche nach festen und guten Wohnsitzen durch das Land gezogen. 5

In den letzten Jahren der Eiszeit sind die Kelten vom Westen nach dem Alpengebiet gekommen, verdrängten die einheimischen Illyrer und gründeten das Königreich Noricum. Später sind dann die römischen Legionen von Süden durch die Alpenländer gezogen und sind bis an die Donau vorgedrungen. An der Donau haben die Römer 10 Festungen gebaut. Diese sicherten die nordöstlichen Grenzen des Römischen Reiches gegen die Germanen am anderen Ufer der Donau.

Auf dem Weg nach dem Süden sind die Zimbern durch dieses Gebiet gezogen und sind mit den Römern in der Schlacht von Noreja (113) zusammengestoßen. Dieser Zusammenstoß war einer der ersten 15 zwischen den germanischen Völkern und den Römern. Fünfzig Jahre später überquerten die Markomannen die Donau und sind bis nach Venetien vorgedrungen, aber der römische Kaiser Mark Aurel hat sie wieder über die Donau zurückgetrieben.

Title	**Bewohner** (*m.*), – *inhabitant*	11	**Festung** (*f.*), **-en** *fort, fortress*
1	**Vielfältigkeit** (*f.*), **-en** *diversity*		**sichern** *to secure*
4	**Suche** (*f.*) *search*	12	**Ufer** (*n.*), – *shore*
5	**Wohnsitz** (*m.*), **-e** *abode, domicile*	13	**Weg** (*m.*), **-e** *way, path*
6	**Eiszeit** (*f.*), **-en** *ice age, glacial period*		**Zimber** (*m.*), **-n** *Cimbrian*
7	**Gebiet** (*n.*), **-e** *region, area*	14	**Schlacht** (*f.*), **-en** *battle*
	verdrängen *to push out*	15	**zusammen/stoßen** (stieß ... zusammen, ist zusammen-
	einheimisch *native*		gestoßen; stößt ... zusammen)
8	**gründen** *to found*		*to clash, collide*
	später *later*	17	**überqueren** *to cross*
10	**Donau** (*f.*) *Danube*	18	**Venetien** (*n.*) *Venetia*
	vor/dringen (drang ... vor, ist vorgedrungen) *to advance, penetrate*	19	**zurück/treiben** (trieb ... zurück, zurückgetrieben) *to drive back*

20   Die römischen Donauprovinzen sind schließlich in der Völkerwanderung gefallen. Germanische Stämme fielen in das Land ein und
zogen nach Westen und Süden. Die Westgoten drangen bis nach
Spanien vor, die Langobarden haben das nördliche Italien besetzt.
Auch die Hunnen, unter ihrem großen König Atilla, die Avaren, ein
25   kriegerisches Reitervolk von finnisch-türkischer Herkunft, und die
Slawen fielen in die Donaugebiete und sogar in die Alpentäler ein.

Vom 10. bis zum 13. Jahrhundert hat wieder eine starke Einwan-
derung von Bayern und Franken die deutsche Besiedlung Österreichs
gefördert. Am Ende des 12. Jahrhunderts war Wien schon eine
30   bedeutende Stadt geworden und wurde später die Residenzstadt der
Habsburger. Die Habsburger regierten in Österreich von 1282 bis
1918. Vom Jahre 1438 bis 1806 haben die österreichischen Kaiser auch
die deutsche Kaiserkrone getragen.

Vor dem Zusammenbruch der österreich-ungarischen Monarchie
35   (1868–1918) im Jahre 1918 bestand die Bevölkerung dieses Reiches
aus Deutschen, Ungarn, Tschechen, Slowaken, Polen, Kroaten,
Slowenen und Italienern. Das heutige Österreich hat fast dieselben
Grenzen wie nach dem Ersten Weltkrieg.

Wegen seiner zentralen Lage spielte Österreich eine wichtige
40   Rolle in der Politik des Kalten Krieges. Nach dem Zweiten Weltkrieg
hat Österreich z.B. viele Flüchtlinge aus den kommunistischen Ländern aufgenommen. Es gehörte in dieser Zeit zu den sogenannten
neutralen Nationen.

Heute zählt das Land ungefähr 7,5 Millionen Einwohner. Davon
45   sprechen 95,3% Deutsch. Es gibt auch noch einige tausend Ungarn,
Slowenen, Italiener und Polen. Diese Nationalitätsgruppen genießen

20	**schließlich** *finally*	28	**Besiedlung** *(f.)*, **-en** *settlement*
21	**Stamm** *(m.)*, **¨e** *tribe*	29	**fördern** *to further, advance*
	ein/fallen (fiel ... ein, ist eingefallen; fällt ... ein) *to invade*	30	**bedeutend** *important*
		31	**regieren** *to rule, govern*
22	**Gote** *(m., n-noun)*, **-n** *Goth*	33	**Kaiserkrone** *(f.)*, **-n** *imperial crown*
23	**besetzen** *to occupy*	34	**Zusammenbruch** *(m.)*, **¨e** *collapse*
25	**kriegerisch** *bellicose*	37	**dieselben** *(pl.)* *the same*
	Reitervolk *(n.)*, **¨er** *tribe of horsemen*	41	**Flüchtling** *(m.)*, **-e** *refugee*
	Herkunft *(f.)*, **¨e** *origin*	42	**auf/nehmen (nahm ... auf, aufgenommen; nimmt ... auf)** *to take in, absorb*
26	**sogar** *even*		
	Alpental *(n.)*, **¨er** *Alpine valley*	44	**zählen** *to count*
28	**Einwanderung** *(f.)*, **-en** *immigration*		**davon** *of them*

politische Freiheit und auch kulturelle Autonomie. Seit der Mitte dieses Jahrzehnts ist Österreich ein Mitglied der Europäischen Union.

Die geographische Lage Österreichs und seine geschichtliche Entwicklung haben einen bedeutenden Einfluß auf die Zusammensetzung und Herkunft des österreichischen Volkes gehabt. Von allen Seiten sind verschiedene Völker in das Land eingezogen, und einige haben hier ihre Wohnsitze aufgeschlagen. Das kleine Land mit seiner langen interessanten Geschichte und seiner gemischten Bevölkerung ist heute sehr stolz auf seine Kultur und Traditionen.

48 **Mitglied** *(n.)*, **-er** *member*
51 **Zusammensetzung** *(f.)*, **-en**
       composition
52 **ein/ziehen (zog ... ein, ist
       eingezogen)** *to enter, move in*

53 **auf/schlagen (schlug ... auf,
       aufgeschlagen; schlägt ... auf)**
       to set up, take up
55 **stolz sein auf** *to be proud of*

KAPITEL 11

I. Comparison of Adjectives and Adverbs

The three degrees of comparison are the positive **(lang)**, comparative **(länger)**, and superlative **(längst-)**. Note the similarity to the corresponding English forms: *long, longer, longest.* Already in some of the very earliest and simplest German texts you may have encountered some of the following examples.

Positive	Comparative	Superlative	
lang	länger	längst-	*long*
schnell	schneller	schnellst-	*fast*
heiß	heißer	heißest-	*hot*
interessant	interessanter	interessantest-	*interesting*
groß	größer	größt-	*big, large*
kurz	kürzer	kürzest-	*short*

A. Comparative

The common element of the comparative degree is the **-er** ending, used in almost all cases to indicate comparison of German adjectives and adverbs no matter how many syllables the word has. For example, **interessant** becomes **interessanter,** which in English must be translated as ***more*** *interesting.* The umlaut added to **a, o,** or **u** in the comparative forms of short adjectives/adverbs is an additional aid to recognizing the comparative: **wärmer, größer, kürzer** *(warmer, greater, shorter).* Note that the comparative of **viel** *(much)* is **mehr** *(more).*

B. Superlative

The **-st** ending is characteristic of all superlatives; this is true no matter how long the word is. Here, too, most words of one syllable take an umlaut on the stem vowels **a, o,** or **u.** You will also see the ending -est on adjectives/adverbs ending in **s, ß, z, d,** or **t,** e.g., **heißest-, kürzest-,** but **größt-** *(hottest, shortest, greatest).*

Note that comparatives and superlatives that precede nouns are adjectives, with endings added to their characteristic endings of **-er** and **-st.**

John F. Kennedy war der ält**ere** Bruder von Robert F. Kennedy.

Robert F. Kennedy war ein jüng**er**er Bruder von dem
Präsidenten.
Der jüng**ste** Kennedy-Bruder heißt Edward.
Von den Kennedy-Brüdern war Joseph am ält**esten**.

The superlative construction **am -sten** has no equivalent English structure. The expression **am ältesten** translates simply as *the eldest*.

C. Umlauts

The umlaut added to **a, o,** or **u** makes it easier for the reader to recognize the comparative and superlative. Here is a list of the most common adjectives and adverbs which add an umlaut.

Positive	Comparative	Superlative	
alt	älter	der/die/das älteste; am ältesten	*old*
arm	ärmer	der/die/das ärmste; am ärmsten	*poor*
gesund	gesünder	der, die, das gesündeste; am gesündesten	*healthy*
groß	größer	der/die/das größte; am größten	*big, large*
jung	jünger	der/die/das jüngste; am jüngsten	*young*
kalt	kälter	der/die/das kälteste; am kältesten	*cold*
krank	kränker	der/die/das kränkste; am kränksten	*sick, ill*
kurz	kürzer	der/die/das kürzeste; am kürzesten	*short*
lang	länger	der/die/das längste; am längsten	*long*
oft	öfter	am öftesten	*often*
rot	röter	der/die/das röteste; am rötesten	*red*
scharf	schärfer	der/die/das schärfste; am schärfsten	*sharp*
schmal	schmäler	der/die/das schmälste; am schmälsten	*slim, slender*
schwach	schwächer	der/die/das schwächste; am schwächsten	*weak*

Positive	Comparative	Superlative	
schwarz	schwärzer	der/die/das schwärzeste; am schwärzesten	*black*
stark	stärker	der/die/das stärkste; am stärksten	*strong*
warm	wärmer	der/die/das wärmste; am wärmsten	*warm*

II. Exceptional Comparisons

A. Stem changes

As in English, there are a few common adjectives and adverbs that experience changes to their stems in addition to adding the **-er** and **-(e)st** endings in the comparative and superlative.

Positive	Comparative	Superlative	
gut	besser	der/die/das beste; am besten	*good; well*
hoch, hoh-	höher	der/die/das höchste; am höchsten	*high*
nah(e)	näher	der/die/das nächste; am nächsten	*near*
viel	mehr	der/die/das meist-; am meisten	*much*
viele	mehr	die meisten *(pl.)*	*many*

B. *Gern(e), lieber, am liebsten*

Gern is a common adverb that has no direct equivalent in English and translates best as an indication of preference.

> Er liest **gern** Literatur. *He likes to read literature.*
> Ich lese **lieber** Geschichte. *I prefer to read history.*
> Unser Professor liest **am liebsten** Literaturgeschichte.
> *Our professor most prefers to read literary history.*

III. Recognition of Comparatives and Superlatives

Learning to recognize the characteristic endings of comparative and superlative forms of adjectives and adverbs will help avoid confusion in translating and reading.

A. Adjectives or adverbs ending in -er

There are three situations in which an adjective or adverb may end in **-er.**

1. The stem itself ends in **-er:**
   schwer *difficult*
   ungeheuer *collosal, monstrous*

2. Comparatives have an **-er** ending:
   neuer *newer*
   älter *older, elder*

3. Adjective endings in a variety of cases may be **-er:**
   ein alter Mann *an old man*
   sein junger Sohn *his young son*
   mit fettarmer Milch *with skim milk*
   der Preis fettarmer Milch *the price of skim milk*

Pay close attention to adjectives or adverbs ending in **-er.** Ask yourself whether the final **-er** is part of the stem of the word, a comparative ending, or an ending on an adjective modifiying a noun (a highly common nominative masculine? an unpreceded dative or genitive feminine adjective? or perhaps a genitive plural?). The following examples include a variety of these situations. Learn to differentiate among them.

1. Diese Methode ist **schneller.**
2. ein **schneller** Dampfer
3. die **schnellere** Methode
4. Dieser Generator ist **einfacher** gebaut.
5. ein **schwerer** Hammer
6. ein **schwererer** Hammer.
7. Der Hammer ist **schwer.**
8. eine sich **schneller** entwickelnde Situation
9. das Problem **höherer** Preise

Watch for **-er** before adjective endings. If **-er** is not part of the word, it is a comparative ending (as in Examples 3, 6, 9). The word **schwererer** (6) demonstrates a combination of all three **-er** permutations: the first **-er** is part of the word, the second **-er** indicates the comparative, and the final **-er** is the masculine nominative adjective ending after an **ein**-word. Example 8 may be translated as *a more rapidly developing situation* or *a situation (that is) developing more rapidly.* The adjective in Example 9 is comparative (note the umlaut and the **-er** before the adjective ending); the final **-er** in Example 9 is a genitive plural ending on an unpreceded adjective: *the problem of higher prices.*

B. Positives ending in *-el* or *-er*

Adjectives of more than one syllable ending in **-el** or **-er** drop the **-e-** in the comparative.

| dunkel | dunkler | der/die/das dunkelste; am dunkelsten | *dark* |
| teuer | teurer | der/die/das teuerste; am teuersten | *expensive* |

C. Characteristic *-st* ending

An **-st** preceding an adjective ending always indicates the superlative. The form consisting of **am** + the superlative ending with **-en** is always a predicate adjective or superlative adverb.

> Die schnellsten Maschinen fahren über 200 km/hr.
> *The most rapid machines travel over 200 km/hr.*
> Das schönste Bild im Museum ist von dem älteren Cranach. *The most beautiful picture in the museum is by the elder Cranach.*
> Der Stil dieses Hauses ist am interessantesten.
> *The style of this house is the most interesting.*

Watch for **-st** preceding adjective endings; this combination almost always indicates a superlative.

D. Learn to differentiate

Remember that the verb forms for **du** also end in **-st** or **-est.**

> Du spielst am besten. *You play the best.*
> Auch als kleinste Kind spieltest du am liebsten Basketball.
> *Even as the smallest child you liked to play basketball the most.*

Do not let this similarity of endings confuse you.

IV. Special Uses of the Comparative and Superlative

A. Comparative

1. Comparative followed by **als**

   A German comparative followed by **als** (not necessarily immediately, but in the same sentence) is equivalent to an English comparative + *than.*

   > Der Mond ist **kleiner als** die Erde.
   > *The moon is smaller than the earth.*

Die Erde rotiert viel **langsamer** um die Sonne **als** der Mond
um die Erde. *The earth rotates much more slowly around
the sun than the moon around the earth.*
Bist du **älter als** ich? *Are you older than I (am)?*

2. **Immer** + comparative

immer besser *better and better*
immer reicher *richer and richer*
immer ärmer *poorer and poorer*

Immer + comparative is best translated by repeating the comparative form in English.

Die Durchschnittstemperatur wird **immer höher,** der Treibhauseffekt **immer problematischer.**
The average temperature gets higher and higher; the greenhouse effect more and more problematic.
Solche Fälle kommen **immer häufiger** vor.
Such cases occur more and more frequently.

A similar translation is used to express the phrase **immer wieder** *(again and again),* although the expression is not a comparison.

Dieser Kunsthistoriker erwähnt **immer wieder** die Werke von Lucas Cranach dem Älteren.
This art historian mentions the works of Lucas Cranach the Elder again and again.

3. **Je** + comparative ... **desto/je/umso** + comparative

The two-part conjunction **je ... desto/je/umso** combines a comparative dependent clause with a comparative main clause. This construction indicates that the situation in the main clause increases or decreases at a similar level to the situation in the dependent clause. For example, translate **je mehr, desto besser** as *the more, the merrier.*

Je höher die Zahl der Länder, **desto** mehr Repräsentanten gibt es im Parlament.
The higher the number of states, the more representatives there are in the parlament.
Je größer der Fleiß, **desto** höher der Lohn.
The greater the effort, the higher the reward.
Die jeweilige Lösung ist **umso** wertvoller, **je** weniger Probleme sie verursacht. *Any given solution is the more valuable, the fewer problems it causes.*

4. Comparison merely implied

Some adjectives of size and time may occur in the comparative in German but translate best using the positive.

> Eine größere Menge Rohstoffe wird exportiert.
> *A fairly (rather) large amount of raw materials is being exported.*
> Die Wachstumsrate nimmt seit längerer Zeit zu.
> *The growth rate has been increasing for a rather (fairly) long time.*
> Es ist uns schon länger bekannt, daß ...
> *It has been known for some time that . . .*

B. Superlative

Expressions in which no actual comparison is involved may use superlatives and have special meanings. Most dictionaries list these expressions, which occur frequently.

> äußerst langsam   *very (extremely) slow*
> höchstens   *at most, at best*
> höchst lehrreich   *very (most) instructive*
> meistens   *usually, as a rule*
> möglichst schnell   *as fast as possible*
> wenigstens   *at least*

> Die Forscher hatten eine **äußerst** schwierige Aufgabe mit dem Saurierschädel.
> *The researchers had an extremely difficult assignment involving the dinosaur skull.*
> Die alten Theorien waren **meistens** ohne wissenschaftliche Basis.
> *The old theories generally had no scientific basis.*

V.   Comparatives and Superlatives Used as Nouns

As you already learned in **Kapitel 7,** all adjectives can be used as nouns in German. This also applies to comparative and superlative forms.

> das Wichtigste   *the most important one (thing)*
> der Größte   *the biggest one*
> der Kleinere   *the smaller one*
> das Wesentlichste   *the most essential one (thing)*
> die Schönste   *the most beautiful one*

Basic Vocabulary

äußerst very, extremely
besser better
dagegen on the other hand, against it
doch however, indeed, yet
durchschnittlich average, on the average
erfolgreich successful
Fall *(m.)*, **⸚e** case, situation
in diesem Fall(e) in this case
geeignet suited, suitable
hart hard
Höhe *(f.)*, **-n** height, elevation
immer always
immer reicher richer and richer
immer wieder again and again

lang long
drei Jahre lang for for three years
langsam slow
Lauf *(m.)*, **⸚e** course
im Laufe in the course of
liegen (lag, gelegen) to lie, be lying down
Linie *(f.)*, **-n** line
in erster Linie primarily, in the first place
Meer *(n.)*, **-e** ocean, sea
Nähe *(f.)* vicinity, nearness
in der Nähe near
niedrig low
reich rich, abundant
tief deep, low

u.a. (unter anderem, anderen) among other things, among others
um mehr als by more than
verbinden (verband, verbunden) to connect, combine, unite
vor/kommen (kam ... vor, ist vorgekommen) to occur, happen, seem
Wachstum *(n.)* growth
zahlreich numerous
zu/nehmen (nahm ... zu, zugenommen; nimmt ... zu) to increase, grow

+ II A, B p. 171, B p. 104

Exercises

1. In seinem berühmtesten Gemälde aus dem Jahr 1555, „die niederländischen Sprichwörter", sind etwa hundert Sprichwörter und Redewendungen wiedergegeben.
2. Das bruegelsche Gemälde nannte man im späteren 16. Jh. meistens „den blauen Mantel", aber im 17. Jh. war es unter dem Titel „Torheiten der Welt" viel besser bekannt.
3. Zwei der interessantesten Sprichwörter aus dem Werk heißen: „die größeren Fische fressen die kleineren" und „die Narren bekommen immer wieder die besten Karten."

1. **Gemälde** *(n.)*, **–** *painting*
   Sprichwort *(n.)*, **⸚er** *saying, proverb*
   Redewendung *(f.)*, **-en** *figure of speech*
   wieder/geben (gab ... wieder, wiedergegeben; gibt ... wieder) *to reproduce*

2. **das bruegelsche Gemälde** *the painting by Bruegel*
   blau *blue*
   Mantel *(m.)*, **⸚** *coat*
   Torheit *(f.)*, **-en** *foolishness, stupidity*

3. **Narr** *(m., n-noun)*, **-en** *fool*

4. Die Dampfmaschine spielte eine immer größere Rolle in der Weberei.

5. Je mehr man von Leinenstoffen auf Baumwolle umstieg, desto mehr ließ Schlesiens Rolle als das wichtigste Webergebiet nach.

6. Der Übergang zu Dampfantrieb und Großbetrieben kennzeichnet viel mehr als die meisten anderen Elemente den Industrialisierungsprozeß.

7. Die Hausindustriellen verloren immer mehr ihre Konkurrenzfähigkeit.

8. Die Auslesezüchtung war die älteste, einfachste und jahrhundertelang die einzige Form der Pflanzenzüchtung.

9. Zur Entwicklung hochwertiger Kulturpflanzen sind meistens Jahrhunderte nötig.

10. Das Wachstum ist bei Y am langsamsten und bei X am schnellsten.

11. Das Wichtigste an Röntgens Erfindung war: Röntgenstrahlen haben eine viel kürzere Wellenlänge als das Licht.

12. Die Grenzfrequenz ist umso höher, je kleiner die Partikeln sind und je stärker das Magnetfeld.

13. Im Laufe der letzten Jahrzehnte sind die reichen Länder reicher geworden und die armen verhältnismäßig ärmer.

14. In der Nähe der am dichtesten bevölkerten Nachbarschaften nehmen die Preise um mehr als 20 DM je Quadratmeter Wohnplatz zu.

15. Die modernen Flugzeuge fliegen immer schneller und werden zur gleichen Zeit immer größer und teurer. Dieses Problem ist äußerst komplex.

---

4. **Weberei** (f.), -en *weaving mills*
5. **Leinenstoff** (m.), -e *linen*
   Baumwolle (f.) *cotton*
   um/steigen (stieg um, ist umgestiegen) *to switch over*
   nach/lassen (ließ ... nach, nachgelassen; läßt ... nach) *to slacken, subside, fall off*
   Schlesien (n.) *Silesia*
   Weber (m.), – *weaver*
6. **Übergang** (m.), ⸚e *conversion*
   Dampfantrieb (m.) *steam propulsion*
   Großbetrieb (m.), -e *large-scale factory*
7. **Hausindustrielle** (pl.) *cottage industries*

7. **Konkurrenzfähigkeit** (f.) *ability to compete*
8. **Auslesezüchtung** (f.) *selective growing, breeding*
9. **hochwertig** *high-grade*
   Kulturpflanze (f.), -n *cultivated plant*
11. **Röntgen** *W. C. Röntgen (1845–1923), physicist*
   Röntgenstrahlen (pl.) *X-rays*
   Wellenlänge (f.), -n *wavelength*
12. **Grenzfrequenz** (f.), -en *boundary frequency*
   Partikel (f.), -n *particle*
14. **dicht** *dense*
   Wohnplatz (m.), ⸚e *living space*

16. Das Meer bedeckt einen größeren Teil der Erdoberfläche als die Landmassen.
17. Die Bevölkerung der Erde wird in neuester Zeit immer zahlreicher.
18. In den am wenigsten entwickelten Ländern ist die durchschnittliche Lebensdauer am kürzesten. Je mehr ein Land industrialisiert und entwickelt ist, desto höher ist meistens die Lebenserwartung.
19. Eine bessere Ernährungslage, besonders unter der ärmeren Bevölkerung, erhöht die Lebenserwartung des Menschen.
20. „Spieglein, Spieglein an der Wand, / Wer ist die Schönste im ganzen Land?"
    „Frau Königin, Ihr seid die Schönste hier, / Aber Schneewittchen über den Bergen / Bei den sieben Zwergen / Ist noch tausendmal schöner als Ihr."

16. **bedecken** *to cover*
    Erdoberfläche *(f.)* *surface of the earth*
18. **Lebensdauer** *(f.)* *life span*
    Lebenserwartung *(f.)* *life expectancy*
19. **Ernährungslage** *(f.)* *food supply, state of nutrition*

19. **erhöhen** *to increase*
20. **Spiegel** *(m.)* – *mirror, looking glass*
    Spieglein *(n.),* – *(little) mirror*
    Wand *(f.),* ⸚e *wall*
    Königin *(f.),* -nen *queen*
    Zwerg *(m.),* -e *dwarf*

MENSCHEN MIT HIV UND AIDS: BESSERE LEBENSQUALITÄT

Bei der Eröffnung eines internationalen AIDS-Forschungskongreßes stellte man 1996 in München wieder fest: In den letzten zwölf Monaten gab es nicht viel mehr wissenschaftlichen Fortschritt in der AIDS-Forschung als in den Jahren davor. AIDS ist noch immer nicht heilbar, wird aber zunehmend zu einer behandelbaren Krankheit. Immer mehr Menschen mit HIV gehören zu den Langzeitpositiven. 14 078 Menschen waren in Deutschland bis Mitte der neunziger an AIDS erkrankt, etwa 50% davon sind bereits verstorben. 50 000 bis 60 000 Menschen sind mit dem AIDS-Virus infiziert, und etwa 2000 weitere Menschen werden pro Jahr infiziert.

1 **Eröffnung** *(f.),* -en *opening*
4 **Fortschritt** *(m.),* -e *progress*
  davor *before them*
5 **heilbar** *curable*
  zunehmend *increasingly*

6 **behandelbar** *treatable*
9 **verstorben** *dead, deceased*
  infizieren *to infect*
10 **infiziert werden** *to be infected*

Und dennoch hörte man bei dem Kongreß: Hoffnung ist in diskutierbare Nähe gerückt. Die Ergebnisse der europäisch-australischen „Delta-Studie" haben zum Beispiel Hoffnungvolles gezeigt: Eine Kombinationstherapie mit zwei Medikamenten bei Patienten mit HIV
15 und AIDS ist am wirksamsten. An dieser Studie haben 3000 Patienten in Deutschland, Großbritannien, Irland, Australien, Frankreich, Italien, den Niederlanden und der Schweiz teilgenommen. Die Patienten bekamen entweder nur AZT oder AZT und ddl oder AZT und ddc. Die besseren Überlebenschancen erfolgten aus einer der
20 beiden Kombinationstherapien. Die Kombinationstherapie erzielte aber keine besseren Überlebenschancen für Patienten, die schon vorher AZT genommen hatten. Diese Ergebnisse sprechen nach Meinung von AIDS-Experten für eine möglichst frühe Kombinationstherapie bei HIV-Infizierten.

11	**dennoch** *nevertheless*		18	**AZT, ddl, ddc** *(medications used in AIDS treatment)*
12	**rücken** *to move, bring nearer*		19	**Überleben** *(n.)* *survival*
15	**wirksam** *effective*			**erfolgen aus** *to result from*
17	**teil/nehmen an** (nahm ... teil, teilgenommen; nimmt ... teil) *to take part in*		20	**erzielen** *to achieve, produce*
18	**entweder ... oder** *either . . . or*		22	**vorher** *previously*

KAPITEL 12

I. Future Tense

You should be familiar already with the forms of the verb **werden** and its usage as a main verb meaning *to become* **(Kapitel 5). Werden** is also the auxiliary verb in the future tense. The present tense of **werden** plus an infinitive is your clue for the future tense. As with all compound verb tenses, both parts of the verb provide vital information for the reader: The finite form of **werden** (in second position of a main clause) agrees with the subject and together with the infinitive (in final position of a main clause) translates as *will* + infinitive.

> ich werde ... studieren *I will study*
> du wirst ... studieren *you will study*
> er/sie wird ... studieren *he/she will study*
> wir werden ... studieren *we will study*
> ihr werdet ... studieren *you will study*
> sie/Sie werden ... studieren *they/you will study*

Observe the word order in the following examples.

> Die Studentin **wird** ein Jahr in Österreich **studieren.**
> *The student will study in Austria for a year.*
> Sie **wird** in einem Studentenwohnheim **wohnen.**
> *She will reside in a dormitory.*
> Am Ende des Jahres **werden** ihre Eltern nach Österreich **reisen.**
> *At the end of the year, her parents will travel to Austria.*

Since **werden** is the finite verb, it is the second element in a main clause. The infinitive stands at the end of a main clause. For translating purposes, this means that you should follow the same procedure as with all finite verbs that may function as auxiliary verbs. First, you must determine whether **werden** is the main verb standing alone in second position, meaning *to become,* or an auxiliary. Translating tip: Start with the subject; ask yourself whether **werden** is a helping verb; if so, locate the infinitive making up the rest of the future tense and translate it in conjunction with its auxiliary, then translate the adverbs in reverse order.

In addition to the **werden** + infinitive construction, it is also quite common in German to imply the future by using the present tense plus a time expression that indicates future time.

Die nächste Führung beginnt **in zwanzig Minuten.**
The next tour will begin in twenty minutes.
Ich gehe **heute nachmittag** in die Austellung.
I'm going to go to the exhibit this afternoon.

Beware of false cognates:

German **will** = English *wants*   German **wird** = English *will*

The third person singular form of the German modal verb **wollen (Kapitel 16)** looks like the English future tense. However, **Er will arbeiten** means *He wants to work,* while **Er wird arbeiten** implies the future tense and means *He will work.* This is a frequent point of interference that you can avoid by remembering that the present tense of **werden** used with an infinitive is your clue for the future tense.

II. Future Perfect Tense

Bis zum Ende dieses Kapitels **werden** wir die neue Verbformen **gelernt haben.** *By the end of this chapter we will have learned the new verb forms.*

The future perfect is composed of the auxiliary **werden** plus the past infinitive of the verb **gelernt haben.** The past infinitive of a verb consists of the past participle plus the infinitive of the appropriate auxiliary **haben** or **sein.** This combination expresses actions that will have happened, usually within a specifically stated time or circumstantial framework.

Der gute Student **wird** die Prüfung in weniger als zwei Stunden **beendet haben.** *The good student will have finished the exam in less than two hours.*
Er **wird** nicht nur die Prüfung **beendet haben.** Er **wird** auch schon nach Hause **gegangen sein.** *He won't only have finished the exam. He will also have gone home already.*

Past infinitive	Future perfect tense
beendet haben	Er wird beendet haben.
to have finished	*He will have finished.*
gekommen sein	Sie wird gekommen sein.
to have come	*She will have come.*
gesagt haben	Sie wird gesagt haben.
to have said	*She will have said.*
gewesen sein	Es wird gewesen sein.
to have been	*It will have been.*

Er **wird** bis zum Ende des Jahres das Buch **fertiggeschrieben haben.**
He will have completed writing the book by the end of the year.
Die Studenten **werden** in einer Woche die Versuche **beendet haben.**
The students will have finished the experiments in a week.

Do not forget that participles may also be adjectives, and as predicate adjectives they occur with **sein** to describe a state of being (review **Kapitel 10**). Learn to differentiate.

Wir **werden** die Klasse um zehn Uhr **beendet haben.**
We will have ended class by ten o'clock.
Die Klasse **wird** um zehn Uhr **beendet sein.**
The class will be done by ten o'clock.

III. Future Tenses Used to Express Probability

In German, the future and the future perfect are used frequently to express probability. Used with an adverb like **wohl, schon,** or **doch,** the future tense expresses probability in reference to the present, while the future perfect + **wohl** expresses probability in reference to the past.

Das wird wohl das Ende dieser Arbeit sein.
This is probably the end of this work.
Sie werden dieses Buch von Goethe schon kennen.
You probably (already) know this book by Goethe.
Werther wird die Gefahr wohl nicht erkannt haben.
Werther probably did not recognize the danger.
Der Bräutigam wird wohl gestern angekommen sein.
The bridegroom probably arrived yesterday.

IV. *Selbst, selber*

The pronouns **selbst** and **selber** are used to intensify or emphasize the meaning of a noun or pronoun. When **selbst** or **selber** follows a noun or personal pronoun, translate with *himself, herself, itself, themselves,* etc.

Der Professor selbst wußte es nicht.
The professor himself did not know it.
Haben Sie selber die Mitteilung der Forscher gelesen?
Did you yourself read the researchers' report?
Das wirst du selbst wohl nicht gelesen haben.
You yourself probably didn't read that.

However, when **selbst** precedes the noun or pronoun it is modifying, the translation should be *even* + noun or pronoun.

Selbst die Ärzte standen vor einem Rätsel.
Even the doctors were mystified.
Selbst der Präsident wußte nicht, was das Problem war.
Even the president didn't know what the problem was.
Selbst Kinder werden diese Erklärung verstehen.
Even children will understand this explanation.

Basic Vocabulary

ab/hängen von (hing ... ab, abgehangen) to be dependent upon

ab/nehmen (nahm ... ab, abgenommen; nimmt ... ab) to decrease, take off

an/kommen (kam ... an, ist angekommen) to arrive

an/kommen auf (kam ... an, ist angekommen) to be dependent upon

es kommt darauf an it depends

beenden to finish, complete

doppelt double, twice

Entwicklungsland (*n.*), **⁻er** developing country

Ernährung (*f.*) feeding, food, nourishment

Gott (*m.*), **⁻er** god, God

hauptsächlich main(ly), chief

Kapitel (*n.*), **–** chapter

Milliarde (*f.*), **-n** billion

Mitteilung (*f.*), **-en** report, communication

nützlich useful

Papier (*n.*), **-e** paper, document (*not:* newspaper, term paper)

Prüfung (*f.*), **-en** test, examination

Quelle (*f.*), **-n** source, spring

Regel (*f.*), **-n** rule

reisen to travel

rund round; about

selber -self

er selber he himself

selbst -self, even

sogar even

Stück (*n.*), **-e** piece

wohl well, perhaps, probably, indeed, no doubt

Zuwachs (*m.*) growth

Exercises

1. Die jüngere Generation wird immer gegen die Gesetze und Regeln der älteren protestieren.
2. In dieser Mitteilung werden wir die wichtigsten Ergebnisse unserer Untersuchungen angeben.
3. In diesem Kapitel werden wir voraussetzen, daß ...

2. **an/geben (gab ... an, angegeben; gibt ... an)** *to state, cite*

3. **voraus/setzen** *to assume, presuppose*

Do circled ones in class

4. Wir werden in diesem Kapitel das Futur lernen. Ich lese das Kapitel am Wochenende. Bis Montag werde ich wohl diese neuen Verbformen gelernt haben.

5. Dieses Buch wird für jeden Erzieher nützlich sein, aber die genaue Anwendung der Methodik wird wohl sehr stark vom Ziel des Erziehers abhängen.

6. Die Konsequenzen deines Betragens wirst du wohl selbst vorhergesehen haben. Solch ein Betragen wird nicht ohne Folgen bleiben.

7. Selbst Edison wird dieses Prinzip nicht gekannt haben. Die Erfindung des Phonographs hing aber glücklicherweise nicht von einem so unwichtigen Prinzip ab.

8. Es ist inzwischen 12.00 Uhr. Die Prüfung wird jetzt wohl schon beendet sein.

9. Durch das Experiment mit dem Glashaus werden wir wohl ungeheuer wichtige Erkenntnisse über Abfall-Recycling gewinnen.

10. Man wird mehr über den sauren Regen und das Ozonloch lernen.

11. Da sprach die Schlange zum Weib: „Ihr werdet sein wie Gott und werdet wissen, was gut und böse ist." (1. Moses 3, 5)

12. Durch anstrengende Arbeit werden die Muskeln eines jungen Menschen immer kräftiger.

13. Für viele Leser wird dieses Buch zu einem faszinierenden Erlebnis werden. Mir kommt es besonders auf das erste und das letzte Kapitel an.

14. Laut einem Bericht des Bundesverkehrsamts wird die Zahl der Unfälle demnächst zurückgehen, und die Autos werden sicherer werden.

15. Im folgenden werden wir die steigende Weltbevölkerung besprechen.

4. **Futur** (*n.*) *future tense (grammatical)*
5. **Erzieher** (*m.*), – *educator, teacher*
   Anwendung (*f.*), **-en** *application*
   Ziel (*n.*), **-e** *goal*
6. **Betragen** (*n.*) *behavior*
   Folge (*f.*), **-n** *consequence*
8. **inzwischen** *in the meantime, meanwhile*
9. **ungeheuer** *huge, colossal, enormous*
   Abfall (*m.*), **⁒e** *garbage*
   gewinnen (gewann, gewonnen) *to gain*
10. **saurer Regen** (*m.*) *acid rain*

10. **Loch** (*n.*), **⁒er** *hole*
11. **Schlange** (*f.*), **-n** *snake*
    Weib (*n.*), **-er** *woman*
    böse *evil*
12. **anstrengend** *strenuous*
    Muskel (*m.*), **-n** *muscle*
13. **Leser** (*m.*), – *reader*
    Erlebnis (*n.*), **-se** *experience*
14. **laut einem Bericht** *according to a report*
    Bundesverkehrsamt (*n.*) *federal traffic department*
    Unfall (*m.*), **⁒e** *accident*
    demnächst *shortly, soon*

16. Die Bevölkerungszahl der Erde wird jetzt wohl schon bei sechs Milliarden liegen.

17. Heute ist die Bevölkerungszahl der Erde mehr als doppelt so hoch wie vor hundert Jahren.

18. Der größte Teil des Bevölkerungszuwachses wird in weniger entwickelten Ländern stattfinden. In einigen entwickelten Nationen nimmt die Bevölkerungszahl sogar ab.

19. Nach einer Prognose des Instituts der Deutschen Wirtschaft wird der schnell wachsende Großraum Berlin um die Jahrtausendwende voraussichtlich acht Millionen Menschen umfassen.

20. Steigende Bevölkerungszahlen werden in den kommenden Jahren einen enormen Druck auf das Ernährungssystem der Weltbevölkerung ausüben.

18. **statt/finden (fand ... statt, stattgefunden)** *to take place*
19. **Großraum** (*m.*), **¨e** *metropolitan area* **voraussichtlich** *presumably, probably*
19. **umfassen** *to include, comprise*
20. **Druck** (*m.*), **¨e** *pressure* **aus/üben** *to exert*

DIE WELTERNÄHRUNGSKRISE

Die immer zahlreicher werdende Bevölkerung der Erde wird zu immer größeren Problemen führen. Eines dieser Probleme wird natürlich die Ernährung der unglaublich schnell steigenden Weltbevölkerung sein. 1900 betrug sie etwa 1,5 Milliarden.

5 In den vergangenen 40 Jahren hat sich die Weltbevölkerung mehr als verdoppelt. 6 Milliarden Menschen leben heute auf der Erde, in 40 Jahren werden es fast 10 Milliarden sein. Die entstehende Belastung für die Umwelt wird katastrophal sein. Schon heute wird die Ernährung der vielen Menschen, besonders in den unterentwickelten

10 Ländern, immer schwieriger, denn diese Länder weisen den größten Bevölkerungswachstum auf.

In Studien zur Weltbevölkerung stellt man fest: Der „reiche" Norden mit einem Fünftel der Weltbevölkerung verbraucht 70 Prozent der Weltenergie, 75 Prozent aller Metalle, 85 Prozent des Holzes und

15 konsumiert 60 Prozent der Nahrungsmittel. Die Einwohnerzahl dieser

3 **unglaublich** *unbelievable*
7 **Belastung** (*f.*), **-en** *burden, stress*
9 **unterentwickelt** *underdeveloped*
10 **schwierig** *difficult*
10 **auf/weisen (wies ... auf, aufgewiesen)** *to show, have*
12 **fest/stellen** *to determine*
13 **verbrauchen** *to consume*
14 **Holz** (*n.*), **¨er** *wood, timber*

„reichen" Teile der Welt wird bis zum Jahre 2025 auf 1,8 Milliarden steigen. Im ärmeren Süden wird es aber 6,8 Milliarden Menschen geben. Für diese Menschenmengen werden nur 40 Prozent der Nahrungsmittel bleiben.

Die moderne Landwirtschaft hat in letzter Zeit in der Entwicklung der Bodenbearbeitung, Bewässerung, krankheitsresistenten Züchtungen usw. Wunder vollbracht. Aber wird es möglich sein, die moderne landwirtschaftliche Technologie, das notwendige Transportsystem usw. in unterentwickelten Ländern und in Entwicklungsländern in verhältnismäßig kurzer Zeit einzuführen? Dies wird wohl notwendig werden, denn die Ausfuhr landwirtschaftlicher Erzeugnisse der entwickelten Länder wird mit dem Anstieg in der Weltbevölkerung kaum Schritt halten können.

20

25

16	**bis zum Jahre** *by the year*	22	**möglich ... einzuführen** *possible to introduce . . .*
18	**Menge** *(f.),* **-n** *mass*	23	**notwendig** *necessary*
21	**Bodenbearbeitung** *(f.),* **-en** *cultivation of the soil*	26	**Ausfuhr** *(f.),* **-en** *export*
	Bewässerung *(f.),* **-en** *irrigation*		**Erzeugnis** *(n.),* **-se** *product*
	krankheitsresistent *disease-resistant*	27	**Anstieg** *(m.),* **-e** *rise*
22	**Züchtung** *(f.),* **-en** *strain of plants, growing*	28	**Schritt halten (hielt, gehalten; hält)** *to keep pace*
	Wunder *(n.),* **–** *miracle, wonder*		**können (konnte, gekonnt; kann)** *to be able to*
	vollbringen (vollbrachte, vollbracht) *to perform, accomplish*		

KAPITEL 13

I. Passive Voice

The verb tenses that you have learned so far have all been in the active voice. A verb is in the active voice when its subject performs the action.

Die Nobelpreisträgerin spielt die Geige.
The Nobel Prize recipient is playing the violin.

A verb is in the passive voice when its subject is the recipient of the action. The subject is acted upon in the passive voice.

Die Geige wird von der Nobelpreisträgerin gespielt. *The violin is (being) played by the Nobel Prize recipient.*

The passive voice is common in written German; all verbs that can take objects (except reflexive verbs, which are discussed in **Kapitel 15**) have a passive voice. If the English translation of a German passive construction seems awkward to you, use an unqualified subject such as *people* or *someone* instead.

Im stillen Winkel der Kirche wird sanft gebetet.
In a quiet corner of the church someone is praying quietly.

II. Present and Past Tenses of the Passive Voice

The German passive voice consists of the auxiliary **werden** + past participle of the verb. The tense of **werden** determines the tense of the passive voice.

Present
er/sie/es wird besucht *he/she/it is (being) visited*
sie werden besucht *they are (being) visited*

Past
er/sie/es wurde gebaut *it was (being) built*
sie wurden gebaut *they were (being) built*

Die byzantinische Kirche **wird** jedes Jahr von Touristen aus aller Welt **besucht.** *The Byzantine church is visited every year by tourists from all over the world.*
Das Hauptschiff der Kirche **wurde** schon um 600 n. Chr. **gebaut.**
The church's nave was built already around 600 a.d.

If the person or agent that causes the action is mentioned in a passive sentence, it follows the preposition **von** or **durch,** which are equivalent to English *by.*

> Der Friedensvertrag **wurde von** den Staatsmännern **unterzeichnet.** *The peace treaty was signed by the statesmen.*
> Der Friede **wird durch** Bombenanschläge ständig **gestört.** *The peace is constantly (being) disrupted by bombing attacks.*

Note that in all of the passive situations above, an action is, in fact, taking place. Be careful not to confuse this type of passive that denotes action with the *statal passive.* Whereas a true passive combines **werden** + past participle and expresses an action, the statal passive combines **sein** + past participle (being used as an adjective) and expresses a condition which may be the result of an action in the passive voice.

> **Passive:** Das Haus **wird** renoviert. *The house is being renovated.* (This action is in progress.)
> **Statal Passive:** Das Haus **ist** renoviert. *The house is renovated.* (This is a completed result.)

III. Three Uses of *werden*

A. *Werden* = main verb

When **werden** = main verb, it is translated into English as *to become* (**Kapitel 5**).

> Die deutsche Filmindustrie **wird** immer wichtiger. *The German film industry is becoming more and more important.*

Remember that the best translation of **werden** + **zu** is *to turn into.*

> Der unbekannte Schauspieler **wurde zu** einem großen Star. *The unknown actor turned into a big star.*

B. *Werden* + *(wohl)* infinitive = future tense

When **werden** + **(wohl)** infinitive = future tense, it is translated into English as *(probably) will/going to* + infinitive (**Kapitel 12**).

> Die deutsche Filmindustrie **wird** dieses Jahr 15 bis 20 neue Filme **herstellen.** *The German film industry will produce 15 to 20 new films this year.*

C.   *Werden* + past participle = passive voice

Werden + past participle = passive voice and is translated into English as *is (being)* + past participle (**Kapitel 13**).

> Der neue Film **wird** von Detlev Buck **konzipiert, geschrieben und hergestellt.**
> *The new film is (being) conceived, written, and produced by Detlev Buck.*

Determine the use and meaning of **werden** in each of the following statements.

1. Die Berliner Mauer wurde 1961 gebaut.
2. Sie wurde fast über Nacht von den Russen aufgestellt.
3. Sie wurde zum Symbol des Kalten Krieges.
4. In diesem Bericht werden wir über ihre Rolle in der Nachkriegspolitik diskutieren.
5. Das Land wurde geteilt, Familien wurden durch die Mauer getrennt.
6. Noch heute wird über die Verantwortung für den Mauerbau heftig debattiert.
7. Was wurde aus den Tausenden von russischen Soldaten in der ehemaligen DDR?
8. Heute werden sie wohl wieder in Rußland leben.
9. Im Oktober 1989 wurde der 40. Jahrestag der DDR gefeiert.
10. Am 31. August 1990 wurde der Einigungsvertrag von Staatsmännern unterzeichnet.

IV. Personal Pronouns

The personal pronouns in German (as in English) indicate number and case. They are declined as follows.

Nominative	Accusative	Dative	Genitive
ich *I*	mich *me*	mir *to me*	meiner *of my*
du *you*	dich *you*	dir *to you*	deiner *of your*
er *he/it*	ihn *him/it*	ihm *to him/to it*	seiner *of his/its*
sie *she/it*	sie *her/it*	ihr *to her/to it*	ihrer *of hers/its*
es *it*	es *it*	ihm *to it*	seiner *of its*
wir *we*	uns *us*	uns *to us*	unserer *of ours*
ihr *you*	euch *you*	euch *to you*	eurer *of yours*
sie *they*	sie *them*	ihnen *to them*	ihrer *of theirs*
Sie *you*	Sie *you*	Ihnen *to you*	Ihrer *of yours*

V. Agreement of Pronoun and Antecedent

The third-person pronouns, **er, sie, es; sie,** agree with their antecedent (the nouns that they replace) in gender and number. Thus, when translating a pronoun, you must remember that in English, inanimate objects are all neuter, while in German they will be masculine, feminine, or neuter.

Der Arbeiter erhitzt den Stein und legt ihn dann ins kalte Wasser.
The worker heats the stone and then lays it in cold water.
(not: *. . . and then lays **him** in cold water.*)
Die Mauer wurde 1961 gebaut, sie wurde fast über Nacht aufgestellt.
The wall was built in 1961; it was put up almost overnight.
(not: *. . . **she** was put up almost overnight.*)
Das Hauptschiff der Kirche wurde um 600 n. Chr. gebaut, es wird noch heute benutzt.
The church's nave was built around 600 a.d.; it is still used today.

Basic Vocabulary

an/sehen (sah ... an, angesehen; sieht ... an) to regard, look at
ausländisch foreign
Bericht *(m.),* **-e** report
dankbar thankful, grateful
Dauer *(f.)* duration
Dichter *(m.),* **-; Dichterin** *(f.),* **-nen** poet, creative writer
ein/führen to introduce, import
einheimisch native

erfinden (erfand, erfunden) to invent
erwähnen to mention
Friede *(m., n-noun)* peace
genau exact
her/stellen to produce, make
jung young
Kirche *(f.),* **-n** church
Krankheit *(f.),* **-en** illness, disease
Leistung *(f.),* **-en** work, performance, achievement

Mal *(n.),* **-e** point of time, time, bout
nächst- next
Schriftsteller *(m.),* **-; Schriftstellerin** *(f.),* **-nen** writer, author
schwer heavy, difficult, severe , hard, serious
Seele *(f.),* **-n** soul
sichtbar visible
töten to kill
zwar indeed, to be sure
und zwar that is, they are

1. Nach der spanischen Eroberung von Peru wurde die Kartoffel in Europa eingeführt. Sie wurde mit der Zeit sehr beliebt.
2. Beethovens Werke sind zum großen Teil Selbstbekenntnisse. Aus ihnen klingt das schwere Ringen der Menschenseele mit dem Schicksal.
3. Das Quecksilberthermometer wurde von Daniel Fahrenheit (1686–1736) erfunden. Dieses Thermometer wird noch heute in einigen Ländern gebraucht.
4. Die Viren sind Erreger von ansteckenden Krankheiten bei Menschen, Tieren und Pflanzen. Sie sind noch kleiner als Bakterien und im Lichtmikroskop nicht sichtbar.
5. Bedeutend war der Erzbergbau im Harz. Schon im Mittelalter wurde die Kaiserstadt Goslar durch Silbergewinnung reich, und 1775 wurde in Clausthal eine Schule für Berg- und Hüttenleute eingerichtet. Aus ihr wurde eine weltweit bekannte Bergakademie.
6. Heute werden Grünflächen angelegt, und im Braunkohlegebiet wird das Land nach dem Ende des Tagebaus rekultiviert.
7. In meinem letzten Brief habe ich Dich auf die Folgen Deines unverantwortlichen Betragens aufmerksam gemacht. Du wirst mir eines Tages dankbar sein.
8. Hunderttausende neuer Arbeitsplätze wurden durch die Ansiedlung innovativer Industrien geschaffen.
9. Im nächsten Brief werde ich Ihnen einen genauen Bericht erstatten.

1. **Eroberung** (*f.*), **-en** *conquest*
   Kartoffel (*f.*), **-n** *potato*
   beliebt *popular*
2. **Selbstbekenntnis** (*n.*), **-se** *self-revelation, personal confession*
   klingen (klang, geklungen) *to resound*
   ringen (rang, gerungen) *to struggle*
   Schicksal (*n.*), **-e** *fate, destiny*
3. **Quecksilber** (*n.*) *mercury*
4. **Virus** (*n.*), **Viren** *virus*
   Erreger (*m.*), *– cause, producer*
   an/stecken *to infect*
5. **Erz** (*n.*), **-e** *ore*
   Bergbau (*m.*) *mining*
   Harz (*mountain range in central Germany*)
   Gewinnung (*f.*) *production, extraction*
5. **Hütte** (*f.*), **-n** *forge, foundry*
   ein/richten *to organize, set up, install*
6. **Grünfläche** (*f.*), **-n** *green area, landscaped area*
   an/legen *to lay out, plot*
   Braunkohle (*f.*) *brown coal*
   Tagebau (*m.*) *strip mining*
7. **Folge** (*f.*), **-n** *consequence*
   unverantwortlich *irresponsible*
   Betragen (*n.*) *behavior*
   aufmerksam machen auf *to call attention to*
8. **Ansiedlung** (*f.*), **-en** *settlement, colonization, introduction into an area*
   schaffen *to produce*
9. **erstatten** *to give, make*

10. Petrus wurde wahrscheinlich im Jahre 67 in Rom gekreuzigt. Über dem vermuteten Grab des Apostels wurde die Peterskirche gebaut.

11. Die Bezeichnung „deutsch" wurde von der Sprache auf die Sprecher und schließlich auf ihr Wohngebiet („Deutschland") übertragen.

12. Panzerkampfwagen (Panzer) wurden zum ersten Mal im Ersten Weltkrieg, im November 1917, bei Cambrai eingesetzt.

13. 1867 wurde Alaska für 7,2 Millionen Dollar von Rußland verkauft. Der Kauf wurde von vielen Amerikanern „Seward's folly" genannt.

14. Der Nobelpreis wurde von Alfred Nobel gestiftet. Jedes Jahr werden fünf Preise für hervorragende Leistungen verliehen, und zwar für Physik, Chemie, Medizin, Literatur und der Friedenspreis. Die Nobelpreisträger für die vier Wissenschaften werden von der Schwedischen Akademie in Stockholm ausgewählt. Die norwegische Volksvertretung bestimmt den Träger des Friedenpreises.

15. Diese Schriftsteller werden als Repräsentanten dieser Bewegung angesehen. Viele junge Dichter wurden von ihnen angeregt.

10.	**Petrus** *St. Peter*	12.	**ein/setzen** *to employ*
	kreuzigen *to crucify*	14.	**stiften** *to found, donate*
	vermuten *to suppose, presume*		**hervorragend** *outstanding*
	Grab (*n.*), ⁼er *grave*		**verleihen (verlieh, verliehen)**
11.	**Bezeichnung** (*f.*), -en *designation,*		*to grant, award*
	term		**Träger** (*m.*), – *winner, bearer,*
	übertragen auf (übertrug,		*recipient*
	übertragen; überträgt)		**aus/wählen** *to choose, select*
	to transfer to, convey upon		**Volksvertretung** (*f.*), -en *parliament*
12.	**Panzer** (*m.*), – *tank*		

STURM UND DRANG

D er Sturm und Drang ist eine der beliebtesten Epochen der deutschen Literatur. Die Epoche dauerte verhältnismäßig kurze Zeit, von ungefähr Ende der 60er bis Anfang der 80er Jahre des 18. Jahrhunderts. Sie wurde von vielen einheimischen und ausländischen Einflüssen angeregt. Von den letzteren werden wir nur Edward Young, einen englischen, und Jean-Jacques Rousseau, einen französischen Schriftsteller, erwähnen.

5

1	**Sturm** (*m.*), ⁼e *storm*	5	**an/regen** *to stimulate*
	Drang (*m.*) *stress*		

Die jungen Sturm-und-Drang-Dichter protestierten gegen die Herrschaft des abstrakten Verstandes und gegen zeitlos gültige Regeln und Gesetze. Von ihnen wurden u.a. die schöpferische Kraft der leidenschaftlichen Gefühle, der Subjektivismus, das Individuelle und Irrationale verherrlicht.

Goethes „Goetz von Berlichingen" und Schillers „Die Räuber" werden als repräsentative Werke dieser Periode angesehen. Die Epoche verdankt ihren Namen Klingers Drama „Sturm und Drang". Wohl der größte literarische Erfolg der Zeit stellt aber Goethes Briefroman „Die Leiden des jungen Werther" dar.

In der Figur des Werther wurde der Typus des bürgerlichen empfindsamen Intellektuellen verkörpert. In Werthers Briefen an seinen Freund Wilhelm werden die überwältigenden Gefühle einer gequälten Seele ausgeschüttet. Werthers religiöses Naturgefühl und seine schwärmerische, bedingungslose Liebe für Lotte führen schließlich zum Selbstmord. Das Werk war sofort ein großer Erfolg. Goethe wurde 1774 über Nacht zu einem weltbekannten Schriftsteller. Er hatte mit dem „Werther" dem Lebensgefühl einer ganzen Generation zu Wort verholfen.

9	**Herrschaft** *(f.)*, **-en** *rule, dominance*	19	**empfindsam** *sentimental, sensitive*
	Verstand *(m.)* *understanding,*		**verkörpern** *to embody*
	intellect, reason	20	**überwältigen** *to overcome,*
	zeitlos *timeless, universal*		*overwhelm*
	gültig *valid*	21	**quälen** *to torture*
10	**schöpferisch** *creative*		**aus/schütten** *to pour out,*
11	**leidenschaftlich** *passionate,*		*empty out*
	emotional	22	**schwärmerisch** *infatuated;*
	Gefühl *(n.)*, **-e** *feeling*		*enthusiastic*
12	**verherrlichen** *to glorify*		**bedingungslos** *unconditional,*
13	**Räuber** *(m.)*, **–** *robber*		*unqualified*
15	**verdanken** *to owe, to be indebted to*	23	**Selbstmord** *(m.)*, **-e** *suicide*
16	**Erfolg** *(m.)*, **-e** *success*	26	**zu Wort verhelfen** (**verhalf,**
	dar/stellen *to show, represent*		**verholfen; verhilft**)
17	**Leiden** *(n.)*, **–** *sorrow, suffering*		*to help express*

KAPITEL 14

I. Perfect Tenses of the Passive Voice

In **Kapitel 13** you learned that all transitive verbs except the reflexives have a passive voice and that the passive is formed with **werden** + past participle. You learned the present tense: **die Musik wird gespielt** (*the music is being played*) and the simple past: **die Musik wurde gespielt** (*the music was being played*). As with all German verbs, the passive forms also have perfect tenses.

In the perfect tenses of the passive voice, the past participle of **werden** is **worden** (not **geworden,** the past participle of **werden** when it means *to become*, e.g., **Es ist kalt geworden**).

Present perfect tense
er/sie/es ist behandelt worden *he/she/it has been (was) treated*
sie sind behandelt worden *they have been (were) treated*

Das Thema **ist** in ihrem neuen Buch eingehend **behandelt worden.**
That topic has been treated thoroughly in her new book.

Past perfect tense
er/sie/es war behandelt worden *he/she/it had been treated*
sie waren behandelt worden *they had been treated*

In ihrem ersten Buch **war** es nicht so eingehend **behandelt worden.** *It hadn't been treated so thoroughly in her first book.*

Look over the following example sentences and determine the meaning of **werden** in the various situations.

1. Die Mauer ist 1961 gebaut worden. *set up*
2. Sie ist fast über Nacht von den Russen aufgestellt worden.
3. Sie ist zum Symbol des Kalten Krieges geworden.
4. Das Land ist geteilt worden.
5. Familien sind durch die Mauer getrennt worden.
6. Schon 1960 war von dem Bau einer Mauer gesprochen worden.
7. Die Grenze ist am 9. November 1989 geöffnet worden.
8. Im November 1989 war der 40. Jahrestag der DDR schon gefeiert worden.
9. Was ist wohl heute aus den russischen Soldaten geworden?

II. Infinitive of the Passive Voice

Just like active verbs, each of which has an infinitive that is conjugated into the various tenses to indicate temporal differences, passive verbs also have infinitives that are conjugated.

> **Present infinitive:** gebaut werden *to be built*
> **Past infinitive:** gebaut worden sein *to have been built*

The present passive infinitive consists of the past participle and **werden.** It is a common construction. For example, all but the third and the ninth of the exercise sentences on page 123 are conjugations of present passive infinitives: 1. **gebaut werden** *(to be built)*, 2. **aufgestellt werden** *(to be put up)*, 4. **geteilt werden** *(to be divided)*, 5. **getrennt werden** *(to be separated)*, 6. **gesprochen werden** *(to be spoken)*, 7. **geöffnet werden** *(to be opened)*, and 8. **gefeiert werden** *(to be celebrated)*. Note that in the sixth and eighth sentences the present passive infinitive has been conjugated into the past perfect tense, indicating that the action *had been done.*

III. Future Tense of the Passive Voice

The passive infinitive also occurs in the future tense, which consists of the auxiliary **werden** + the passive infinitive.

> Die Preise **werden erhöht werden.** *The prices will be raised.*
> Die Soldaten **werden** nach Bosnien **geschickt werden.**
>   *The soldiers will be sent to Bosnia.*

When you encounter the first **werden,** check its use. In both cases above, you are dealing with **werden** + present passive infinitive = future tense of the passive voice.

IV. Future Perfect of the Passive Voice

It is also possible in rare situations to find the future perfect passive, which consists of **werden** + past passive infinitive.

> Das Thema **wird** in einem älteren Buch **behandelt worden sein.**
>   *That topic will have been treated in an older book.*

The most common use of this construction expresses probability in the past. In this case, the construction of **werden** + past passive infinitive is generally accompanied by **wohl** and should be translated as follows.

> Dieses Buch **wird wohl** schon **besprochen worden sein.**
>   *This book has probably already been discussed.*

V. Suffix -er

A. Occupation

The **-er** suffix is masculine and frequently denotes an occupation.

der Ansager *announcer*	der Chemiker *chemist*
der Apotheker *apothecary,* *druggist*	der Dramatiker *dramatist*
	der Künstler *artist*
der Arbeiter *worker*	der Lehrer *teacher*
der Briefträger *mail carrier,* *mailman*	der Physiker *physicist*
	der Schriftsteller *writer*

The plural forms of these nouns take no endings, meaning that they are identical to the singular. The key, therefore, to identifying the plural in the nominative or accusative cases is the article **die.** The plural form as subject will also have a plural verb ending in **-n** or **-en.** In the dative case, the plural forms will, of course, have an **-n** ending, and in the genitive singular an **-s** ending.

B. Origin

The suffix **-er** may also denote a male inhabitant (of a continent, state, city, etc.).

ein Amerikaner	ein New Yorker
ein Araber	ein Pariser
ein Berliner	ein Rheinländer
ein Hamburger	ein Schweizer
ein Japaner	ein Wiener

Here, again, the singular and plural forms are identical.

C. Action

With the infinitive stem of a verb, the **-er** suffix denotes a male person engaged in an activity indicated by the verb.

der Begründer *founder*	der Leser *reader*
der Entdecker *discoverer*	der Spieler *player*
der Erfinder *inventor*	der Sprecher *speaker*
der Fahrer *driver*	der Trinker *drinker*
der Finder *finder*	

Singular and plural forms are identical.

D. Instrument / Tool

Occasionally, the **-er** suffix denotes an instrument.

> der Bohrer *drill*
> der Computer *computer*
> der Hammer *hammer*
> der Hörer *receiver (telephone)*
> der Kugelschreiber *ballpoint pen*
> der Schalter *switch*
> der Zeiger *pointer, hand (of a dial)*

The singular and plural forms are identical. Pay close attention to verb and/or case endings to differentiate between singular and plural.

VI. Suffix *-in*

A. Occupation / Title

The **-in** suffix is feminine and frequently denotes an occupation or title.

die Architektin *architect*	die Ingenieurin *engineer*
die Ärztin *physician*	die Köchin *cook*
die Autorin *authoress*	die Königin *queen*
die Friseurin *hairdresser*	die Prinzessin *princess*
die Fürstin *ruler, princess*	die Sekretärin *secretary*
die Göttin *goddess*	

Plurals of these nouns are formed by adding **-nen.** The clearly identifiable plural ending, **-innen,** occurs in all cases. You can also recognize the plural subject by the plural verb ending, **-n** or **-en.**

B. Occupation / Origin / Action

Added to the masculine suffix **-er** indicating an occupation, an inhabitant, or a person engaged in an activity indicated by the verb stem, the suffix **-in** indicates a female person in that category.

eine Amerikanerin *an American*	
eine Berlinerin *a Berliner*	die Physikerin *physicist*
die Leserin *reader*	die Schriftstellerin *writer*
eine Mexikanerin *a Mexican*	die Sprecherin *speaker*
die Nobelpreisträgerin	die Vertreterin *representa-*
Nobel Prize recipient	*tive, saleswoman*

Here, again, the plural forms end in **-innen.**

Basic Vocabulary

Arzt (m.), ⁼e; **Ärztin** (f.),
  -nen physician
Auflage (f.), **-n** edition
auf/nehmen (nahm ...
  auf, aufgenommen;
  nimmt ... auf) to
  absorb, take up
Autor (m., n-noun), **-en;**
  Autorin (f.), **-nen**
  author
Begründer (m.), **–; Begrün-**
  derin (f.), **-nen** founder
Beitrag (m.), ⁼e
  contribution
Beobachtung (f.), **-en**
  observation
bereichern to enrich
Beruf (m.), **-e** occupation,
  job

berufstätig employed
besonders especially
Betrieb (m.), **-e** operation,
  plant
eigen own, individual
eventuell possible, perhaps (not: eventually)
fremd foreign
Fürst (m., n-noun), **-en;**
  Fürstin (f.), **-nen** ruler,
  prince/princess
grundlegend basic
heiß hot
landwirtschaftlich
  agricultural
Mauer (f.), **-n** wall,
  outdoor enclosure
nah(e) near

nördlich northern,
  northerly
Soldat (m.), **-en; Soldatin**
  (f.), **-nen** soldier
Spiel (n.), **-e** play, game
um/arbeiten to rewrite,
  revise
Unternehmer (m.), **–;**
  Unternehmerin (f.),
  -nen contractor,
  entrepreneur
vermerken to annotate,
  note, remark
vermutlich presumable,
  possible
Zukunft (f.) future

Exercises

1. Das „königliche Spiel" Schach ist aus dem Orient, vermutlich
   von den Arabern, nach Europa gebracht worden.
2. Tocqueville wird als liberal-konservativer Denker angesehen.
3. Anna Seghers (1900–1983) war eine der bekanntesten Schriftstellerinnen der ehemaligen DDR. Sie ist die Autorin von dem
   berühmten Roman „Der Aufstand der Fischer von St. Barbara".
4. Der Autor Somerset Maugham ist der unglücklichste Glückliche
   aller Zeiten genannt worden. Er hatte kein Talent fürs Glücklich-
   sein.
5. Charles Lindbergh wurde durch seinen Alleinflug über den
   Atlantischen Ozean berühmt.
6. Die wesentlichen Grundlagen der heutigen Atomphysik waren
   schon von den alten Griechen geschaffen worden.

1. **königlich** royal
   Schach (n.) chess
3. **ehemalig** former
   DDR GDR (= German Democratic
   Republic or "East Germany")

3. **Aufstand** (m.),⁼e revolt, rebellion
4. **glücklich** happy, fortunate
5. **Alleinflug** (m.), ⁼e solo flight
6. **Grundlage** (f.), **-n** basis, foundation

7. In diesem neuen Buch wird die grundlegende Arbeit des Begründers des Schulsystems beschrieben.

8. Die landwirtschaftliche Produktion ist durch den Mechanisierungsprozeß gesteigert worden.

9. Dieses Verfahren zur Kälteerzeugung ist mit Hilfe der Sonnenbestrahlung für Betriebe in heißen Gegenden entwickelt worden.

10. In der nahen Zukunft werden die meisten Unterseeboote mit Atomkraft ausgestattet sein.

11. Die Trennung von Staat und Kirche ist durch die Weimarer Verfassung von 1919 vollzogen worden. Historische Bindungen sind aber nicht ganz beseitigt worden.

12. Seit 1945 sind in Deutschland eine große Zahl Kirchen gebaut worden. Aus der Fülle der Bauten ragt die neue Kaiser-Wilhelm-Gedächtniskirche hervor. Die alte Kirche war im Kriege zerstört worden.

13. Im Mittelalter sind Operationen nicht von akademisch gebildeten Ärzten, sondern von Badern ausgeführt worden.

14. Die Chinesische Mauer war im 3. Jh. v. Chr. zur Abwehr der nördlich von China lebenden Nomadenvölker gebaut worden. Diese Mauer wird heute von Touristen aus aller Welt besucht.

15. Der Europarat ist 1949 gegründet worden und spielt heute eine wichtige Brückenfunktion zu den neuen Demokratien Europas.

16. Seit 1990 wurden neun Reformdemokratien aus Mittel- und Osteuropa in den Europarat aufgenommen.

17. Sein[1] politisch bedeutender Beitrag zur demokratischen Neuordnung im mittleren und östlichen Europa wurde auf dem ersten Gipfeltreffen der Staats- und Regierungschefs seiner Mitgliedsstaaten im Oktober 1993 in Wien unterstrichen.

---

9. **Verfahren** (n.), – *process*
   Kälteerzeugung (f.) *refrigeration*
   Sonnenbestrahlung (f.) *solar radiation*
10. **aus/statten** *to equip*
11. **Trennung** (f.), -en *separation*
    Verfassung (f.), -en *constitution*
    vollziehen (vollzog, vollzogen) *to accomplish, execute*
    Bindung (f.), -en *tie, connection*
    beseitigen *to eliminate, do away with*
12. **Fülle** (f.) *abundance, profusion*
    Gedächtniskirche (f.) *war ruin turned into a memorial church in Berlin*

12. **hervor/ragen** *to stand out, be prominent*
13. **gebildet** *trained, educated*
    Bader (m.), – *barber (obsolete usage)*
14. **Abwehr** (f.) *protection (against)*
15. **Rat** (m.), ⸚e *senate, council*
    Brücke (f.), -n *bridge*
17. **Gipfeltreffen** (n.), – *summit meeting*
    unterstreichen (unterstrich, unterstrichen) *to emphasize, underline*

---

1. The possessive pronoun **sein** *(its)* refers in this case to **der Europarat**.

18. Viele dieser Ideen werden von anderen Autoren und Autorinnen aufgenommen, durch neue Beobachtungen ergänzt und bereichert werden.[2]
19. Die Soldaten hatten keine Wahl, sie sind von dem Fürsten in den Krieg geschickt worden.

18. **ergänzen** *to add to, supplement*

OSTDEUTSCHLANDS FRAUEN SUCHEN SELBSTÄNDIGKEIT[3]

Wird die Wirtschaft der neuen Bundesländer von Frauen gerettet? In den ersten fünf Jahren nach der Wende sind 150 000 neue Betriebe und Unternehmen von Frauen in Ostdeutschland gegründet worden. Eine Million Menschen fanden dort Arbeit. Die Thüringerin Gunhild Haase gründete z.B. 1992 ein Design-Studio für Küchenmöbel. Cornelia Pfaff aus Erfurt eröffnete inzwischen ihre fünfte Boutique. Käte Lindner, in der DDR Kombinatsdirektorin, erwarb die Kartonagenfabrik ihrer Familie zurück. Diese Fabrik war schon 1909 von ihrem Großvater in Mühlau gegründet worden.

„Der Platz einer Frau ist in ihrer Firma", kommentiert das US-Magazin Business Week. In den alten Bundesländern sind nur 21 Prozent aller Existenzgründer Frauen, im Osten hingegen ein Drittel.

5

10

•

Title **Selbständigkeit** (*f.*) *independence*	8 **Kombinat** (*n.*), **-e** *state-owned collective enterprise in former GDR*
2 **retten** *to save*	**erwerben (erwarb, erworben; erwirbt)** *to acquire*
Wende (*f.*), **-n** *turning point, new era (here specifically: 1989)*	**Kartonagenfabrik** (*f.*), **-en** *packing/paper box factory*
3 **Unternehmen** (*n.*), **–** *undertaking, enterprise*	11 **Platz** (*m.*) ⸚**e** *place*
4 **gründen** *to found*	13 **Existenzgründer** (*m.*), **–** *entrepreneur*
6 **Küchenmöbel** (*pl.*) *kitchen furnishings*	**hingegen** *on the other hand, in contrast*
eröffnen *to open*	
7 **inzwischen** *meanwhile*	

---

2. Note that **werden** is the future auxiliary of three passive infinitives: **aufgenommen werden, ergänzt werden,** and **bereichert werden.**
3. Based on Günther Heismann's "Unternehmer: Ostdeutschlands Frauen machen mobil," *Die Woche,* March 15, 1996, p. 14

Ein Grund ist klar: Ostdeutsche Frauen haben mehr Berufserfahrung.
15 In der DDR waren 94 Prozent der Frauen berufstätig, weniger als 50
Prozent aller Frauen in Westdeutschland haben in einem Beruf
gearbeitet.

Die arbeitenden Frauen der neuen Länder sind auch anders als
ihre männlichen Kollegen in Ost und West. Diese Erfolgsunternehme-
20 rinnen halten Gewinne nicht für das Wichtigste. Selbständigkeit wird
von ihnen auf ersten Platz gestellt.

14	**Erfahrung** (f.), **-en** *experience*		19	**erfolgs-** *successful*
19	**männlich** *male*		20	**Gewinn** (m.), **-e** *earnings, profit*

KAPITEL 15

I. Reflexive Pronouns

A reflexive pronoun object refers back to the subject of the verb and thus *reflects* the subject. Both the subject and the pronoun refer to the same person, thing, or idea. In English the reflexive pronoun is expressed by attaching *-self* to a singular object pronoun or *-selves* to a plural one. Reflexive pronouns function as either direct or indirect objects. German has no special forms for the first- and second-persons singular and plural of the reflexive pronouns but uses the regular personal pronouns.

A. As a direct object (reflexive pronouns in accusative case)

ich sehe mich   *I see myself*
du siehst dich   *you see yourself*
wir sehen uns   *we see ourselves*
ihr seht euch   *you see yourselves*

B. As an indirect object (reflexive pronouns in dative case)

ich kaufe mir einen Wagen
   I am buying myself a car (for myself)
du kaufst dir einen Wagen
   you're buying yourself a car (for yourself)
wir kaufen uns einen Wagen
   we're buying ourselves a car (for ourselves)
kauft ihr euch einen Wagen?
   are you buying yourselves a car (for yourselves)?

C. *Sich:* third-person (accusative and dative cases)

In the third-person singular and plural, the reflexive pronoun is **sich,** meaning *himself, herself, itself, themselves, yourself,* or *yourselves* depending on the subject. **Sich** is used as both the direct and the indirect object.

er sieht sich   *he sees himself*
sie sieht sich   *she sees herself*
sie sehen sich   *they see themselves*
Sie sehen sich   *you see yourself* or: *you see yourselves*

Sie hat sich einen Fernseher gekauft.
   She bought herself a television.

Sie haben sich ein Geschenk gekauft.
  They bought themselves a gift.
Was haben Sie sich gekauft?
  What did you buy yourself/yourselves?

When a compound subject occurs reflexively, the best translation may be *each other* or *one another.*

Mein Bruder und ich verstehen uns gut.
  My brother and I understand each other well.
Mein Bruder und seine Frau lieben sich.
  My brother and his wife love each other.
Wir gaben uns die Hand, und sie umarmten sich.
  We shook hands with each other, and they hugged each other.

II. Reflexive Verbs

Many German verbs become reflexive by adding reflexive pronouns. Note the variation in meaning when this happens.

Der Soldat verletzte den Zivilisten.
  The soldier injured the civilian.
Der Soldat verletzte sich.
  The soldier injured himself.

Ich wasche das Auto. *I'm washing the car.*
Ich wasche mich. *I'm washing myself.*
Ich wasche mir das Gesicht und dann wasche ich mir die Haare.
  I'm washing my face, and then I'm going to wash my hair.

Note that in situations involving personal items such as body parts or clothing, English uses a possessive adjective where the German generally uses a reflexive construction to indicate that the involved action is being done to oneself: **Sie zieht sich den Mantel an.** *(She's putting her coat on.)*

Numerous verbs in German must have reflexive pronouns to complete their meaning. The English equivalents of the German reflexives generally do not have reflexive pronouns.

sich befinden *to be located*
sich empfehlen *to say good-bye; to commend oneself*
sich setzen *to take one's seat*
sich wenden *to turn around*

It is quite common in German for an inanimate noun to be the subject of a reflexive verb. Attempts to translate these combinations literally into English are awkward at best. Instead, use some form of passive construction. Consider the following examples.

> Das Problem löst sich ohne viel Anstrengung.
> *The problem is being solved without much effort.*
> Die Industrie der Stadt beschränkt sich auf Schiffbau.
> *The city's industry is restricted to shipbuilding.*
> Diese Theorie entwickelte sich über viele Jahre.
> *This theory was developed over a number of years.*

In addition, some German reflexive verbs have an idiomatic meaning. In these cases, as well, the reflexive pronoun is not necessarily translated in the English version. Dictionaries usually indicate such verbs as follows.

> **erinnern** *to remind;* **sich erinnern** *to remember*
> or: **erinnern** *(v.t.) to remind;* **erinnern** *(v.r.) to remember*[1]
> **versprechen** *to promise;* **sich versprechen** *to mispronounce, slip*
> or: **versprechen** *(v.t.) to promise;* **versprechen** *(v.r.) to mispronounce, slip*

You must be careful to differentiate.

> ich erinnere ihn *I remind him*   er erinnert mich *he reminds me*
> ich erinnere mich *I remember*   er erinnert sich *he remembers*

III. Conjugation of the Reflexive Verb

ich frage mich
I ask myself
du fragst dich
you ask yourself
er fragt sich
he asks himself
wir fragen uns
we ask ourselves
ihr fragt euch
you ask yourselves
sie fragen sich
they ask themselves
Sie fragen sich
you ask yourself/-selves

ich erinnere mich
I remember
du erinnerst dich
you remember
sie erinnert sich
she remembers
wir erinnern uns
we remember
ihr erinnert euch
you remember
sie erinnern sich
they remember
Sie erinnern sich
you remember

---

1. The abbreviation *v.t.* stands for *transitive verb,* while *v.r.* means *reflexive verb.*

IV. Position of the Reflexive Pronoun in Main Clauses

In main clauses, the reflexive pronoun usually immediately follows the finite verb.

> Der Herzog sah sich nicht als einen normalen Menschen, sondern als einen Übermenschen. **(sich sehen)**
> *The duke saw himself not as a normal human being but rather as a superhuman.*
> Den Schmuck zog sich die Herzögin nicht an. **(sich anziehen)**
> *The duchess did not put on jewelry.*
> Dieses Buch befaßt sich mit der Kolonialpolitik Englands. **(sich befassen)**
> *This book deals with the colonial policy of England.*
> Wir befassen uns mit einem schwierigen Problem. **(sich befassen)**
> *We are dealing with a difficult problem.*

In compound tenses, the reflexive pronoun follows the auxiliary while the main verb stands at the end of the clause.

> Unter solchen Bedingungen hat sich der Widerstand langsam aber sicher gebildet. **(sich bilden)**
> *Under such circumstances, the resistance came about slowly but surely.*
> Die westlichen Staaten der Vereinigten Staaten haben sich in den letzten Jahrzehnten äußerst schnell entwickelt. **(sich entwickeln)**
> *The western states of the United States have developed very rapidly in the past decades.*

This word order also holds true for questions, unless the subject is a pronoun.

> Hat sich die Frau verletzt? *Did the woman injure herself?*
> Hat sie sich verletzt? *Did she injure herself? (Did she get hurt?)*
> Wie befinden Sie sich? *How are you?*

V. Suffixes *-bar* und *-lich*

A. Suffix *-bar*

Many verbs can be the basis for compounds formed with the suffix **-bar.** This common German suffix corresponds to English *-able*, *-ible*, or *-ful*.

> **trennen** *to separate*   **trennbar** *separable*
> Die zwei Argumente sind einfach nicht **trennbar.**

essen *to eat*   **eßbar** *edible*
Nach dem Atomkraftunfall in Tschernobyl wurde das Gemüse im ganzen Land **uneßbar.**

danken *to thank*   **dankbar** *thankful*
Für seine schnelle Reaktion sind wir dem Rettungsteam sehr **dankbar.**

B. Suffix *-lich*

German speakers add the suffix **-lich** to verbs, nouns, and adjectives. The corresponding English suffixes are usually *-able* after verbs and *-ly* after nouns and adjectives.

fragen *to question*   **fraglich** *questionable*
ganz *whole, entire*   **gänzlich** *wholly, entirely*
monat *month*   **monatlich** *monthly*

Note that the suffix **-lich** may cause an umlaut to occur on the stem vowel of the original word: **ganz, gänzlich; Jahr, jährlich.**

Basic Vocabulary

Abschnitt *(m.)*, **-e** chapter
sich ändern to change
  (not *reflexive in English*)
sich an/siedeln to settle
außerordentlich
  extraordinary
sich befassen mit to deal
  with, to concern oneself
  with
sich befinden (befand, befunden) to be
  located; to be, feel;
  to find oneself
sich beschränken auf
  to limit oneself to, be
  limited to
bezeichnen to designate,
  denote, call
Bürger *(m.)*, **–; Bürgerin,**
  (f.), **-nen** citizen
Bürger *(pl.)* middle class,
  bourgeois, citizens

dunkel dark
Durchschnitt *(m.)*, **-e**
  average, cross-section
eingehend thoroughly,
  in detail
sich entwickeln to
  develop, evolve (not
  reflexive in English)
erinnern to remind
sich erinnern
  to remember
Fortschritt *(m.)*, **-e**
  progress
Gesicht *(n.)*, **-er** face
leider unfortunately
Nachteil *(m.)*, **-e**
  disadvantage
sich nieder/lassen
  (ließ ... nieder, nieder-
  gelassen; läßt ... nieder)
  to settle down, establish
  oneself

plötzlich suddenly
schrecklich frightful,
  terrible, dreadful, awful,
  horrible, hideous
Titel *(m.)*, **–** title
verletzen to injure
sich verletzen to get
  hurt, injure oneself
sich vermehren
  to multiply
versprechen (versprach,
  versprochen;
  verspricht) to promise
sich verwandeln
  to change, transform,
  metamorphose
wachsen (wuchs, ist
  gewachsen; wächst)
  to grow

Exercises

1. Die ersten Universitäten entwickelten sich im 12. Jahrhundert in Italien (Bologna, Salerno, Padua), dann entstanden die Universitäten in Paris, Cambridge und Oxford.

2. In Berlin befinden sich heute zwei weltbekannte Hochschulen: die Humboldt-Universität und die Freie Universität.

3. In diesem Werk werden wir uns mit den religiösen Bewegungen befassen.

4. Knapp 57 Millionen Menschen bekennen sich in Deutschland zu einer christlichen Konfession.

5. Unter den Widerstandskämpfern im Dritten Reich befanden sich nicht nur Geistliche aus den verschiedenen Konfessionen, sondern auch Bürger, Soldaten, Studenten und Politiker vor allem der linken Bewegungen.

6. Der politische Widerstand gegen Hitler änderte sich mit der Zeit; schon Mitte der 30er Jahre nahm er unter den normalen Bürgern zu.

7. In Kafkas Novelle „Die Verwandlung" lesen wir etwas Phantastisches: der Erzähler verwandelt sich in ein riesiges Ungeziefer.

8. Die Familie des Erzählers kümmert sich sehr um die Reaktionen der Nachbarn. Der Erzähler und sein Vater verstehen sich überhaupt nicht.

9. Unter solchen Bedingungen vermehren sich die Probleme außerordentlich schnell.

10. Selbst der meistversprechende technische Fortschritt bringt Nachteile und Probleme mit sich.

11. Ich habe mir gestern ein äußerst interessantes Buch zu diesem Thema gekauft.

12. Die Literaturauswahl in diesem Buch konzentriert sich leider, dem amerikanischen Brauch gemäß, auf Werke in englischer Sprache.

4. **knapp** *just barely*
   sich bekennen (bekannte, bekannt)
   to profess
5. **unter** *among*
   Widerstand *(m.)*, ⁼e *resistance*
   geistlich *spiritual, religious, clerical*
   linke *left-wing*
7. **riesig** *gigantic*
   Ungeziefer *(n.)*, – *vermin, pestiferous insect*
8. **sich kümmern um** *to mind, worry about*

8. **Nachbar** *(m.)*, **-n** *neighbor*
   überhaupt *generally, really, at all*
9. **Bedingung** *(f.)*, **-en** *condition*
10. **mit sich bringen (brachte, gebracht)** *to entail*
12. **Literaturauswahl** *(f.)* *choice of references, bibliography*
   sich konzentrieren auf *to concentrate on*
   gemäß *according to; consistent with*

13. Während der Völkerwanderung haben sich die Bajuwaren im heutigen Bayern niedergelassen.
14. Unter den ursprünglichen Völkern im äquatorischen Afrika haben sich Zwergvölker entwickelt; sie wachsen im Durchschnitt nicht über 150 cm groß.
15. Nun erinnere ich mich an den Titel des Buches. Es heißt: „Der Soldatenhandel deutscher Fürsten nach Amerika".
16. Die Soldaten aus Hessen befanden sich in einer außerordentlich schwierigen Situation. Der Herzog interessierte sich nur für Geld.

13.	**Bajuwaren** *(pl.)* = **Bayern** *(pl.)* *Bavarians*	16.	**sich interessieren für** *to be interested in*
14.	**Zwergvölker** *(pl.) pygmies*		

DIE HESSEN IM AMERIKANISCHEN FREIHEITSKRIEG

In amerikanischen Geschichtsbüchern sind die hessischen Soldaten schon immer als „Söldner" bezeichnet worden. Diese Bezeichnung ist ungenau. Durch sie wird die lang gehegte Voreingenommenheit gegen diese Soldaten verewigt.

Im engeren Sinne des Wortes verkauft ein Söldner seine eigenen Dienste und eventuell sein Leben. Dies war jedoch bei den hessischen Soldaten nicht der Fall. Sie sind der Tyrannei und Geldsucht ihrer Fürsten zum Opfer gefallen. Ganze Regimenter deutscher Soldaten sind von ihren Landesvätern an höchstbietende fremde Länder, besonders England, verkauft worden. Dieser Abschnitt deutscher Geschichte ist von Friedrich Kapp in seinem Buch „Der Soldatenhandel deutscher Fürsten nach Amerika: ein Beitrag zur Kulturgeschichte des achtzehnten Jahrhunderts" (Berlin, 1874) eingehend beschrieben worden.

Title	**Hesse** *(m.)*, **-n** *Hessian*	7	**Geldsucht** *(f.) avarice*
2	**Söldner** *(m.)*, **–** *mercenary*	8	**Opfer** *(n.)*, **–** *victim, sacrifice*
3	**Bezeichnung** *(f.)*, **-en** *term, designation*		**zum Opfer fallen** (**fiel, ist gefallen; fällt**) *to fall victim to*
	ungenau *inaccurate*	9	**Landesvater** *(m.)*, **⸚** *"father of the country," ruler*
	hegen *to feel, cherish*		
4	**Voreingenommenheit** *(f.) prejudice*		**höchstbietend** *highest bidding*
	verewigen *to perpetuate*	12	**Handel** *(m.) trade, traffic*
6	**Dienst** *(m.)*, **-e** *service*		

15   Im Juli 1776 kamen 7000 deutsche Soldaten aus Hessen und
verschiedenen anderen Fürstentümern unter dem Befehl des General-
leutnants von Heister in Staten Island an. Sie wurden dem Kommando
des Generals Howe unterstellt. In den nächsten Jahren stieg die Zahl
bis auf fast 30 000. Von diesen kehrten jedoch nur ungefähr 17 000
20   wieder in ihre Heimat zurück. Tausende sind auf dem Schlachtfeld
gefallen und andere haben sich in Amerika angesiedelt. Von den
Deserteuren und Kriegsgefangenen haben sich viele in Pennsylvania
und Virginia niedergelassen und sind mit der Zeit amerikanische
Bürger geworden.

16   **Fürstentum** (*n.*), **¨er** *principality*
     Befehl (*m.*), **-e** *command*
17   **Generalleutnant** (*m.*), **-s** *lieutenant*
        general
18   **unterstellen** *to place under*
19   **bis auf** *to, up to*

21   **auf dem Schlachtfeld fallen (fiel, ist**
        gefallen; fällt) *to die on the*
        battlefield
22   **Kriegsgefangene** (*f.* or *m.*), **-n**
        prisoner of war

WIEDERHOLUNG 3

PARACELSUS

Theophrastus Bombastus von Hohenheim (1493–1541), genannt Paracelsus und in der Schweiz geboren, ist eine der interessantesten Persönlichkeiten der Frührenaissance. Er wird als Gelehrter, Arzt, Forscher, Schriftsteller und Bahnbrecher in verschiedenen Wissenschaften angesehen. Er verachtete Bücherwissen und sah in der Erforschung der Natur die dringlichste Aufgabe der Wissenschaftler. Für Paracelsus war der Mensch der Mittelpunkt der Welt, ein Spiegel des Makrokosmos. Einsicht in den Makrokosmos, die große Welt, bedeutete für ihn daher auch Einsicht in den Mikrokosmos, den Menschen.

Paracelsus wird als einer der Begründer der modernen Chemie angesehen. Als Arzt bereitete er die meisten seiner Arzneien im eigenen Labor zu. In seiner alchimistischen Küche fand er neue Heilmittel, besonders metallische und mineralische. Diese waren bis dahin als giftig angesehen worden. Paracelsus empfahl z.B. Salz mit starkem Jodgehalt als Heilmittel gegen Kropf. Mit der Einführung chemischer Arzneimittel wurde er der Vater der modernen Chemotherapie.

Als Arzt machte sich Paracelsus auch in der Chirurgie einen Namen. Damals wurden Operationen nicht von akademisch gebildeten Ärzten ausgeführt, sondern von Badern. Paracelsus hingegen wirkte nicht nur als beratender Arzt, sondern auch als Chirurg. Er

5

10

15

20

2 **Schweiz** (f.) *Switzerland*
3 **Persönlichkeit** (f.), **-en** *personality*
  Frührenaissance (f.) *early Renaissance period*
4 **Bahnbrecher** (m.), **–** *pioneer*
5 **verachten** *to despise*
  Bücherwissen (n.) *book learning*
6 **Erforschung** (f.), **-en** *investigation, study*
  dringlich *pressing, urgent*
8 **Spiegel** (m.), **–** *mirror*
  Einsicht (f.), **-en** *knowledge, insight*
9 **bedeuten** *to mean, signify*

12 **zu/bereiten** *to prepare, mix*
   Arznei (f.), **-en** *medicine*
13 **alchimistische Küche** (f.), **-n** *alchemist's laboratory*
14 **Heilmittel** (n.), **–** *medicine*
19 **Chirurgie** (f.) *surgery*
20 **damals** *at that time*
21 **gebildet** *trained, educated*
   Bader (m.), **–** *barber (obsolete usage)*
   hingegen *on the other hand*
22 **wirken** *to act, work*
   beraten (beriet, beraten; berät) *to advise*

führte Operationen selbst aus. Damit verhalf er der Chirurgie zu einem gewissen Ansehen. Als Chirurg kamen ihm seine außerordentlichen Kenntnisse in der Anatomie sehr zugute, denn die Bader und auch die meisten Ärzte verstanden wenig von der Anatomie. Dieses Studium war damals noch weithin verpönt.

Auch in der Psychologie und in der Psychiatrie hat Paracelsus grundlegende Arbeit geleistet. Er hat auch schon psychologische Heilmittel befürwortet. Als erster machte er einen Unterschied zwischen Teufelsbesessenheit und Irrsinn. Dies hat wahrscheinlich manchem Irrsinnigen das Leben gerettet, denn im Mittelalter wurden viele „Teufelsbesessene" hingerichtet.

Mit seiner Schrift „Von der Bergsucht" legte Paracelsus den Grundstein für die moderne Lehre von Gewerbekrankheiten und Gewerbehygiene. Er studierte die eigenartigen Krankheiten der Bergbauarbeiter und suchte auch entsprechende Heilmittel dagegen. Durch seine vielen Versuche mit Quecksilber ist Paracelsus selbst an einer gewerbsmäßigen Vergiftung gestorben. Er liegt in der kleinen St. Sebastians-Kirche in der Stadt Salzburg begraben.

Das obeliskförmige Grabmal trägt in der obersten Schriftenplatte die Inschrift: „Des Philippus Theophrastus Paracelsus, der durch die

23	**damit** *with that*	35	**Gewerbekrankheit** (*f.*), **-en**
	verhelfen (verhalf, verholfen;		*occupational disease*
	verhilft) *to help, aid*	36	**eigenartig** *peculiar, characteristic*
24	**gewiß** *certain*	37	**Bergbauarbeiter** (*m.*), **–** *miner*
	Ansehen (*n.*) *prestige, respect*		**suchen** *to seek, search*
	zugute kommen (kam, ist		**entsprechend** *corresponding*
	gekommen) *to be helpful*		**dagegen** *for them* (only in this
27	**weithin** *to a large extent*		context)
	verpönt *taboo, despised*	38	**Quecksilber** (*n.*) *quicksilver,*
29	**leisten** *to perform*		*mercury*
30	**befürworten** *to propose*	39	**gewerbsmäßig** *occupational*
	als erster machte er... *he was the*		**Vergiftung** (*f.*), **-en** *poisoning*
	first one to make . . .		**sterben (starb, ist gestorben; stirbt)**
	Unterschied (*m.*), **-e** *difference,*		*to die*
	distinction	40	**begraben** *buried*
31	**Teufelsbesessenheit** (*f.*) *being*	41	**obeliskförmig** *in the form of an*
	possessed by the devil		*obelisk*
	Irrsinn (*m.*) *insanity*		**Grabmal** (*n.*), **¨er** *tombstone*
32	**irrsinnig** *insane*		**tragen (trug, getragen; trägt)**
	retten *to save*		*to bear*
33	**hin/richten** *to execute*		**oberst-** *uppermost*
34	**Schrift** (*f.*), **-en** *work, text*		**Schriftenplatte** (*f.*), **-n** *inscribed*
	Bergsucht (*f.*) *black lung disease*		*slab*
	den Grundstein legen *to lay the*	42	**Inschrift** (*f.*), **-en** *inscription*
	foundation		

Alchimie einen so großen Ruhm in der Welt erworben hat, Bildnis und Gebeine. Bis sie wieder mit ihrer Haut umgeben sein werden." Unter einem kreisrunden Reliefbildnis steht noch die Verkündigung: „Hier liegt begraben Philippus Theophrastus, der berühmte Doktor der Medizin, welcher auch die schrecklichsten Wunden, Lepra, Podagra und Wassersucht und andere unheilbar scheinende Krankheiten durch seine wunderbare Kunst heilte. Und es brachte ihm auch Ehre ein, daß er sein Hab und Gut unter die Armen verteilen ließ. Im Jahre 1541, am 24. September, vertauschte er das Leben mit dem Tode."

In mancher Beziehung war Paracelsus noch ein mittelalterlicher Mensch. Aber in seinen wissenschaftlichen und sozialen Anschauungen wird er vielfach als eine der hervorragendsten Gestalten der Frührenaissance angesehen.

43 **Ruhm** (m.) *fame, honor, glory*
    erwerben (erwarb, erworben; erwirbt) *to attain*
    Bildnis (n.), **-se** *likeness*
44 **Gebeine** (pl.) *skeleton, bones*
    Haut (f.), **⁼e** *skin, hide*
    umgeben *to surround, be together*
45 **kreisrund** *circular*
    Verkündigung (f.), **-en** *announcement*
47 **Wunde** (f.), **-n** *wound*
    Lepra (f.) *leprosy*
    Podagra (n.) *podagra, gout*
48 **Wassersucht** (f.) *dropsy*
    unheilbar *incurable*
    scheinen (schien, geschienen) *to appear*

49 **Ehre ein/bringen (brachte ... ein, eingebracht)** *to win honors and fame*
50 **daß** *that*
    Hab und Gut *worldly possessions*
    unter *among*
    arm *poor*
    verteilen lassen (ließ, gelassen; läßt) *to divide up*
51 **vertauschen** *to exchange*
52 **Beziehung** (f.), **-en** *respect, relationship*
    mittelalterlich *medieval*
54 **Anschauung** (f.), **-en** *view, idea*
    vielfach *widely, frequently*
    hervorragend *outstanding*
    Gestalt (f.), **-en** *figure, character*

KAPITEL 16

I. Modal Auxiliaries Express Modalities

Modal auxiliary verbs in German function similarly to English verb forms like *can, must, may, should,* and *would.* Modal auxiliaries do not describe the actual performance of an action. Instead, modals express modalities or attitudes about the activity in the sentence: **dürfen** expresses permission, **können** expresses ability, **mögen** expresses desire, **müssen** expresses necessity, **sollen** expresses obligation, and **wollen** indicates volition.

German modal auxiliaries, unlike English modals, have a complete conjugational system similar to other weak verbs. Note the variety of possible meanings in English for the infinitive of the German modal auxiliaries.

Infinitive	Past	Past participle	Present	
dürfen	durfte	gedurft	darf	*to be allowed/ permitted to, may*
können	konnte	gekonnt	kann	*to be able to, can*
mögen	mochte	gemocht	mag	*to like (to)*
müssen	mußte	gemußt	muß	*to have to, must*
sollen	sollte	gesollt	soll	*to be supposed to, should, ought*
wollen	wollte	gewollt	will	*to want to, intend*

Möchten, the present subjunctive form of **mögen,** is a high-frequency verb form expressing intention. It means *would like to.*

II. Conjugation of the Modals

A. Present tense

The modals have irregular forms for **ich, du, er/sie/es.**

	dürfen	**können**	**mögen**
ich	darf	kann	mag/möchte
du	darfst	kannst	magst/möchtest
er/sie/es	darf	kann	mag/möchte
wir	dürfen	können	mögen/möchten
ihr	dürft	könnt	mögt/möchtet
sie/Sie	dürfen	können	mögen/möchten

	müssen	**sollen**	**wollen**
ich	muß	soll	will
du	mußt	sollst	willst
er/sie/es	muß	soll	will
wir	müssen	sollen	wollen
ihr	müßt	sollt	wollt
sie/Sie	müssen	sollen	wollen

–Darf ich hier sitzen? –Natürlich dürfen Sie das.
"May I (am I permitted to) sit here?"
"Yes, of course you may/are permitted."

Er kann das nicht verstehen. Seine Eltern können es auch nicht
verstehen. *He cannot understand that. His parents can't
understand it either.*

Ich mag nicht arbeiten, aber wer mag denn arbeiten?
I don't like to work, but then who likes to work?

–Was möchten Sie heute machen? –Ich möchte im Bett liegen
und mein Buch lesen.
"What would you like to do today?"
"I'd like to lie in bed and read my book."

Ich muß mit Ihnen sprechen. Was müssen wir tun?
I have to speak with you. What must we do?

Die Vorlesung soll um 10 Uhr beginnen. Wir sollen nicht spät
sein. *The lecture is supposed to begin at 10 o'clock. We ought
not to be late.*

Sie will arbeiten, aber ich will nicht. Was wollen Sie tun? *She
wants to work, but I don't want to. What do you want to do?*

Note that the first- and third-person forms of wollen, **ich will/sie will,**
mean *I want to* and *she wants to.* These forms are misleadingly similar in
their appearance to English *will.*

Remember: **ich werde** = *I will;* **ich will** = *I want to.*

B. Past tense

In the simple past, modals are conjugated like weak verbs. There are no
umlauts on modals in the past tense.

ich durfte *I was allowed to/permitted to*
du konntest *you were able to, could*
er mochte *he wanted (to)*
wir mußten *we had to*
ihr solltet *you were supposed to, should have*
sie wollten *they wanted to*

III. Modals and the Dependent Infinitive

Modals generally occur in combination with an infinitive. Whereas in English, the modal and the infinitive are generally located together, in German the modal stands in second position and the infinitive stands in final position. As with the auxiliary verbs (**haben, sein, werden**), you must go to the end of the clause to complete the verb.

A. Modals with present infinitive

An einem klaren Abend kann man viele Sterne sehen.
On a clear evening one can see many stars.
Ich will draußen unter freiem Himmel schlafen und die Sterne sehen.
I want to sleep outside under the open sky and see the stars.
Der Philosoph mußte sich immer fragen: Was kann ein Mensch wissen? Was soll ein Mensch in dieser Situation tun? Was darf er hoffen? *The philosopher always had to ask himself: What can a human being know? What should a person do in this situation? What is he allowed to hope for?*

B. Modals with past infinitive

Er kann diese Tatsachen nicht gewußt haben. Er muß seinen Freund gefragt haben. *He cannot have known these facts. He must have asked his friend.*
Diese Geschichte muß wahr gewesen sein.
This story must have been true.

C. Modals with passive infinitive

Die Beobachtungen der Archäologin mußten bestätigt werden.
The observations of the archaeologist had to be confirmed.
Die Beobachtungen ihres Vorgängers müssen bestätigt worden sein.
The observations of her predecessor must have been confirmed.
Die neuen Beobachtungen werden bestätigt werden müssen.
The new observations will have to be confirmed.

D. Modals in the future tense

Modalities are frequently expressed in the future tense with **werden** as the helping verb and a double infinitive in the final position of the clause.

Unsere Freunde werden uns bei der Arbeit helfen können.
Our friends will be able to help us with our work.

Er wird bald nach Hause gehen müssen.
He will have to go home soon.

E. Modals with implied infinitive

Modal verbs are also used without a dependent infinitive. In such sentences, you will often find **das** as the direct object, with the verb **tun** implied.

Das sollst du nicht. (= Das sollst du nicht tun.)
You should not do that.
Das habe ich nicht gewollt. (= Ich habe das nicht tun wollen.)
I didn't want (to do) that.

Other sources of information that help imply an omitted infinitive are adverbs and prepositional phrases, such as those that indicate motion or direction.

Ich muß in die Vorlesung. (= Ich muß in die Vorlesung gehen.)
I have to go to the lecture.
Wann willst du wieder nach Deutschland? (= Wann willst du wieder nach Deutschland fahren?)
When do you want to go to Germany again?

Note that **mögen** + object without infinitive means *to like;* **möchten** + object without infinitive means *would like.*

Ich mag deinen neuen Freund.
I like your new friend.
Ich möchte eine Tasse Tee.
I would like a cup of tea.

IV. Fractions

In German fractions, the numerator is expressed by a cardinal number while the denominator is expressed by a cardinal number + the suffix **-tel** (from 4 through 19) or **-stel** (20 and above). The only denominators that do not follow this pattern are **halb-** *(half)* and **Drittel** *(third).*

ein halb-	*one half*	sieben Achtel	*seven eighths*
ein Drittel	*one third*	ein Neunzehntel	*one nineteenth*
zwei Drittel	*two thirds*	ein Zwanzigstel	*one twentieth*
ein Viertel	*one fourth*	ein Hundertstel	*one hundreth*
drei Viertel	*three fourths*		

Decimals in German are indicated by means of a decimal comma instead of a decimal point.

> drei Komma drei Prozent aller Schulanfänger ...
> *three point three percent of all first-graders . . .*
> Ein halbes Pfund Tomaten kostet DM 1,58.
> *A half pound of tomatoes costs DM 1.58.*

For a review of the cardinal numbers, refer to **Kapitel 3.**

Basic Vocabulary

Alter *(n.)* age
Ausnahme *(f.)*, **-n** exception
Ausschnitt *(m.)*, **-e** excerpt
Begriff *(m.)*, **-e** concept
berechnen to calculate
darum therefore, for all that
durch/führen to carry out, execute

Entfernung *(f.)*, **-en** distance
fest/stellen to determine
Freund *(m.)*, **-e; Freundin** *(f.)*, **-nen** friend
ganz whole, quite
helfen (half, geholfen; hilft) to help
nie never
schließlich finally

Schwierigkeit *(f.)*, **-en** difficulty
Stern *(m.)*, **-e** star
teilen to divide
Teilung *(f.)*, **-en** division
teilweise partially
tun (tat, getan) to do
Verfahren *(n.)*, **–** process
Vorlesung *(f.)*, **-en** lecture
weder ... noch neither . . . nor

Exercises

1. Viele Leute mögen moderne Musik und Kunst nicht. Mein Freund mag sie auch nicht, aber ich mag beide sehr.
2. Ich will Ihnen keine Schwierigkeiten bereiten.
3. Rauchen ist ungesund. Das darfst du und sollst du auch nicht tun.
4. Nach dem Versailler Vertrag (1919) mußte Deutschland alle deutschen Kolonien abtreten. Das damalige Deutschland war nur ein Achtel so groß wie seine Kolonien.
5. Ohne Wasser werden die Pflanzen im Garten nicht gedeihen können.
6. Sie müssen darum regelmäßig bewässert werden. Es gibt keine Ausnahme.

2. **bereiten** *to cause, prepare*
4. **Vertrag** *(m.)*, **¨-e** *treaty*
   ab/treten (trat ... ab, ist abgetreten; tritt ... ab) *to surrender, cede*
   damalig *of that time, then*

5. **gedeihen (gedieh, ist gediehen)** *to thrive*
6. **regelmäßig** *regular, regularly*
   bewässern *to water (a plant)*

7. Vierundzwanzig kann durch acht geteilt werden. Das Resultat dieser Teilung ist drei.

8. Die Vorlesung über Kant sollte um halb zehn (9:30 Uhr) anfangen, aber der Professor wurde krank und konnte nicht kommen.

9. Das Problem mußte von allen Seiten beleuchtet werden.

10. Schließlich müssen wir hier die Produktionskosten erwähnen.

11. Bei dem heute bestehenden Konkurrenzkampf in der Industrie muß eine Senkung der Produktionskosten erreicht werden, sie darf aber nicht auf Kosten der Qualität durchgeführt werden.

12. Weder das eine noch das andere hilft uns in dieser Situation. Darum müssen wir weiter suchen.

13. Ein Elektromagnet kann durch Einschalten oder Ausschalten des Stromes beliebig magnetisch und wieder unmagnetisch gemacht werden.

14. Mit diesem Verfahren wird man viele Fundstellen von vorgeschichtlichen Menschen datieren können. So können die Beobachtungen der Archäologen viel genauer bestätigt werden.

15. Das Alter der Erde werden wir wahrscheinlich nie ganz genau feststellen können.

16. Mit diesen Instrumenten konnte die Entfernung der Sterne berechnet werden.

17. Die Sendungen des Fernsehprogramms konnten im ganzen Land empfangen werden.

18. Die Erinnerung kann in der Hypnose ganz oder teilweise erhalten, sie kann vollständig erloschen, aber auch außerordentlich gesteigert werden.

19. Weder Kant noch seine Kollegen an der Universität in Königsberg können sich eine solche Reaktion auf diese Frage vorgestellt haben.

---

9. **beleuchten** *to view, illuminate, elucidate*

11. **Konkurrenzkampf** (*m.*), ⁼e *competition , competitive struggle*
    Senkung (*f.*), -en *decrease, lowering*
    erreichen *to achieve, attain*
    auf Kosten *at the expense*

13. **ein/schalten** *to switch on*
    aus/schalten *to switch off*
    beliebig *as desired, arbitrarily*

14. **Fundstelle** (*f.*), -n *archeological site, dig*

14. **vorgeschichtlich** *prehistoric*

17. **Sendung** (*f.*), -en *broadcast, show*
    Fernsehprogramm (*n.*), -e *television station*
    empfangen (empfing, empfangen; empfängt) *to receive*

18. **Erinnerung** (*f.*), -en *memory*
    erhalten (erhielt, erhalten; erhält) *to retain, obtain*
    vollständig *completely*
    erlöschen (erlosch, erloschen; erlischt) *to wipe out, extinguish*

19. **sich vor/stellen** *to imagine*

20. Das „Ding an sich" ist unsichtbar, die Welt kann aber durch den Filter des Verstandes wahrgenommen werden.

20. **Ding an sich** (*n.*), **Dinge an sich** (*pl.*) *thing in itself, i.e., independent of human perception*

20. **unsichtbar** *invisible, imperceptible* **wahr/nehmen (nahm ... wahr, wahrgenommen; nimmt ... wahr)** *to perceive*

„WAS IST AUFKLÄRUNG?"

Immanuel Kant (1724–1804), einer der größten Philosophen Deutschlands, ist ein Kind der Aufklärung und zugleich ihr Überwinder. Er lebte sein ganzes Leben in Königsberg, wo er auch an der Universität Professor für Philosophie war. Kant bemühte sich um die Fragen: Was kann ich wissen? Was soll ich tun? Was darf ich hoffen? Die erste dieser Fragen war ihm aber am wichtigsten. In drei Kritiken stellte er ein System der Logik, Ethik und Ästhetik auf. In der „Kritik der reinen Vernunft" (1871) untersuchte er die Grenzen der menschlichen Erkenntnis. Kants „Kritik" nach kann die Welt nur durch den Filter des Verstandes gesehen und nur mit solchen Begriffen wie „Zeit", „Raum", „Identität", „Kausalität" usw. beschrieben werden. Wir können nicht wissen, wie die „Dinge an sich" wirklich sind.

Mit einer anderen Frage wollte Kant eins der wichtigsten Themen seiner Zeit ansprechen. Die folgende Passage ist ein bekannter Ausschnitt aus seinem Text, „Was ist Aufklärung?".[1]

„Zu dieser Aufklärung aber wird nichts erfordert als Freiheit; und zwar die unschädlichste unter allem, was nur Freiheit heißen mag, nämlich die: von seiner Vernunft in allen Stücken öffentlichen Gebrauch zu machen. Nun höre ich aber von allen Seiten rufen: räsoniert

Title **Aufklärung** (*f.*) *enlightenment*
2 **zugleich** *simultaneously*
3 **Überwinder** (*m.*), – *conqueror*
5 **sich bemühen um** *to concern oneself with*
7 **auf/stellen** *to formulate, advance*
8 **Vernunft** (*f.*) *reason*
15 **an/sprechen (sprach ... an, angesprochen; spricht ... an)** *to address*

17 **erfordern** *to require, call for, need*
Freiheit (*f.*), **-en** *freedom*
18 **unschädlich** *unharmful*
was nur ... heißen mag *whatever one wants to call . . .*
19 **nämlich** *namely, that is*
öffentlich *public*
20 **Gebrauch** (*m.*) *use*
räsonieren *to reason, be rational*

---

1. Immanuel Kant, "Was ist Aufklärung?", first published in *Berlinische Monatsschrift*, Dezember 1784. *Kants Werke*, Ed. E. Cassirer, Berlin, 1912, Volume IV

nicht! Der Offizier sagt: räsoniert nicht, sondern exerziert! Der
Finanzrat: räsoniert nicht, sondern bezahlt! Der Geistliche: räsoniert
nicht, sondern glaubt! (Nur ein einziger Herr in der Welt sagt: räsoniert, so viel ihr wollt, und worüber ihr wollt; aber gehorcht!) Hier ist
überall Einschränkung der Freiheit. Welche Einschränkung aber ist   25
der Aufklärung hinderlich, welche nicht, sondern ihr wohl gar
beförderlich? – Ich antworte: Der öffentliche Gebrauch seiner Vernunft muß jederzeit frei sein, und der allein kann Aufklärung unter
Menschen zustande bringen; der Privatgebrauch derselben aber darf
öfters sehr enge eingeschränkt sein, ohne doch darum den Fortschritt   30
der Aufklärung sonderlich zu hindern ...

Wenn denn nun gefragt wird: leben wir jetzt in einem aufgeklär-
ten Zeitalter? so ist die Antwort: Nein, aber wohl in einem Zeitalter
der Aufklärung ..."

21	**exerzieren** *to drill*		28	**der allein** *that alone, only that (one)*
22	**Finanzrat** *(m.),* **⁼e** *finance minister*			
	geistlich *spiritual*		29	**zustande bringen (brachte, gebracht)** *to bring about*
23	**Herr** *(m.),* **-en** *lord;* here: *Friedrich II*			**derselben** *of the same*
24	**gehorchen** *to obey*		30	**öfters** *often*
25	**Einschränkung** *(f.),* **-en** *limitation*			**ein/schränken** *to limit*
26	**hinderlich** *hindering, obstructive*			**Fortschritt** *(m.) progress*
27	**beförderlich** *favorable, conducive*		31	**sonderlich** *particularly*
28	**jederzeit** *at all times*		32	**wenn** *whenever, if*

KAPITEL 17

I. Perfect Tenses of Modals

Modal verbs have two forms of the past participle.

A. Regular form

A regular form is used when a dependent infinitive, usually **tun,** is not expressed but understood.

> Er hat es gedurft. *He was allowed **to do** it.*
> Er hat es gekonnt. *He was able **to do** it.*
> Er hat es gemußt. *He had **to do** it.*
> Er hat es gesollt. *He was supposed **to do** it.*
> Er hat es gewollt. *He wanted **to do** it.*
> Er hat es gemocht. *He liked it.*

Any one of these statements might occur, e.g., in response to the question: **Warum hat er das getan?** (*Why did he do that?*)

B. Double infinitive

Identical with the infinitive, the second form is used when a dependent infinitive is expressed. This construction is commonly called a *double infinitive.*

> Wir haben eine andere Methode benutzen müssen.
>   *We had to use a different method.*
> Kolumbus hatte seine Theorie nicht beweisen können.
>   *Columbus had not been able to prove his theory.*
> Die siebenjährige Pilotin hat das Flugzeug fliegen dürfen.
>   *The seven-year-old pilot was allowed to fly the airplane.*
> Ich habe diesen Flug niemals vergessen können.
>   *I have never been able to forget that flight.*

Note that a *double infinitive* made up of the modal and the dependent infinitive also occurs in the future tense. Pay close attention: the finite verb in the perfect tense is **haben** and in the future tense the finite verb is **werden.**

> Ich habe eine andere Methode benutzen müssen.
>   *I had to use a different method.*
> Ich werde eine andere Methode benutzen müssen.
>   *I will have to use a different method.*

All modals in the perfect tense occur with the helping verb **haben.** When you come upon a form of **haben,** check the end of the clause and pick up the double infinitive or regular form of the past participle (if there is one) in order to translate the entire verb unit. When you encounter such a double infinitive (following **haben**) at the end of a clause, remember that the infinitive of the modal actually represents a past participle.

II. Double Infinitive with Other Verbs

Hören *(to hear),* **sehen** *(to see),* and **lassen** *(to let)* also form perfect tenses with a double infinitive.

> Habt ihr das Flugzeug kommen hören?
> *Did you hear the plane coming?*
> Wir haben das Flugzeug abstürzen sehen.
> *We saw the airplane crashing.*
> Sie haben den Verletzten auf der Straße liegen lassen.
> *They left the injured man lying in the street.*

Note that the future tense of these verbs plus a dependent infinitive also results in a double infinitive standing at the end of a clause. Be careful to differentiate.

> Wir haben den Zug kommen hören. (present perfect)
> *We heard the train coming.* vs.
> Wir werden den Zug kommen hören. (future)
> *We will hear the train coming.*

III. Objective vs. Subjective Meanings of Modal Auxiliaries

Unlike other verbs, modal verbs express a mode or an attitude and may be used *objectively* to show the attitude of the subject toward the situation or *subjectively* to indicate the attitude of the person speaking with regard to the content of the statement.

1. Objective statement

When used objectively, the modal indicates the attitude of the subject toward the situation.

> Der Schüler kann gut Deutsch sprechen.
> [This is a fact of the pupil's ability.]

Die Schülerin muß eine Prüfung schreiben.
[This is a fact of necessity.]
Die Lehrerin will die Hausaufgaben nicht lesen.
[This is a fact of the teacher's (lack of) desire.]

2. Subjective statement

When used subjectively, the modal indicates the attitude or opinion of the speaker regarding the statement.

Die Reise soll schön sein.
[You don't know for sure until you've taken the trip.]
Der Archäeologe will einen neuen Dinosaurier entdeckt haben.
[The archaeologist's claim provides no immediate proof about the new dinosaur.]
Er muß seine Gründe haben.
[Surely he must have reasons.]

A. Dürfen

1. Objectively, **dürfen** expresses permission in the positive and prohibition in the negative.[1]

Man darf in der Raucherabteilung rauchen.
Smoking is permitted in the smoking section.
Du darfst nicht rauchen. *You must not smoke.*
Man darf diese Tatsache nicht außer acht lassen.
We must not disregard this fact.

2. Subjectively, **dürfen** may be used negatively to express disbelief or improbability.

Das darf nicht wahr sein. *That can't be true.*

B. Können

1. Objectively, **können** may express an ability, a possibility, or permission.

Als Kind habe ich das Klavier sehr gut spielen können.
As a child, I was able to play the piano very well.
Mit dem Zug kann man schnell fahren, aber mit einem Flugzeug kann man noch schneller fahren.
It's possible to travel fast by train, but with an airplane one can travel even faster.
Kann ich schwimmen gehen? *Can I go swimming?*

---

1. Note that **nicht dürfen** translates into English as *must not,* as well as *not allowed.*

2. Subjectively, **können** indicates an assumption.

Es kann vorkommen, daß ... *It is possible that . . .*

C. Mögen

1. Objectively, **mögen** indicates a liking for something or desire for an activity.

Die Schüler mögen ihren Lehrer.
The pupils like their teacher.
Das Kind mag die Hausaufgaben nicht machen.
The child doesn't like to do the homework.

2. Subjectively, **mögen** indicates a possibility, an estimate, or a question of uncertainty.

Das mag stimmen. *That may be true.*
Der Flug mag drei bis vier Stunden dauern.
The flight could last three to four hours.
Wo mag mein Freund jetzt sein?
Where (on earth) is my friend now?

D. Müssen

1. Objectively, **müssen** indicates compulsion, obligation, or an absolute necessity.[2]

Im Alter von sechs Jahren müssen alle Kinder zur Schule gehen. *At the age of six, all children must go to school.*
Ich habe meinen Vater im Krankenhaus besuchen müssen.
I had to visit my father in the hospital.
Man muß Geld haben. *You have to have money.*

2. Subjectively, **müssen** indicates a form of conviction based on evidence or other grounds.

Mein Freund hat einen neuen Mercedes gekauft. Er muß sehr viel Geld haben.
My friend has bought a new Mercedes. He must have a lot of money.

E. Sollen

1. Objectively, **sollen** indicates an order, a moral duty, or a commandment.

Der Angeklagte soll seinen Namen laut und klar angeben.
The accused should state his name loudly and clearly.

---

2. Note that **nicht müssen** means *not to have to*.

Älteren Leuten gegenüber soll man immer höflich sein.
You should always be polite to your elders.
„Du sollst nicht stehlen!"
"Thou shalt not steal."

2. Subjectively, **sollen** means *to be supposed to* or *to be said to*.

Diese Aufgabe soll sehr schwer sein.
This lesson is said to be very difficult.
Der Saurier soll ein Schrecken gewesen sein.
The dinosaur was supposedly a terror.

F. *Wollen*

1. Objectively, **wollen** expresses a wish or an intention.

Wir haben die neue Erfindung sehen wollen.
We wanted to see the new invention.
Wir wollten eben anfangen.
We were just about to begin.

2. Subjectively, **wollen** means *to claim to.*

Die Russen wollen diese Erfindung gemacht haben.
The Russians claim to have made this invention.

Basic Vocabulary

Abteilung *(f.)*, **-en** department, section

allgemein general

im allgemeinen in general

an/regen to stimulate

bedeutend significant, considerable, meaningful

bislang so far, as yet

dauern to last, take (time)

eben just now, now

empfehlen (empfahl, empfohlen; empfiehlt) to recommend

erwarten to expect

fliegen (flog, ist geflogen) to fly

Flug *(m.)*, **-̈e** flight

(sich) fürchten vor to be afraid of

Grund *(m.)*, **-̈e** ground, reason

aus diesem Grunde for this reason

Hausaufgabe *(f.)*, **-n** homework, assignment

herrschen to rule

Name *(m., n-noun)*, **-n** name

niemals never

riesig gigantic

schätzen to estimate; to value

Schüler *(m.)*, **-,** **Schülerin** *(f.)*, **-nen** pupil, student

Stellung *(f.)*, **-en** position

unzählig countless

vergessen (vergaß, vergessen; vergißt) to forget

Verhältnis *(n.)*, **-se** condition, situation

zuerst first, first of all

Zug *(m.)*, **-̈e** train

Zustand *(m.)*, **-̈e** condition

---

1. Die Astrologie will aus dem Lauf und der Stellung der Sterne die Zukunft der Menschen deuten.

2. Als Hausaufgabe haben die Schüler einen langen Aufsatz schreiben müssen. Das Thema hat sich jeder Schüler selbst wählen dürfen.

3. Der amerikanische Student konnte sich in Deutschland verständigen: Er konnte fließend Deutsch.

4. Viele Forscher haben bei diesen Versuchen ihr Leben riskiert; wir dürfen das nicht vergessen.

5. Das Dritte Gebot lautet: „Du sollst den Namen des Herrn, deines Gottes, nicht mißbrauchen." Aber im Namen Gottes wurden unzählige Menschen getötet, und in seinem Namen wurden und werden noch heute Kriege geführt.

6. Man darf die Lösung dieser Frage nicht in der nahen Zukunft erwarten. Ich schätze, es wird eine lange Zeit dauern.

7. Da sprach der Herr zu Kain: „Wo ist dein Bruder Abel?" Er sprach: „Ich weiß es nicht; soll ich meines Bruders Hüter sein?"

8. Von den Greueltaten wollen die angeklagten Gefängniswärter nichts gewußt haben. Der eine soll sogar in der Abteilung des Gefängnisses nie gearbeitet haben.

9. Dieses Buch über den Prozeß wurde mir empfohlen; es soll sehr anregend sein.

10. In den späteren Jahren seines Lebens wurde der Künstler immer kränker. Aus diesem Grunde hat er die Arbeit einstellen müssen.

11. In einem Interview sagte er: „Ich habe eben mit der Arbeit anfangen wollen."

12. Interessante Verhältnisse herrschen in der Natur. Elefanten sollen sich zum Beispiel vor Mäusen fürchten.

13. Es mag sein, daß in diesem Lande andere Zustände herrschen.

14. Im allgemeinen sollen die Arbeitsverhältnisse hier bei uns bedeutend besser sein.

1. **Lauf** (*m.*), ⸚e *course, path*
   deuten *to interpret, construe*
2. **Aufsatz** (*m.*), ⸚e *essay, composition*
   wählen *to select, choose*
3. **(sich) verständigen** *to make oneself understood; to communicate*
   fließend *fluent*
5. **Gebot** (*n.*), **-e** *commandment*
   lauten *to say, read*

5. **mißbrauchen** *to misuse, speak in vain*
7. **Hüter** (*m.*), – *keeper*
8. **Greueltat** (*f.*), **-en** *atrocity*
   an/klagen *to accuse*
   Gefängniswärter (*m.*), – *prison guard*
   Gefängnis (*n.*), **-se** *prison*
10. **ein/stellen** *to stop*
12. **Maus** (*f.*) ⸚e *mouse*
14. **bei uns** *at home, in our country*

15. Wegen der Dunkelheit haben wir langsamer fahren müssen. Ich schätze, die Reise hat gut zwei Stunden länger gedauert.
16. Der Autofahrer hat den Zug nicht kommen sehen.
17. Nach dem zweiten Unfall hat er nicht mehr fliegen wollen.
18. Im 1. Buch Moses heißt es: „Im Schweiße deines Angesichts sollst du dein Brot essen." Das heißt: Der Mensch muß sich seinen Lebensunterhalt durch harte Arbeit verdienen.
19. Jetzt, nach vielen Jahren, will der Politiker ein Frontkämpfer gewesen sein. Er hat während des Krieges niemals eine Kugel pfeifen hören.
20. Man darf eine Lösung des Welternährungsproblems durch eine Züchtung neuer Pflanzensorten allein nicht erwarten.

15. **Dunkelheit** (f.) *darkness*
17. **Unfall** (m.), ⸚e *accident*
18. **Schweiß** (m.) *sweat*
    Angesicht (n.), -e *face, brow*
    Lebensunterhalt (m.) *livelihood*
    verdienen *to earn*

19. **Frontkämpfer** (m.), – *combat soldier*
    Kugel (f.), -n *bullet*
    pfeifen (pfiff, gepfiffen) *to whistle*
20. **Züchtung** (f.), -en *cultivation, breeding*
    Sorte (f.), -n *variety, kind*

NEUER RIESENDINO ENTDECKT[3]

Im Nordwesten Patagoniens hat ein Forscherteam von argentinischen Paläontologen die versteinerten Überreste einer bislang unbekannten Dinosaurierart freigelegt. Aus der Größe der gefundenen Wirbelkörper, Becken- und Kieferknochen hat man 5 | ableiten können, daß es sich um einen der bislang größten gefundenen Saurier handelt. Die Wissenschaftler des Teams haben ihn „Giganotosaurus carolinii" benannt.

1 **Patagonien** *Patagonia (located in southern Argentina)*
2 **Paläontologe** (m., n-noun), -n *palaeontologist*
  versteinert *fossilized*
  Überrest (m.), -e *rest, remains*
3 **Art** (f.), -en *kind, species, variety, type*
  Dinosaurierart (f.), -en *species of dinosaur*

3 **frei/legen** *to uncover*
4 **Wirbelkörper** (m.), – *vertebral pieces*
  Becken (n.), – *pelvis*
  Kiefer (m.), – *jaw, jawbone*
  Knochen (m.), – *bone*
5 **ab/leiten** *to trace back, derive*
  es handelt sich um *we are dealing with, it's a question of*
6 **Saurier** (m.), – *saurian, dinosaur*

---

3. *Der Spiegel* 39/1995, p. 226

Das riesige Tier muß ein Schrecken der oberen Kreidezeit vor rund 70 Millionen Jahren gewesen sein. Dieses Zeitalter erkennt man allgemein nicht nur als den Höhepunkt sondern auch als das Ende der Dino-, Flug- und Fischsaurier. Der fleischfressende Giganotosaurier soll rund zwölfeinhalb Meter gewachsen sein, und man schätzt, das Monstrum hat zwischen sechs und acht Tonnen wiegen können. Solchen Einschätzungen nach kann dieses Tier so groß oder sogar noch größer gewesen sein als der „Tyrannosaurus rex".

Bis zur Ausgrabung des Giganotosaurusskeletts hatte man allgemein geglaubt, daß der „Tyrannosaurus rex" die größte Version eines fleischfressenden Sauriers war. Aus den robusten Knochen des Giganotosaurus haben die Wissenschaftler feststellen können, daß der Giganotosaurus noch schwerer war als der Tyrannosaurus. Die Entdeckung mag ein neues Kapitel in unserem Wissen über das Aussterben der Saurier bedeuten.

8	**Schrecken** *(m.),* – *terror, fear, dread*	16	**Ausgrabung** *(f.),* **-en** *excavation*
	obere Kreidezeit *late Mesozoic era*		**Skelett** *(n.),* **-e** *skeleton*
11	**fleischfressend** *carnivorous*	22	**aus/sterben (starb ... aus, ist**
13	**wiegen (wog, gewogen)** *to weigh*		**ausgestorben; stirbt ... aus)**
14	**Einschätzung** *(f.),* **-en** *estimation*		*to die out, become extinct*

KAPITEL 18

I. Coordinating Conjunctions

Coordinating conjunctions connect words, phrases, or clauses.

aber	*but, however*	jedoch	*however*
allein	*but, only*	oder	*or*
denn	*since, because, for*	sondern	*but (rather)*
entweder ... oder		und	*and*
	either . . . or	weder ... noch	*neither . . . nor*

Coordinating conjunctions that introduce independent clauses are followed by normal word order.

> Die Fahrt nach Griechenland war schön, und die Ausgrabung soll nächste Woche beginnen. *The trip to Greece was lovely, and the excavation is supposed to begin next week.*

The conjunction **sondern** follows a negative and is followed by an alternative item or statement. **Sondern** is best translated as *but rather* or *on the contrary.*

> Das Gemälde ist nicht von Monet, sondern von Manet.
> *The painting is not by Monet but rather by Manet.*
> Unser Haus ist kein Museum, sondern es ist ein Institut für bildende Kunst. *Our establishment is not a museum; on the contrary, it is an institute of fine arts.*

II. Subordinating Conjunctions

Subordinating conjunctions introduce dependent clauses, in which the finite verb is the last element in the clause. The following subordinate conjunctions introduce dependent clauses.

als	*when*	falls	*if, in case*
als ob	*as if*	indem	*by (+ verb + -ing)*
bevor	*before*	je nachdem	*according to*
bis	*until*		*whether, depending*
da	*since, because*		*on whether*
damit	*so that*	nachdem	*after*
daß	*that*	ob	*whether* if
ehe	*before*	obgleich, obwohl	*although*

seit, seitdem *since*
sobald *as soon as*
solange *as long as*
sooft *as often as*
während *while*

weil *because* (not: *while*)
wenn *if, when*
wenn (immer) *when(ever)*
wie *how*

Notice the position of the various forms of the finite verb in the following examples.

Es ist gewiß, daß er kommen wird.
It is certain that he will come.
Es ist gewiß, daß er das gesagt hat.
It is certain that he said that.
Ich weiß nicht, ob das richtig ist.
I don't know whether that is correct.
Ich weiß nicht, wie dieses Theaterstück aufgeführt wird.
I don't know how this play is produced.
Ich weiß nicht, wie dieses Theaterstück aufgeführt werden soll.
I don't know how this play is supposed to be produced.

Translating tip: When a subordinating conjunction introduces a dependent clause, look for the finite verb at the end of the clause. If the finite verb is an auxiliary, e.g., **sein, haben, werden,** or a modal, the dependent infinitive or participle will stand immediately before the auxiliary.

In most subordinate clauses, the finite verb is the last element in the clause. Note, however, that a double infinitive always stands last in a clause. In a subordinate clause, the finite verb immediately precedes it.

Ich weiß nicht, ob er **hat** kommen können.
I don't know whether he was able to come.
Ich weiß nicht, ob er es **wird** tun können.
I don't know whether he will be able to do it.

Dependent clauses are always set off by commas.

Dependent clauses often precede the main clause. Here, the dependent clause is set off by a comma followed immediately by the main verb, standing in the second position of the sentence as a whole.

Als Mozart noch ein kleines Kind war, spielte er schon Konzerte am Hof.
When Mozart was still a small child, he was already playing concerts at court.

Weil sein Vater viel Geld verdienen wollte, mußte der Junge viele
Konzerte spielen. *Because his father wanted to earn a lot of
money, the boy had to play many concerts.*
Wenn sie auf Reisen waren, blieb seine Mutter meist zu Hause.
When they were on trips, his mother usually stayed at home.

Note that translation of the dependent clause begins with the subordinating conjunction followed by the subject, then the verb (found at the end of the clause), then the completers of the dependent verb. The main clause is then translated likewise, beginning with the subject first, followed by the verb and its completers.

III. Learn to Differentiate

Several subordinating conjunctions are identical in appearance to other parts of speech. Word order and punctuation are important aids to help you differentiate.

A. *Während:* subordinating conjunction vs. genitive preposition

Während can be a subordinating conjunction, meaning *while,* or a genitive preposition, meaning *during.* **Während, da,** and **damit** can always be recognized as subordinating conjunctions by the position of the finite verb. If the finite verb is the last element of the clause, these words are subordinating conjunctions.

Während Hans auf der Universität war, mußte Fritz arbeiten.
While Hans was attending university, Fritz had to work.
Während dieser Zeit war ich in München.
During this time I was in Munich.

B. *Da:* subordinating conjunction vs. adverb

Da can be a subordinating conjunction, meaning *since, because,* or an adverb, meaning *there, then.*

Da ich nicht wußte, wo ich war, bat ich einen Schutzmann um
Auskunft. *Since I didn't know where I was, I asked a
policeman for information.*
Als die Tür geöffnet wurde, da wußte ich, daß ich nicht allein
war. *When the door opened, then I knew I wasn't alone.*

C. *Damit:* subordinating conjunction vs. preposition

Damit can be a subordinating conjunction, meaning *so that, in order* *that,* or a preposition, meaning *therewith, with it, with that.*

> Wir haben die neuen Werkzeuge gekauft, damit wir besser
> arbeiten können.
> *We bought the new tools so that we can work better.*
> Hier sind die neuen Werkzeuge. Damit werden wir besser
> arbeiten können. *Here are the new tools. With them we will
> be able to work better.*

D. *Indem* vs. *in dem*

Indem is a subordinating conjunction. **In dem,** on the other hand, is just
in + pronoun or article, meaning *in which, in that.*

> Der Schauspieler wurde bekannt, indem er die Hauptrolle in
> Herzogs neuem Film spielte. *The actor became famous by
> playing the title role in Herzog's new movie.*
> Das Buch, in dem seine Theorie erklärt wird, heißt „Das politi-
> sche Theater". *The book in which his theory is explained is
> called* The Political Theater.
> In dem Buch steht auch viel zum Thema Politik.
> *In that book there is also a lot on the topic of politics.*

Indem (one word) means *while, in that, because of the fact that,* or often
by plus the *-ing* form of the verb, e.g., *by playing.* **Indem** can be recognized by the final position of the finite verb.

IV. *Wenn auch, auch wenn (even if, even though, even when)*

> Diese Zimmer sind immer kalt, auch wenn sie geheizt sind.
> *These rooms are always cold, even when they are heated.*
> Wenn das Zimmer auch geheizt war, so war es doch kalt.
> *Even though the room was heated, it still was cold.*

Note that **auch** may precede or follow **wenn** and may be separated from it
within the same clause without changing the meaning of this expression.

V. "False Friends"

The fact that German and English are related languages is helpful in
many ways, not the least of which is the many cognates and related words
that you encounter in almost every reading. At the same time it is important to be aware of words that are identical or similar in appearance or
sound but that have completely different meanings. Mark these words in
your dictionary and make a point of differentiating.

"False Friends"

aktuell relevant, up-to-date
also thus, so
arm poor
Art *(f.)* species, type, class
Bad *(n.)* bath
bald soon
Band *(m.)* volume
Band *(n.)* tie, bond
bei at, while, during, with
bekommen to receive
bilden to form, shape, educate
Bildung *(f.)* education
blank shining, bright
brav honest, good
breit broad, wide
Brief *(m.)* letter
Chef *(m.)* boss, chief
damit with that, with them; thereupon
dann then
denn because, for

eventuell possible
Fall *(m.)* case, instance, matter, affair
fast almost, nearly
fehlen to lack, be missing
Gift *(n.)* poison
groß tall, high; large, great, immense
hell clear, bright
her here, this way
Kapitel *(n.)* chapter
Kind *(n.)* child
Kinder *(pl.)* children
komisch funny, odd
konsequent consistent
Konzept *(n.)* draft, concept
Konzepte *(pl.)* notes
Last *(f.)* burden, load
Lust *(f.)* pleasure, desire
man one, someone
Mittel *(n.)* means
Not *(f.)* need, necessity

pathetisch lofty, solemn, expressive
Pest *(f.)* plague
plump clumsy, awkward
Rat *(m.)* advice
ringen to struggle for
Roman *(m.)* novel
rot red
See *(m.)* lake
See *(f.)* sea, ocean
sensibel sensitive
sensitiv hypersensitive
so thus, so, just, then
so ein such a
stehen to stand, be written down
Ton *(m.)* sound
tot dead
weil because, since
wer who
wo where
will want

Basic Vocabulary

Ähnlichkeit *(f.)*, **-en** similarity
Ausdruck *(m.)*, **⸚e** expression
Ausgrabung *(f.)*, **-en** excavation
benutzen to use
bitten (bat, gebeten) to ask, request
  um Rat bitten to ask for advice
Ding *(n.)*, **-e** thing
einmal once
erzeugen to produce
Fahrt *(f.)*, **-en** trip
Feld *(n.)*, **-er** field

Gewicht *(n.)* **-e** weight
gründen to found
jedoch however
je nachdem depending on whether
leicht light, easy
manchmal sometimes
mit/teilen to tell, communicate
nachdem after *(Not)*
nach/weisen (wies ... nach, nachgewiesen) to prove, show
ob whether, if
obwohl although, though
verbessern to improve

vorläufig for the time being, temporarily
während while, during
weil because, since
wenn if, when
wenn auch/auch wenn even though, although
Wetter *(n.)* weather
wie as, how
zustande/kommen (kam ... zustande, ist zustandegekommen) to come about, be produced

1. Da der deutsche Kaiser Karl V. (1510–1556) auch König von Spanien war und als solcher Kolonien in der Neuen Welt besaß, ging in seinem Reich die Sonne nicht unter.

2. Während seines Lebens mußte es sich entscheiden, wie das Zusammenleben der europäischen Völker in einem neuen Zeitalter aussehen sollte. *legal positions*

3. Trotz der unterschiedlichen politischen und rechtlichen Standpunkte ließen sich beide Seiten davon überzeugen, daß es möglich sein sollte, dieses humanitäre Anliegen zu verwirklichen.

4. Beide Seiten stellten fest, daß eine Einigung über Arbeitsbedingungen nicht zustandekommen konnte, wenn die Fragen über die Versicherung nicht zuerst geklärt wurden.

5. Die Überquerung des Atlantischen Ozeans von Cristoph Kolumbus im Jahr 1492 führte zur Neuentdeckung Amerikas für die Europäer. Kolumbus selbst hat nie erfahren, daß er nicht den Wasserweg nach Indien, sondern einen neuen Kontinent entdeckt hatte.

6. Wenn eine Biene ein Feld mit vielen Blüten entdeckt hat, teilt sie dies den anderen Bienen in ihrem Stock mit, indem sie einen eigenartigen Tanz ausführt.

7. Da sich die Berliner Humboldt-Universität im sogenannten Ostsektor der Stadt befand, wurde 1948 die Freie Universität Berlin gegründet. Die neue Universität bekam ihren Namen, weil sie im „freien" Teil der Stadt war.

8. Als im Jahre 1876 Schliemann mit den Ausgrabungen vom „goldreichen Mykenä" anfing, hatte er schon unzählige Goldschmiedekunstwerke im „homerischen Troja" entdeckt und ausgegraben.

1. **unter/gehen (ging ... unter, ist untergegangen)** *to set, sink*
2. **sich entscheiden** *to decide*
3. **unterschiedlich** *different*
   überzeugen *to convince*
   Anliegen (*n.*), – *desire, wish, concern*
   verwirklichen *to realize, make real*
4. **Versicherung** (*f.*), -en *insurance*
   klären *to clarify*
5. **Überquerung** (*f.*), -en *crossing*
   erfahren (erfuhr, erfahren; erfährt) *to learn, find out*

6. **Biene** (*f.*), -n *bee*
   Blüte (*f.*), -n *blossom*
   Stock (*m.*), ⁔e *hive*
   Tanz (*m.*), ⁔e *dance*
   aus/führen *to carry out, execute, perform*
8. **Schliemann** (*Heinrich Schliemann [1822–1890], archaeologist*)
   Mykenä (*Mycenae, ancient Greek city*)
   Goldschmied (*m.*), -e *goldsmith*
   Troja *Troy*

9. Das Innere des großen Königspalasts von Troja hat, wenn der Archäologe es auch nicht gleich erkannte bzw. glauben wollte, viel Ähnlichkeit mit den Palästen von Mykenä oder Tiryns.

10. Je nachdem, ob eine dramatische Handlung in den Zuschauern Identifikation oder Entfremdung erzeugt, teilt der Autor die Dramen des frühen zwanzigsten Jahrhunderts in klassische und epische Formen ein.

11. Da die Anhänger der Aufklärung im 18. Jahrhundert die Vernunft zum Maßstab aller Dinge erheben wollten, gerieten viele von ihnen in Widerspruch zum Offenbarungsglauben.

12. Wenn die Musik auch etwas sentimental war, war sie doch schön.

13. Louis Pasteur wies durch seine Versuche nach, daß die Gärung durch die Lebenstätigkeit kleiner Pilze und Bakterien zustande kommt, und zeigte, wie man sie verhindern kann.

14. Nachdem Berlin wieder die Bundeshauptstadt geworden ist und auch der Regierungssitz an die Spree verlegt werden wird, soll Bonn weiterhin eine wichtige Rolle als Verwaltungs- und Wissenschaftszentrum der Bundesrepublik spielen.

15. Als der Kaiser um Rat bat, schlug ihm der Graf vor, daß er seine Luftschiffe gegen die englische Flotte schicken sollte.

9. **Palast** (*m.*), ̈-e *palace*
bzw. (= **beziehungsweise**) *either/ or; respectively*
Tiryns *(Tiryns, ancient Greek city)*
10. **Handlung** (*f.*), -en *action, plot*
Zuschauer (*m.*), – *viewer, audience member*
Entfremdung (*f.*) *alienation*
11. **Anhänger** (*m.*), – *adherent, follower*
Maßstab (*m.*), ̈-e *criterion, measure*
erheben (**erhob, erhoben**) *to raise, elevate*
in Widerspruch geraten (**geriet, ist geraten; gerät**) *to come into conflict (with)*

11. **Offenbarungsglaube** (*m., n-noun*) *belief in revelation*
13. **Gärung** (*f.*) *fermentation*
Lebenstätigkeit (*f.*), -en *activity*
Pilz (*m.*), -e *fungus, mushroom*
14. **Regierungssitz** (*m.*), -e *government seat*
Spree (*f.*) *(the Spree River goes through Berlin)*
verlegen *to transfer, shift*
weiterhin *in the future, from now on, henceforth*
Verwaltung (*f.*), -en *administration*
15. **Luftschiff** (*n.*), -e *airship, Zeppelin*
Flotte (*f.*), -n *fleet*

DER ZEPPELIN IM ERSTEN WELTKRIEG

Unter der Leitung von Graf Zeppelin startete schon 1900 der erste Zeppelin, der „LZ1". In den folgenden Jahren wurden die Luftschiffe immer größer und schneller.

1 **Leitung** (*f.*), -en *direction*

Nachdem der Erste Weltkrieg ausgebrochen war, wurden
Zeppeline von der Marine und dem Heer übernommen. Sie wurden
zuerst für Aufklärungsflüge über der Nordsee gegen die englische
Flotte und später zum Bombenabwurf über England eingesetzt. Als
die Zeppeline über England und London ihre ersten Luftangriffe
machten, erregten sie großen Schrecken, denn es gab keine erfolgreiche Abwehr gegen sie, wenn sie in einer Höhe von 4000 m flogen.
Weder die englischen Jagdflugzeuge noch die Artilleriegranaten
konnten so eine Höhe erreichen. Jedoch in verhältnismäßig kurzer
Zeit verbesserten die Engländer ihre Flugabwehr, indem sie ihre
Jagdflugzeuge und die Flak (Flugzeugabwehrkanone) verbesserten.
Nun konnten sie die Zeppeline mit Phosphormunition angreifen. Da
die Zeppeline mit brennbarem Wasserstoff gefüllt waren, genügte
manchmal nur ein Treffer, um das Luftschiff in einen riesigen Feuer-
ball zu verwandeln. Die angreifenden Luftschiffe erlitten nun schwere
Verluste, und für die Mannschaft wurde ein Flug gegen England ein
„Himmelfahrtskommando".

Obwohl die Zeppeline kaum taktischen Wert hatten, hatten sie
doch in den ersten Kriegsjahren einen gewissen psychologischen und
strategischen Wert. Je tiefer sie ins englische Hinterland eindrangen,
desto mehr Streitkräfte und Artillerie mußten zur Abwehr in England
bleiben und konnten daher nicht in den Entscheidungsschlachten in
Frankreich eingesetzt werden.

5

10

15

20

25

4 aus/brechen (brach ... aus, ist
   ausgebrochen; bricht ... aus)
   to start, break out
5 Marine (*f.*) *navy*
   Heer (*n.*), -e *army*
   übernehmen (übernahm,
   übernommen; übernimmt)
   to take over
6 Aufklärung (*f.*), -en *reconnaissance*
7 Bombenabwurf (*m.*), ̈e *bombing*
   ein/setzen *to engage, use*
8 Angriff (*m.*), -e *attack*
9 erregen *to arouse, cause*
   Schreck(en) (*m.*), – *alarm, fright*
10 Abwehr (*f.*) *defense*
11 Granate (*f.*), -n *shell, grenade*
12 erreichen *to attain, reach*
13 Flugabwehr (*f.*) *air defense*

15 an/greifen (griff ... an; angegriffen)
   to attack
16 brennbar *combustible*
   Wasserstoff (*m.*) *hydrogen*
   genügen *to suffice*
17 Treffer (*m.*), – *hit*
18 um ... zu verwandeln *to transform*
   erleiden (erlitt, erlitten) *to suffer*
19 Mannschaft (*f.*), -en *crew*
20 Himmelfahrtskommando (*n.*), -s
   suicide mission
21 Wert (*m.*), -e *value, worth*
23 ein/dringen (drang ... ein, ist
   eingedrungen) *to penetrate*
24 Streitkräfte (*pl.*) *armed forces*
25 Entscheidungsschlacht (*f.*), -en
   decisive battle

KAPITEL 19

I. Relative Pronouns

A relative pronoun introduces an attributive clause, that is, a clause that refers back to and modifies a noun or a pronoun. Consider the following examples.

> The artist *who* painted this work has lived in Rome since 1957.
> He is the artist *whom* we discuss in this chapter.

In the first example, the relative pronoun is *who* and the attributive clause, *who painted this work,* modifies the noun *artist.* In the second example, *whom* introduces the clause *whom we discuss in this chapter,* which refers to *artist.* This noun is called the antecedent of the relative pronoun.

In German, the relative pronoun always agrees in number and gender with its antecedent. Note that in English, the function of the relative pronoun in its clause is indicated by its declensional form: *who* is the subject; *whom* is the direct object.

The relative pronouns in German are based on the definite article system; as relative pronouns the **der**-words are declined as follows.[1]

	Masculine	Feminine	Neuter	Plural
Nominative:	der	die	das	die
	who, which, that			
Accusative:	den	die	das	die
	whom, which, that			
Dative:	dem	der	dem	denen
	(to/for) whom, which, that			
Genitive:	dessen	deren	dessen	deren
	whose, of whom, of which			

---

1. Forms of **welch-** are also used as relative pronouns.

	Masculine	Feminine	Neuter	Plural	
Nominative:	welcher	welche	welches	welche	*who, which*
Accusative:	welchen	welche	welches	welche	*whom, which*
Dative:	welchem	welcher	welchem	welchen	*(to/for) whom, which*
Genitive:	(no genitive forms)				

II. Recognizing Relative Clauses

Der Künstler, **der** dieses Werk malte, lebt seit 1957 in Rom.
The artist who painted this work has lived in Rome since 1957.
Die Ausstellung bietet einen Blick in die Werke eines Künstlers,
der Amerikaner ist, **der** aber seit 1957 in Rom lebt.
The exhibit offers a look into the works of an artist who is an
American but who has been living in Rome since 1957.
Hier können Sie Werke sehen, **welche** vorher nie ausgestellt
worden sind.
Here you can see works that have never been exhibited before.
Dieses Gemälde wird allgemein als das beste Werk angesehen,
das der Künstler produzierte.
This painting is generally recognized as the best work that the
artist produced.
Es ist ein Bild, in **dem** der Künstler noch einmal Graffiti dar-
stellt.
It is a picture in which the artist once again represents graffiti.

All German relative clauses are set off from the main clause by commas.
The finite verb stands last in a relative clause.[2]

Diese Geschichten, die von den meisten Kindern gelesen
werden, sind sehr bekannt.
These stories, which are read by most children, are very well
known.
Der Wolf, der ein paar Minuten früher angekommen war, lag im
Bett der Großmutter.
The wolf, who had arrived a couple minutes earlier, was lying in
the grandmother's bed.
Das Haus, in dem die Großmutter wohnte, war in einem Wald.
The house in which the grandmother lived was in a forest.
Und wo war der Korb, den sie ihrer Großmutter hatte geben
wollen?
And where was the basket that she had wanted to give to her
grandmother?

When a form of **der, die, das,** or **welch-** (or a preposition plus one of
these forms) directly follows a comma, check the end of the clause. If the
finite verb, or a double infinitive, is the last element, you are dealing with
a relative clause.

---

2. Except in the double infinitive construction, discussed in **Kapitel 18,** e.g., **Und wo war der Korb, den sie ihrer Großmutter hatte geben wollen?**

III. Agreement of Relative Pronoun and Antecedent

The relative pronoun that introduces a relative clause must agree in gender and number with the noun to which it refers. Recognizing the number and gender of the relative pronoun is often a very good way to ascertain information about the antecedent, as well.

der Schriftsteller, der ...
die Schriftstellerin, die ...
das Buch, das ...

die Schriftsteller, die ...
die Schriftstellerinnen, die ...
die Bücher, die ...

IV. Case of Relative Pronoun Indicates Function

The case of the pronoun depends on its function in the relative clause.

A. Relative pronoun in the nominative = subject

The verb in the clause must agree in number, meaning that the relative pronoun can provide valuable information regarding the antecedent.

Der Schriftsteller, **der** das Buch schrieb, heißt Günther Grass.
*The author **who** wrote the book is Günther Grass.* (m. sing.)
Die Schriftstellerin, **die** das Buch schrieb, heißt Christa Wolf.
*The author **who** wrote the book is Christa Wolf.* (f. sing.)
Das Buch, **das** auf dem Tisch liegt, heißt „Kassandra".
*The book **that** is lying on the table is called Cassandra.*
(n. sing.)
Die Schriftsteller, **die** die Bücher schrieben, heißen Grass und Wolf.
*The authors **who** wrote the books are Grass and Wolf.* (pl.; verb ends in **-en**)

B. Relative pronoun in the accusative = direct object (or object of accusative preposition)

Der Schriftsteller, **den** die Kritiker loben, heißt Günther Grass.
*. . . **whom** the critics are praising . . .* (m. sing.)
Die Schriftstellerin, **die** die Kritiker loben, heißt Christa Wolf.
*. . . **whom** the critics are praising . . .* (f. sing.)
Das Buch, **das** die Kritiker besprechen, heißt „Kassandra".
*. . . **which** the critics are discussing . . .* (n. sing.)
Die Schriftsteller, über **die** die Kritiker diskutieren, heißen Grass und Wolf.
*. . . **whom** the critics are discussing . . .* (pl.; object of preposition)

C. Relative pronoun in the dative = indirect object (or object of dative preposition or verb)

Der Schriftsteller, **dem** sie den Preis geben, heißt Günther Grass.
   ... to whom they are giving the prize ... (m. sing.)
Die Schriftstellerin, **der** sie den Preis geben, heißt Christa Wolf.
   ... to whom they are giving the prize ... (f. sing.)
Das Buch, mit **dem** ich arbeite, heißt „Kassandra".
   ... with which I am working ... (n. sing.; object of dative preposition)
Die Schriftsteller, **denen** sie den Preis geben, heißen Grass und Wolf.
   ... to whom they are giving the prize ... (dative pl.)

D. Relative pronoun in the genitive = possessive + noun

Der Schriftsteller, **dessen** Buch wir alle lesen wollen, heißt Günther Grass.
   ... whose book we all want to read ... (m. sing.)
Die Schriftstellerin, **deren** Buch wir alle lesen wollen, heißt Christa Wolf.
   ... whose book we all want to read ... (f. sing.)
Das Buch, **dessen** Titel „Kassandra" ist, liegt auf dem Tisch.
   ... whose title is ... (n. sing.)
Die Schriftsteller, über **deren** Bücher wir alle diskutieren, heißen Grass und Wolf.
   ... whose books we are all discussing ... (pl.; object of preposition)

V. *Was* as a Relative Pronoun

A. Generalized antecedents

Was is used as a relative pronoun after neuter entities, such as **alles, vieles, nichts, etwas, das.**

Alles, was ich weiß, ...
   Everything that I know ...
Etwas, was die Kritiker nicht mögen, ...
   Something that the critics don't like ...
Es gibt nichts mehr, was man wissen muß.
   There is nothing else that a person needs to know.

B. Neuter superlative antecedents

Was is used after a neuter superlative.

> Das Interessanteste, was ich gehört habe, war ...
> *The most interesting thing (that) I heard was . . .*
> Das Allerschlimmste, was passieren kann, ist ...
> *The very worst (thing) that can happen is . . .*

C. Non-specified antecedents

Was is used as a relative pronoun when there is no specific antecedent.

> Er erzählte uns, was schon jeder wußte.
> *He told us what everyone already knew.*
> Der Wolf wußte, was er wollte.
> *The wolf knew what he wanted.*

D. Whole statements as antecedents

Was is used as a relative pronoun referring to an entire preceding statement and then usually means *a fact that* or *something that*.

> Er hat diesen Staatsstreich allein durchgeführt, was man kaum
> glauben konnte.
> *He carried out this coup d'état all by himself, something that
> one could hardly believe.*
> Die Wahlergebnisse wurden nicht bestritten, was ich einfach
> nicht verstehen kann.
> *The election results weren't contested, a fact that I simply
> cannot understand.*

Basic Vocabulary

alles everything
auf/fallen (fiel ... auf, ist aufgefallen; fällt ... auf) to attract attention, be noticeable, be striking
aus/richten to organize (an event)
Beziehung (f.), **-en** relation, connection
Ei (n.), **-er** egg
Einleitung (f.), **-en** introduction, prelude
Eltern (pl.) parents

entsprechen (entsprach, entsprochen; entspricht) to correspond to
etwas something
früh early
ganz whole, entire
im ganzen on the whole
gegenüber as compared to, opposite
Gemälde (n.), **–** painting
hell bright

insbesondere especially
legen to lay, place
malen to paint
Maler (m.), **–; Malerin** (f.), **-nen** painter
Raum (m.), **¨e** room, space
vieles much
Wagen (m.), **–** wagon, vehicle, car
Weise (f.), **-n** way, manner
auf diese Weise in this way

1. Das Beste, was ein Mensch besitzen kann, ist Gesundheit.
2. Das Wort Automobil bedeutet „Fahrzeug, welches sich *von selbst* bewegt", im Gegensatz zu „Wagen", der von einem Pferd gezogen wird.
3. Von den 4,3 Millionen Kraftfahrzeugen, die 1994 in Deutschland hergestellt wurden, gingen rund 55 Prozent in den Export.
4. Zu diesem Experiment wurden Tiere verwendet, deren Eltern gegen diese Krankheit immun waren. Auf diese Weise konnte man feststellen, welche von den jungen Tieren anfällig waren.
5. Die Vögel bauen Nester, in die sie ihre Eier legen.
6. Das Straußenei, dessen Inhalt etwa 24 Hühnereiern entspricht, soll sehr schmackhaft sein.
7. An der Grenze zu Frankreich liegt das politisch sehr interessante Saarland, dessen Hauptstadt Saarbrücken heißt.
8. Saarbrücken hat mehrere Hochschulen, die auch von vielen Studenten aus dem benachbarten Frankreich besucht werden.
9. Die hellen Räume, in denen man die Gemälde aus dieser Periode besichtigen kann, wurden von Mies van der Rohe entworfen.
10. Das Gemälde, in dem sich der Künstler zum ersten Mal mit diesem Thema beschäftigte, wird auf S. 58 des Katalogs beschrieben.
11. Die „Neue Zeitschrift für Musik", deren Gründer Robert Schumann war, erschien zum ersten Mal 1834.
12. Clara Schumann war eine gefeierte Musikerin, die den Wandel des Virtuosentums im 19. Jahrhundert ebenso entscheidend prägte, wie Franz Liszt es getan hatte.
13. Der Monotheismus ist ein Glaube, nach welchem nur ein Gott verehrt wird. Beispiele sind das Judentum, das Christentum, der Islam.

2. **Fahrzeug** (*n.*), **-e** *vehicle*
   im Gegensatz zu *in contrast to*
3. **Kraftfahrzeug** (*n.*), **-e** *motor vehicle*
   her/stellen *to produce*
4. **fest/stellen** *to determine*
   anfällig *susceptible*
5. **Vogel** (*m.*), ⸚ *bird*
6. **Straußenei** (*n.*), **-er** *ostrich egg*
   Huhn (*n.*), ⸚**er** *chicken*
   schmackhaft *tasty*
7. **Saarland** (*n.*) *Federal State in southwest Germany*
8. **benachbart** *neighboring, adjacent*

9. **Ludwig Mies van der Rohe** (*1886–1969*) (*German-American architect*)
   entwerfen (entwarf, entworfen; entwirft) *to design*
12. **feiern** *to celebrate*
   Wandel (*m.*) *change, transformation*
   Virtuosentum (*n.*) *virtuosity*
   ebenso ... wie *just so, just as* (+ adverb)
   entscheidend *decisive*
   prägen *to shape, form*
13. **verehren** *to worship*

14. Die Hindus glauben, daß der Mensch, der in einer niederen Kaste geboren wird, so für die Sünden eines früheren Lebens büßen muß.
15. Alles, was aus der Erde kommt, muß wieder zu Erde werden.
16. Es gibt kaum ein Ereignis, an dem sich unselige Kontinuitäten und Brüche in der neueren deutschen Geschichte besser zeigen lassen, als am Datum vom 9. November.
17. Die Künstler des Neuen Realismus, dessen Bezeichnung aus dem 1961er Manifest des Kunstkritikers Pierre Restény stammte, verwendeten Stereotypen, die von den Massenmedien geprägt wurden.
18. Zusammen mit Jean Dubuffet gehört Cy Twombly einer Gruppe von Malern an, in deren Werk der Einfluß von Graffiti sehr sichtbar ist.

14. **Kaste** (f.), **-n** *caste*
    Sünde (f.), **-n** *sin*
    büßen *to atone*
16. **Ereignis** (n.), **-se** *event*
    unselig *unfortunate, accursed, fatal*
    Bruch (m.), **⸚e** *breach, break*

17. **Bezeichnung** (f.), **-en** *name, designation*
    stammen *to spring, stem, originate, come from*
    verwenden *to utilize, use*

EIN MALER, DER SPUREN MALT: CY-TWOMBLY-RETROSPEKTIVE IN BERLIN [3]

Die Tournee, die das New Yorker Museum of Modern Art für Cy Twombly ausgerichtet hat, findet ihren Abschluß in Berlin. Die Gesellschaft der Freunde der Nationalgalerie ermöglichte die einzige Station der Retrospektive in Europa. Einige wenige Bilder konnten nicht die Reise nach Berlin antreten, dafür kamen andere hinzu.

Die Berliner Nationalgalerie, die Mies van der Rohe entworfen hat, besitzt gegenüber dem New Yorker Museum ein Plus: austarierte, helle Räume, in die das Tageslicht immer wieder einbricht, so daß

Title **Spur** (f.), **-en** *track, trace, footstep*
1 **Tournee** (f.), **-n** *tour*
2 **Abschluß** (m.), **Abschlüsse** *conclusion*
3 **Gesellschaft** (f.), **-en** *society*
5 **an/treten** (trat ... an, ist getreten; tritt ... an) *to set out on*

6 **hinzu/kommen** (kam ... hinzu, ist hinzugekommen) *to be added*
8 **aus/tarieren** *to balance out*
9 **Tageslicht** (n.) *daylight, sunshine*
  ein/brechen (brach ... ein, ist eingebrochen; bricht ... ein) *to enter, break into*

---

3. Shortened from the original by Werner Spies, *Frankfurter Allgemeine Zeitung,* 1/96, pp. 12–13

Twomblys Faszination mit Weiß noch stärker auffällt. Dies ist nicht unwichtig für den amerikanischen Maler, der sich auf seiner Suche nach einem historischen und sentimentalen Arkadien an das Mittelmeer und an Italien gebunden hat.

Die Beziehungen Twomblys zu den fünfziger oder sechziger Jahren fallen in der umfangreichen Schau auf. Das Überhandnehmen von Graffiti in den Bildern, das an die Aktivität der Affichisten im Umkreis des Nouveau Réalisme und an die Kompositionen des Italieners Rotella[4] denken läßt, fällt auf. Dieser Phase gehen Arbeiten voran, in denen sich ein autistischer Mitteilungsdrang ausdrückt. Die Überproduktion von Zeichen ohne Botschaft gehört ebenso zu dieser Übergangszeit wie die endlosen Kurven und Zirkelschläge, die die großen graugrundierten Bildformate füllen.

10 **auf/fallen (fiel, gefallen; fällt)** *to be conspicuous, attract attention*
11 **Suche** *(f.),* **-n** *search*
12 **Arkadien** *(n.) Arcadia*
13 **Mittelmeer** *(n.) Mediterranean Sea*
15 **umfangreich** *extensive, comprehensive*
 Schau (f.), **-en** *show, exhibition*
 überhand/nehmen *to become dominant/rampant*
16 **Affichist** *(m., n-noun),* **-en** *poster artist*
17 **Umkreis** *(m.),* **-e** *circle*

17 **Nouveau Réalisme** *"new realism"*
19 **voran/gehen (ging … voran, ist vorangegangen)** *to precede*
 Mitteilungsdrang *(m.) urge to communicate*
 sich ausdrücken *to be expressed*
20 **Botschaft** *(f.),* **-en** *message*
21 **endlos** *endless, never-ending*
 Zirkelschlag *(m.),* **̈e** *circular stroke*
22 **graugrundiert** *having a gray background*
 Bildformat *(n.),* **-e** *picture format*

---

4. Mimo Rotella, Italian painter who worked in the mid-1960s with compositions made from fragments of old posters and billboards

KAPITEL 20

I. Demonstrative Pronouns

A. Replacing personal pronouns

Der, die, das, and **die,** used as demonstrative pronouns, assume the meaning of the pronouns they have replaced and mean *he, she, it, that, this, they, that one, those ones,* etc. Forms of **der, die, das,** and **die** are the most frequently occuring demonstrative pronouns and are declined like relative pronouns (**Kapitel 19**).

> –Kennen Sie den Filmemacher Volker Schlöndorff? –Nein, **den** kenne ich nicht.
> *"Do you know the filmmaker Volker Schlöndorff?"*
> *"No, I don't know him."*

> –Er hat den Film „Homo Faber" gedreht. –Ach, wirklich? **Den** kenne ich schon, **der** ist wirklich gut.
> *"He made the movie* Homo Faber.*"*
> *"Oh, really? I know that one; it's really good."*

German speakers use the genitive forms **dessen** and **deren** primarily as demonstrative adjectives, meaning that they occur in combination with a noun; they indicate possession and refer back to the last-mentioned noun.

> Mein Bruder besucht seinen Freund und **dessen** Familie.
> *My brother is visiting his friend and his (friend's) family.*
> Die Beschreibung der Maschine und **deren** Gebrauch finden Sie auf der ersten Seite des Buchs.
> *You will find the description of the machine and its (i.e., the machine's) use on the first page of the book.*

As demonstrative pronouns, forms of **der, die, das,** and **die** are used for emphasis, and—in spoken utterances—they generally receive a strong stress. Unlike the relative pronouns, demonstratives have no effect on word order.

B. Antecedents of relative pronouns

Demonstrative forms of **der, die, das,** and **die** are often used as antecedents of relative pronouns.

> Die Polizei kennt **den,** der das Auto gestohlen hat.
> *The police know the one who stole the car.*
> Das ist nicht **der,** den wir suchen.
> *That is not the one we are looking for.*
> Das sind die Ansichten **derer,** die gegen uns sind.
> *These are the views of those who are against us.*
> [As an antecedent, **derer** is used instead of **deren.**]

C. Preceding genitives in a series

Forms of **der, die, das; die** may stand directly before a genitive article.

> Die Gesetze Deutschlands und **die** der Vereinigten Staaten sind verschieden.
> *The laws of Germany and those of the United States are different.*
> Der Name des neuen Buches und **der** des alten sind sich sehr ähnlich.
> *The name of the new book and that of the old one are very similar.*

II. Other Demonstratives

A. *Das (this, that,* or *those)*

Das may be used as a demonstrative pronoun with either a singular or plural verb to indicate *this, that,* or *those* when no specific noun antecedent exists.

> **Das** ist die wichtige Information.
> *That is the important information.*
> **Das** sind die Bände mit den schönsten Bildern.
> *Those are the volumes with the most beautiful pictures.*

It is possible for an entire clause to be referred to by the demonstrative pronoun **das.**

> Die Architeckten entwarfen eine Vielfalt von Plänen. **Das** hat uns sehr beeindruckt.
> *The architects designed a variety of plans. That impressed us a lot.*

B.   Dies- and jen- (this and that)

Dieser and **jener** are also used frequently as demonstrative pronouns, in which case they are declined with the same endings as the **der**-words. If the antecedent of **dieser** is unspecified or an entire clause, the shortened neuter form, **dies,** often occurs.

> **Dies** ist mein Vater.
> *This is my father.*
> Von den zwei Artikeln ist **dieser** der interessantere.
> *Of the two articles, this one is the more interesting.*

Dies- and **jen-** often occur as demonstrative adjectives together with a noun that is being pointed out for emphasis.

> **Dieser Mann** ist mein Vater.
> *This man is my father.*
> **Dieses Buch** finde ich am interessantesten. Es war viel besser als **jenes Buch.**
> *I find this book the most interesting. It was much better than that book.*

Dieser and **jener** can also mean *the latter* and *the former* (see also **Kapitel 5**). In this literary usage, **dies-** refers to the person or object that is closer at hand, **jen-** to the one that is farther away.

> Beide Dirigenten haben die Philharmonie geleitet; **jener** am Anfang des Jahrhunderts, **dieser** am Ende des Jahrhunderts.
> *Both directors led the philharmonic orchestra: the former at the beginning of the century, the latter at the end of the century.*

C.   Derjenige, diejenige, dasjenige; diejenigen (the one, he, she, it, those, etc.)

> **Diejenigen,** die noch nicht untersucht worden sind, müssen zurückbleiben.
> *Those who have not yet been examined must remain behind.*
> Die Polizei sucht **denjenigen,** der das Geld gestohlen hat.
> *The police are looking for the one who stole the money.*
> Das Belohnungsgeld wird **demjenigen** ausgezahlt werden, der den Missetäter anzeigt.
> *The reward money will be paid to the one who identifies the culprit.*

Note that this demonstrative pronoun is usually followed by a relative clause.

Since the first part of the demonstrative pronoun is declined like a definite article and the second part takes adjective endings, you can easily differentiate singular and plural by remembering that **die** + **-en** is the plural form.

D. *Derselbe, dieselbe, dasselbe; dieselben*
(the same one, the same thing, he, she, it, etc.)

This group of demonstratives functions in a fashion similar to forms of **derjenige**.

> Der neu entdeckte Dinosaurier hat **dieselben** Eigenschaften wie der Tyrannosaurus rex. *The newly discovered dinosaur has the same characteristics as the Tyrannosaurus rex.*
> **Dasselbe** wurde bei der letzten Entdeckung beobachtet.
> *The same thing was observed in the case of the last discovery.*
> Auch unsere brasilianischen Mitarbeiter benutzen diese Methode, seit sie **dieselbe** kennen.
> *Our Brazilian co-workers have also been using this method since they became acquainted with it.*

III. Suffixes *-los*, *-fach*, and *-mal*

A. *-los (less, without)*

arbeitslos	*unemployed*	furchtlos	*fearless*
atemlos	*breathless*	geldlos	*without money*
bewegungslos	*motionless*	machtlos	*powerless*
brotlos	*breadless*	obdachlos	*homeless*
erfolglos	*unsuccessful*	sprachlos	*speechless*
farblos	*colorless*	zahllos	*countless*

B. *-fach (-fold, times)*

dreifach	*three times*	vielfach	*many times, manifold*
mehrfach	*several times*	zehnfach	*ten time*

Note, however: einfach *simple*

C. *-mal (time, times)*

damals	*at that time*	oftmals	*frequently*
einmal	*once*	viermal	*four times*
jedesmal	*every time*	zigmal	*over and over,*
keinmal	*never*		*a thousand times*
manchmal	*sometimes*		

Basic Vocabulary

Ausgabe (f.), **-n**
 expenditure, edition
Band (m.), **⁼e** volume
Darstellung (f.), **-en**
 representation
Einteilung (f.), **-en**
 division, arrangement
-fach times, -fold
falsch false, wrong
gar even, very, quite
herbei/führen to bring
 about
Inhalt (m.), **-e** content,
 contents
Menge (f.), **-n** amount

neulich recently
Rate (f.), **-n** rate
sammeln to collect
Schaden (m.), **⁼** damage
Sinn (m.), **-e** meaning,
 sense
Tod (m.) death
**vergleichen (verglich,
 verglichen)**
 to compare
Verlag (m.), **-e** publishing
 house, publishers
verständlich intelligible
v.H. (vom Hundert)
 percent

vorhanden sein to be
 present
**vorher/gehen (ging ...
 vorher, ist vorher-
 gegangen)**
 to precede
**vor/schlagen (schlug ...
 vor, vorgeschlagen;
 schlägt ... vor)**
 to suggest, propose
wirken to work, be
 engaged, to have an
 effect
Wirtschaft (f.), **-en**
 industry, economy

Exercises

1. In dieser Untersuchung wurden die Schulzeugnisse von über 1000 Kindern gesammelt und mit denen ihrer Eltern und Großeltern verglichen.
2. Die allgemeine Methode war dieselbe wie in den vorhergehenden Studien.
3. Andere Methoden sind vorgeschlagen worden, z.B. die, die der nächste Abschnitt des Buches behandelt.
4. Wenn zwei dasselbe tun, so ist es nicht dasselbe.
5. Die Beobachtungen von Nelson, wie diejenigen der anderen Autoren, konnten von uns bestätigt werden.
6. Die neuen Wirtschaftstheorien sind nur dem verständlich, der die höhere Mathematik beherrscht.
7. Schuberts große C-Dur Sinfonie, deren langsame Einleitung Schumann begeisterte und später so beeinflußte, entdeckte dieser um 1840 in Wien.
8. Die durchschnittliche Zuwachsrate der Ausgaben des Staates für die deutsche Forschung und Entwicklung betrug in den Jahren zwischen 1980 und 1990 12,7 v.H., die der Wirtschaft 13,1 v.H.

1. **Schulzeugnis** (n.), **-se** *report card*
 Großeltern (pl.) *grandparents*
6. **beherrschen** *to master, rule*

7. **langsam** *slow*
 begeistern *to fill with enthusiasm*
8. **Zuwachs** (m.) *growth, increase*

9. Ein deutlicher Akzent wird auf Berufsausbildung und Arbeitsmarktpolitik gelegt. Dies ist Ausdruck der Bestrebungen, für die Arbeitslosen mehr Arbeitsplätze zu schaffen.

10. Verglichen mit den Zahlen der Arbeitslosen in den alten Bundesländern waren die in den neuen Ländern zwei- bis dreimal so hoch.

11. „Was du nicht willst, das man dir tu', / Das füg' auch keinem andern zu."

12. Manchmal wollen kinderlose Ehepaare auch ein etwas älteres Kind adoptieren.

13. Ein Adoptivkind erhält den Familiennamen dessen, der es adoptiert hat.

14. Oft blieb der Kranke nächtelang schlaflos, was sein Leiden nur noch unerträglicher machte.

15. Arzneimittel, die in zu großer Menge oder in falscher Weise dem Kranken zugeführt wurden, wirkten als Gifte.

16. Im engeren Sinne bezeichnet man diejenigen Stoffe als Gifte, die zu Gesundheitsschäden bei Menschen und Tieren führen.

17. Die historischen Vorurteile gegenüber „den" Deutschen sind noch vielfach in der Bevölkerung deren Nachbarländer vorhanden. Dies zeigte neulich eine Rundfrage in einem niederländischen Wochenmagazin.

18. Der vorliegende Band führt furchtlos in die Kontroversen der neuesten deutschen Geschichte ein.

9. **deutlich** *distinct, plain, clear, evident*
   Beruf *(m.)*, **-e** *profession, occupation*
   Ausbildung *(f.)*, **-en** *improvement, development, education*
   Ausdruck *(m.)*, **⸚e** *expression*
   Bestrebung *(f.)*, **-en** *effort, endeavor*
   schaffen (schuf, geschaffen) *to create*
10. **Bundesland** *(n.)*, **⸚er** *federal state*
11. **zu/fügen** *to do unto, inflict upon*
12. **Ehepaar** *(n.)*, **-e** *married couple*

14. **nächtelang** *for whole nights, for nights at a time*
   Leiden *(n.)*, **–** *suffering*
   unerträglich *unbearable*
15. **Arzneimittel** *(n.)*, **–** *medicine*
   zu/führen *to administer*
   Gift *(n.)*, **-e** *poison*
17. **Vorurteil** *(n.)*, **-e** *prejudice, bias*
   Rundfrage *(f.)*, **-n** *questionnaire, inquiry*
18. **vor/liegen (lag ... vor, vorgelegen)** *to be under discussion or consideration*

19. Der Autor hat sein Buch in zwei Teile gegliedert, von denen der erste das Leben und Wirken chronologisch darstellt und der zweite strukturelle Zusammenhänge erhellen soll. Jenen fand ich wegen der chronologischen Darstellung sehr aufschlußreich, bei diesem bin ich aber in den Unmengen von Details hilflos stekkengeblieben.

19. **gliedern** *to arrange, organize*
Zusammenhang (*m.*), **¨e**
connection, relationship
erhellen *to clear up,*
illuminate

19. **aufschlußreich** *informative,*
instructive
stecken/bleiben (blieb ... stecken,
ist steckengeblieben) *to come*
to a standstill

BUCHBESPRECHUNG

Jürgen Mirow: *Geschichte des deutschen Volkes: Von den Anfängen bis zur Gegenwart,* Gernsbach, Casimir Katz Verlag, 1990. 1264 S. mit zahlr. Abb., Karten u. Graphiken, geb.

D er Autor dieses Bandes stellt vor allem die Geschichte des
5   einfachen Volkes dar – das wird hier in seiner Gesamtheit
wie in der Mannigfaltigkeit seiner Lebensäußerungen in ein
neues Licht gestellt. Das, was diesen Autor am meisten interessiert, ist
nicht nur die Frage nach den Lebensumständen, nach Arbeit, Ernährung und Wohnen, sondern auch die nach Glauben und Mentalität,
10   nach den Denkgewohnheiten der Menschen. Diese Darstellung
erreicht durchgängig ein hohes Maß an Anschaulichkeit und Lesbarkeit.

Derjenige, der an zwischeneuropäischen Beziehungen interessiert
ist, wird sich mehrfach darüber freuen, wie immer wieder bei den
15   verschiedenen Epochen vergleichend auf Entwicklungen im benachbarten Europa Bezug genommen wird. Dasselbe findet man bei der

2   **S. (Seite** *f.*), **-n** *page*
3   **zahlr. (zahlreich)** *numerous*
Abb. (Abbildung *f.*), **-en**
illustration
geb. (gebunden) *bound, hardback*
5   **Gesamtheit** (*f.*) *entirety*
6   **Mannigfaltigkeit** (*f.*), **-en**
multiplicity, variety
Äußerung (*f.*), **-en** *expression*

8   **Umstand** (*m.*), **¨e** *circumstance*
10 **Gewohnheit** (*f.*), **-en** *habit*
11 **durchgängig** *throughout*
Anschaulichkeit (*f.*) *clarity*
12 **Lesbarkeit** (*f.*) *readability, ease*
in reading
16 **Bezug nehmen (nahm, genommen;**
nimmt) *to make reference*

Behandlung von Sachfragen. Die Einteilung in neun Epochen bezieht die vorgeschichtlichen Zeiten ein und reicht bis kurz vor der Wende. Aus dem Inhalt: 1. Vorspiel zur deutschen Geschichte. 2. Die Deutschen im hohen Mittelalter: 960–1250. 3. Die Deutschen im späten Mittelalter: 1250–1470. 4. Von der bürgerlichen Frühblüte zum Vernichtungskrieg: 1470–1648. 5. Zeitalter der Fürstenhöfe: 1648–1780. 6. Aufsteigendes Bürgertum und beharrende Fürstenmacht: 1780–1850. 7. Industrialisierung und kleindeutscher Obrigkeitsstaat: 1850–1918. 8. Umstrittener Pluralismus und Nationalsozialismus: 1918–1945. 9. Fortgeschrittener Industrialismus und gegensätzliche Ordnungssysteme und deren Nachwirkungen: seit 1945.

17	**Sachfrage** (f.), **-n** *factual inquiry*		23	**beharren** *to persevere, persist*
	ein/beziehen (**bezog ... ein,**		24	**kleindeutsch** *united Germany*
	einbezogen) *to include*			*excluding Austria*
18	**Wende** (f.) *the period surrounding*		25	**Obrigkeitsstaat** (m.) *authoritarian*
	the fall of the Berlin Wall			*state*
21	**Frühblüte** (f.) *early prosperity*			**umstritten** *controversial, disputed*
22	**Vernichtung** (f.) *total destruction*		26	**fort/schreiten** (**schritt ... fort, ist**
	Fürstenhof (m.), **⸚e** *principality*			**fortgeschritten**) *to progress*
23	**auf/steigen** (**stieg ... auf, ist**		27	**gegensätzlich** *opposing, adversary*
	aufgestiegen) *to ascend*			**Nachwirkung** (f.), **-en** *after-effect,*
	Bürgertum (n.) *middle class*			*consequence*

WIEDERHOLUNG 4

DAS FALSCHE BILD VOM EDLEN WILDEN: INDIANER-BÜCHER BEI DTV[1]

Seit sich in den letzten Jahrzehnten ein ökologisches Bewußtsein zu bilden und zu schärfen beginnt, ist auch das Interesse für die Ureinwohner Amerikas gewachsen, die – zumindest, bevor sie endgültig in Reservate abgedrängt wurden – „im Einklang mit der Natur lebten". Eine reichlich undifferenzierte Klischeevorstellung, gewiß, aber doch immerhin eines der wenigen Klischees, die auf Tatsachen beruhen: Obwohl die Indianer keine einheitliche Religion kannten, war ihr Denken doch eher auf eine Übereinstimmung mit der Natur ausgerichtet als auf ein rücksichtsloses Ausbeuten ihrer Ressourcen.

Die Weißen folgten dagegen der christlichen Doktrin ‚Macht euch die Erde untertan' – mit durchschlagendem Erfolg, wie wir wissen. Nun, an den Grenzen des Wachstums angelangt und mit den Folgen der Welteroberung konfrontiert, besinnt man sich wieder auf

Title	**edel** *noble*		6	**immerhin** *nonetheless*
	dtv = Deutscher Taschenbuch		7	**beruhen** *to be based*
	Verlag name of German		8	**eher** *rather, more likely*
	paperback book publisher			**Übereinstimmung** (*f.*), **-en**
1	**Bewußtsein** (*n.*) *consciousness*			*agreement*
2	**schärfen** *to intensify*		9	**ausrichten** *to direct*
3	**Ureinwohner** (*m.*), **–** *original*			**rücksichtslos** *inconsiderate,*
	inhabitant, native			*reckless, ruthless*
	zumindest *at least*			**aus/beuten** *to exploit*
4	**endgültig** *final(ly), definite(ly),*		12	**untertan machen** *to subdue, get*
	conclusive(ly)			*into one's power*
	Reservat (*n.*), **-e** *reservation*			**durchschlagend** *effective*
	ab/drängen in *to force into*			**Erfolg** (*m.*), **-e** *success*
	Einklang (*m.*), **"e** *harmony,*		13	**Wachstum** (*n.*) *growth*
	accord			**an/langen an** *to arrive at*
5	**reichlich** *sufficiently*		14	**Welteroberung** (*f.*), **-en** *global*
	Klischeevorstellung (*f.*), **-en**			*conquest*
	stereotypical notion			**sich besinnen** *to call to mind,*
6	**gewiß** *certainly*			*remember*

---

1. "Das falsche Bild vom edlen Wilden" by Frank T. Zumbach is taken from *dtv Magazin* 1/95, © 1995 Deutscher Taschen buch Verlag, Munich, Germany.

den edlen, ungleich bescheideneren Wilden. Nach dessen paradiesi- | 15
scher Lebensart sehnte sich schon Jean-Jacques Rousseau zu Beginn
der industriellen Revolution. Rousseaus ‚Zurück zur Natur' – ein
Kindertraum der Zivilisationsmüden. Es gibt kein Zurück mehr.
Winnetou ist tot.

„Fast alles, was mit ‚Indianern' zu tun hat, ist ein Irrtum: Aus | 20
Winnetou spricht das deutsche Kleinbürgertum, die ökologische Rede
des Häuptlings Seattle wurde von einem Professor der Universität
Texas geschrieben, die Prophezeihungen der Hopi sind keine ewigen
Weisheiten für die Welt, sondern politisches Instrument ethnischer
Tagespolitik (...) usw. Eigentlich sollte das niemanden wundern: | 25
Ebensowenig wie Kolumbus Amerika ‚entdeckt' hat, lebten in dieser
für Europa neuen Welt ‚Indianer'. ‚Indianer' sind ein Konstrukt des
eurozentrischen Weltbildes, das einerseits der intellektuellen Domesti-
kation der Völker- und Kulturenvielfalt Amerikas und andererseits der
Definition Europas selbst diente: ‚Indianer' sind das klassische ‚Ande- | 30
re', das mehr über seine Erfinder preisgibt als über die Wirklichkeit
des eingeborenen Amerika." (Christian F. Feest in „Indianische
Realität")

Ob Kolumbus ahnte, daß er gar nicht Indien, sondern Amerika
entdeckt hatte? Er nannte die Ureinwohner „Un genus in Dios" – Ein | 35
Volk in Gott. Diese Indios mußten allerdings erst missioniert werden,
bevor sie ins Himmelreich gelangen durften. Für die Bekehrungs-
unwilligen bot die Hölle ausreichend Platz.

15	**bescheiden** *modest, moderate*	25	**Tagespolitik** *(f.) politics of the moment*
16	**Lebensart** *(f.) lifestyle*	26	**ebensowenig** *just as little*
	sich sehnen nach *to long for*	30	**dienen** *to serve*
18	**zivilisationsmüde** *tired of civilization, world-weary*	31	**‚das Andere'** *'the other'*
19	**Winnetou** *(fictitious Indian chieftain in Karl May's novels)*		**preis/geben (gab ... preis, preisgegeben; gibt ... preis)** *to reveal, expose*
20	**Irrtum** *(m.),* **⁻er** *error, mistake*	32	**eingeboren** *native, indigenous*
21	**Kleinbürgertum** *(n.) petty bourgeoisie, philistinism*	34	**ahnen** *to suspect*
	Rede *(f.),* **-n** *discourse, oration, speech*	36	**allerdings** *of course, by all means*
22	**Häuptling** *(m.),* **-e** *chief, chieftain*	37	**Himmelreich** *(n.) heaven*
	Seattle *(American Indian chieftain, 19th century)*		**gelangen** *to reach, arrive (at)*
23	**ewig** *eternal*	38	**bekehrungsunwillig** *unwilling to be converted*
24	**Weisheit** *(f.),* **-en** *truth, wisdom*		**Hölle** *(f.) hell*
			aus/reichen *to suffice, be sufficient*

Es hat wohl über keine Realität so viele Mißverständnisse,
40 Irrtümer, Vorurteile und Romantizismen gegeben als über die der
Indianer. Das gilt auch heute noch.

Wer etwas über die Wirklichkeit der Indianer erfahren möchte,
die zehnmal interessanter und faszinierender ist als jede Fiktion, sollte
gute Bücher zum Thema lesen. dtv bietet eine ganze Reihe davon an –
45 ohne romantische Verbrämung, ohne die Erneuerung des Mythos vom
‚edlen Wilden‘ oder die modische Verklärung der Indianer als ‚Hüter
der Erde‘. Wissen pur – für alle, die mitdenken und mitreden wollen.

Indianer-Bücher beim Deutschen Taschenbuch Verlag sind:
Indianische Realität von Wolfgang Lindig;
50 *Meine Seele wird nach Süden ziehen* herausgegeben, übersetzt und
eingeleitet von Hartmut Krech mit 19 zeitgenössischen Fotografien
von Edward S. Curtis;
Die Indianer. Band 1: Nordamerika; Band 2: Mittel- und Südamerika
von Wolfgang Lindig und Mark Münzel;
55 *Die Luchsgeschichte* von Claus Lévi-Strauss; und
Lakota Woman von Mary Crow Dog.

Indianer-Bücher für jüngere Leute bei dtv junior sind:
Vergeßt die Namen nicht von Betty Sue Cummings;
Gefährliche Wege von Monica Hughes; und
60 *Die Nacht des Bären* von Norbert Witt.

39	**Mißverständnis** (*n.*), **-se** *misunderstanding*	45	**Verbrämung** (*f.*), **-en** *trimming* **Erneuerung** (*f.*), **-en** *renewal*
40	**Vorurteil** (*n.*), **-e** *prejudice* **Romantizismus** (*m.*), **Romantizismen** (*pl.*) *romanticization*	46	**Verklärung** (*f.*), **-en** *glorification* **Hüter** (*m.*), **–** *guardian*
41	**gelten** (**galt, gegolten; gilt**) *to be true, have validity*	50	**heraus/geben** (**gab ... heraus, herausgegeben; gibt ... heraus**) *to edit* **übersetzen** *to translate*
44	**an/bieten** (**bot ... an, angeboten**) *to offer for sale* **Reihe** (*f.*); **-n** *series*	51	**ein/leiten** *to introduce* **zeitgenössisch** *contemporary*
		55	**Luchs** (*m.*), **-e** *lynx*

KAPITEL 21

I. *Wer* and *was* Used as Interrogative and Relative Pronouns

A. As interrogative pronouns

The interrogatives **wer** *(who)* and **was** *(what)* generally occur with singular verbs. **Wer** is used to inquire about persons and has declensional forms closely related to **der**. **Was** inquires about things, concepts, or actions.

Nominative:	wer	*who*	was	*what*
Accusative:	wen	*whom*	was	*what*
Dative:	wem	*(to) whom*		
Genitive:	wessen	*whose*		

Wer ist dieser Mann? *Who is this man?*
Was ist sein Beruf? *What is his occupation?*
Wen besuchen Sie in Europa? *Whom are you visiting in Europe?*
Was machen Sie dort? *What are you doing there?*
Was wollen Sie kaufen? *What do you want to buy?*
Mit wem haben Sie gesprochen? *With whom did you speak?*
Wem gehört dieses Buch? *To whom does this book belong?*
Wessen Buch ist das? *Whose book is that?*

In the event that these interrogatives act as a predicate complement with the verb **sein**, keep in mind that the verb agrees in number not with the singular interrogative but (as always) with the subject that follows the verb in these questions.

Wer sind diese Leute? *Who are these people?*
Was sind ihre Namen? *What are their names?*

B. As relative pronouns

When no clear antecedent exists, the relative pronouns **wer, wen, wem,** and **wessen** are used to indicate the person in question, and **was** is used to refer to things, concepts, or actions. In this case, **wer** means *he who, whoever,* or *anyone who.* **Was** means *what, whatever, that which,* or *that* (see also **Kapitel 19**).

Wer nicht für uns ist, ist gegen uns.
Whoever is not for us is against us.

Wer zuletzt lacht, lacht am besten.
He who laughs last, laughs best.
Wir wissen nicht, was wir machen wollen.
We don't know what we want to do.
Ich weiß nicht, mit wem ich sprechen soll.
I do not know with whom I'm supposed to speak.
Wessen Handschuh das ist, möchte die Polizei erfahren.
The police would like to find out whose glove that is.

Maxims or warnings are often expressed with a relative clause introduced by **wer, wen, wem,** or **wessen** preceding the main clause, which then begins with a demonstrative pronoun **der, den, dem,** or **dessen.**

Wer sich der Einsamkeit ergibt, ach, der ist bald allein.
Anyone who is devoted to loneliness will soon be all alone.
Wen Gott vernichten will, den schlägt er mit Blindheit.
Whomever God wishes to destroy will be struck by blindness.

II. Verb-First Constructions

A. Questions

Questions not introduced by interrogatives begin with the finite verb. The presence of the question mark makes identification simple. Always be sure to check the end of the sentence for dependent verbs or prefixes.

Kann die Wirtschaft im Osten von Frauen gerettet werden?
Can the economy in the east be saved by women?
Haben sie die genetische Ursache der Krankheit entdecken
können?
Were they able to discover the genetic cause of the sickness?
Hängt die Gesundheit unserer Gesellschaft von dieser Entdek-
kung ab?
Is the health of our society dependent upon this discovery?

B. Omission of *wenn* in conditional clauses

In conditional clauses, **wenn** is often omitted in favor of a verb-first construction. Conditional verb-first constructions are followed by result clauses, usually introduced by **dann** or **so.**

Wenn man Erfolg haben will, (dann) muß man arbeiten.
Will man Erfolg haben, (dann) muß man arbeiten.
If we want to be successful, (then) we must work.

Wenn eine musikalische Komposition verloren geht, verliert die
   ganze Welt einen Schatz.
Geht eine musikalische Komposition verloren, (so) verliert die
   ganze Welt einen Schatz.
   *If a musical composition is lost, the whole world loses a
   treasure.*

Additional verb-first constructions are discussed in **Kapitel 22**, Section II.

III. Feminine Noun Suffixes

A. Suffix *-ung*

Added to verb stems, this suffix forms feminine nouns that often correspond to English nouns ending in *-ing, -tion,* or *-ment.* Here is a list of some of these words with which you have become familiar and which you should have no difficulty translating.

beobachten *to observe*	Beobachtung
bestimmen *to determine*	Bestimmung
bewegen *to move*	Bewegung
bezahlen *to pay*	Bezahlung
einführen *to introduce*	Einführung
entwickeln *to develop*	Entwicklung
erfahren *to experience*	Erfahrung
identifizieren *to identify*	Identifizierung
lösen *to solve*	Lösung
trennen *to separate*	Trennung

This close verb–noun relationship should assist you in expanding your active reading vocabulary. In addition, since *all* words that end in the suffix **-ung** are feminine singular, and the plural form of these words is *always* **-ungen,** you should begin to depend on such words as reliable sources to help you decode sentences in which they occur.

Note the difference between the feminine verb forms ending in **-ung** (*-tion, -ment*) and the neuter noun forms identical to the infinitive ending in **-en** (*-ing*).

die Beobachtung	das Beobachten
the observation	*the observing*
die Bewegung	das Bewegen
the movement	*the moving*

B. Suffixes *-heit, -keit, -igkeit*

Added to adjectives, these suffixes form feminine abstract nouns corresponding to English nouns ending in *-ity* or *-ness*. Keep this relationship in mind to assist you in defining the multitude of feminine nouns like the following.

ähnlich *similar*	Ähnlichkeit
blind *blind*	Blindheit
empfindlich *sensitive*	Empfindlichkeit
ewig *eternal*	Ewigkeit
fähig *capable*	Fähigkeit
genau *exact*	Genauigkeit
hilflos *helpless*	Hilflosigkeit
krank *sick*	Krankheit
möglich *possible*	Möglichkeit
verantwortlich *responsible*	Verantwortlichkeit

All words ending in the suffixes **-heit, -keit, -igkeit,** and their plurals, which always end in **-en,** represent another set of reliable aids in the decoding process.

Basic Vocabulary

Ausdruck *(m.),* **‐̈e**
expression, term
beispielsweise for
(by way of) example
bisher until now, up
to now
**erweisen (erwies,
erwiesen)** to show,
render
farbig colored
Gesellschaft *(f.),* **-en**
society, company
gewiß certain
hingegen on the other
hand

innerhalb within,
inside of
Leiden *(n.),* **–** suffering
leiten to conduct, lead
lernen to learn
lieben to love
mehrere several, some,
a few
rationell efficient,
economical
sogenannt so-called
**sterben (starb, ist
gestorben; stirbt)**
to die
Strahl *(m.),* **-en** ray, beam

Ursache *(f.),* **-n** cause
Verhältnis *(n.),* **-se**
ratio, relationship
**verlieren (verlor,
verloren)** to lose
Verstand *(m.)* mind,
reason
vor allem above all
Wahrheit *(f.),* **-en** truth
weit wide, far, extensive
Zusammenhang *(m.),*
‐̈e connection,
relationship

---

1. Wer die Reifeprüfung, das Abitur, der deutschen Höheren Schulen bestanden hat, darf an Universitäten und Hochschulen studieren.

2. Wem Gott will rechte Gunst erweisen, / Den schickt er in die weite Welt, / Dem will er seine Wunder weisen / In Berg und Wald und Strom und Feld. (Eichendorff)

3. Wird ein Lichtstrahl durch ein Prisma geleitet, dann entsteht ein farbiges Band, das man Spektrum nennt.

4. Wer Theologie studiert, der will lernen, was bisher in der Kirche über Gott gelehrt worden ist, vor allem, was die Heilige Schrift von Gott zu erkennen gibt.

5. Wen die Götter lieben, der stirbt jung. (Plutarch)

6. Der Staat ist im letzten Jahrhundert so mächtig geworden, daß der Mensch sich heute fragen muß: „Was ist und wo ist noch Freiheit?"

7. Wer über gewisse Dinge (Atombombe, Rüstungswettlauf usw.) den Verstand nicht verliert, der hat keinen zu verlieren.

8. Jeder schwimmende Körper verdrängt soviel Wasser, wie er wiegt. Verdrängt er weniger Wasser, als sein Gewicht beträgt, so sinkt er.

9. Wissen Sie, wie der Intelligenzquotient (IQ) berechnet wird? IQ = Intelligenzalter / Lebensalter × 100. Ist z.B. ein Kind 10 Jahre alt und hat ein Intelligenzalter von 12 Jahren, so ist sein IQ 120.

10. Sind Sie der Meinung, daß die demokratische Gesellschaft eine Nivellierung der Kultur mit sich bringt und damit zur Massenkultur führt?

11. Ist Ihnen dieser Ausdruck nicht bekannt, schlagen Sie ihn im Wörterbuch nach.

1. **Reifeprüfung** (f.), **-en = Abitur** (n.) *final comprehensive examination*
   Höhere Schule (f.), **-n** *secondary school*
   bestehen (bestand, bestanden) *to pass*
2. **recht** *real, true*
   Gunst (f.) *favor*
   weisen (wies, gewiesen) *to show*
4. **Heilige Schrift** (f.) *Holy Scriptures*
   zu erkennen geben (gab, gegeben; gibt) *to reveal*
6. **mächtig** *powerful*
7. **Rüstungswettlauf** (m.) *arms race*

8. **schwimmen (schwamm, ist geschwommen)** *to swim, float*
   verdrängen *to displace*
   soviel ... wie *as much . . . as*
9. **Intelligenzalter** (n.) *mental age*
   Lebensalter (n.) *chronological age*
10. **Nivellierung** (f.), **-en** *leveling*
    mit sich bringen (brachte, gebracht) *to bring about, entail*
11. **nach/schlagen (schlug ... nach, nachgeschlagen; schlägt nach)** *to look up*
    Wörterbuch (n.), **¨er** *dictionary*

12. Wer einmal lügt, dem glaubt man nicht,
    Selbst dann, wenn er die Wahrheit spricht.
13. Es bleibt ungewiß, was die Ursachen von Schumanns Krankheit
    waren.
14. Was diese Krankheit verursacht, wer sie bekommt, wer nicht, das
    sind alles Fragen, mit denen sich Generationen von Wissen-
    schaftlern beschäftigt haben.
15. Wer nicht sehen will, der ist am blindesten.

12. **lügen** *to tell a lie, lie*   14. **verursachen** *to cause*

ROBERT SCHUMANNS PARTITUR
WIEDERGEFUNDEN[1]

Wer sich für die Musik Robert Schumanns interessiert, erlebte eine Überraschung bei Sotheby's in München, als das Autograph seiner zweiten Sinfonie in C-Dur op. 61 vorgestellt wurde. Das Manuskript war seit mehreren Jahrzehnten verloren. Man glaubte, es wurde im Zweiten Weltkrieg bei der Bombardierung von Leipzig vernichtet. Die Wiederauffindung der kompletten Sinfonie eines der wichtigsten Komponisten der Romantik gilt deshalb bei Musikwissenschaftlern als Sensation.

Das Konvolut umfaßt 236 numerierte Seiten. Goldenfarbige Schnörkel verzieren den originalen Einband von 1846, auf dessen Lederrücken steht: „Symphonie Nr. 2"; der Name des Autors fehlt. Clara Schumann schenkte das Manuskript dem Dirigenten Julius Rietz bei einer Aufführung der Sinfonie im Spätjahr 1855. Ihr Mann befand

Title	**Partitur** *(f.)*, **-en** *full score*	9	**Konvolut** *(n.)*, **-e** *bundle/sheaf of papers*
2	**Überraschung** *(f.)*, **-en** *surprise*		**um/fassen** *to comprise, contain*
3	**Dur** *(n.)* *major* (music)		**numerieren** *to number*
	Autograph *(n.)*, **-e** *handwritten original*	10	**Schnörkel** *(m.)*, **–** *flourish (writing)*
4	**vor/stellen** *to present*		**verzieren** *to adorn, ornament*
6	**vernichten** *to destroy*	11	**Lederrücken** *(m.)*, **–** *leather spine (of book)*
	Wiederauffindung *(f.)*, **-en** *rediscovery*	12	**Dirigent** *(m., n-noun)*, **-en** *musical conductor*
7	**gelten (galt, gegolten; gilt)** *to mean, be considered (as)*	13	**Aufführung** *(f.)*, **-en** *performance*
8	**deshalb** *therefore, for that reason*		**sich befinden (befand, befunden)** *to find oneself, be located*

---

1. Based on Renate Schostack's "Robert Schumann: Original-Partitur wiedergefunden," *Frankfurter Allgemeine Zeitung*, Oct. 27, 1994.

sich zu dieser Zeit in der Heilanstalt von Endenich bei Bonn. Wer die Geschichte seines Leidens und tragischen Endes kennt, weiß, daß der Komponist bald danach im Sommer 1856 starb.

Die Partitur, mit schwarzer Tinte geschrieben, erweist mit ihren unzähligen Korrekturen die Schaffensweise des Komponisten. Jeder Satz ist am Ende von seiner Hand datiert. So liest man zum Beispiel unter dem ersten Satz: „Dresden am 8. Mai 1846 im Garten." Die Sinfonie, für ihren wunderbaren langsamen Satz in c-Moll berühmt, wurde 1846 uraufgeführt. Mendelssohn leitete das Leipziger Gewandhaus Orchester.

14 **Heilanstalt** *(f.)*, **-en** *sanatorium*
16 **danach** *thereafter*
17 **Tinte** *(f.)*, **-n** *ink*
18 **unzählig** *countless*
    Schaffensweise *(f.)*, **-n** *creative process*

19 **Satz** *(m.)*, **⸚e** *movement (music)*
22 **uraufführen** *(p.p. =* **uraufgeführt***)*
    to perform/stage for the first time
23 **Leipziger Gewandhaus** *(concert hall in Leipzig)*

KAPITEL 22

I. Infinitives with *zu*

Infinitives dependent on verbs other than the modals and **hören, sehen, lassen,** and **werden** are prepositional infinitives preceded by **zu.** This common combination occurs with active infinitives, e.g., **zu lesen, zu fahren,** past infinitives, such as **gelesen zu haben, gefahren zu sein,** passive infinitives, e.g., **gelesen zu werden, gefahren zu werden,** and past passive infinitives, such as **gelesen worden zu sein, gefahren worden zu sein.**

A. Verb complements

Infinitives with **zu** complete a number of German verbs, a few of which are **an/fangen** and **beginnen** (both meaning *to begin*), **auf/hören** (*to cease*), **brauchen** (*to need*), **scheinen** (*to appear*), **versprechen** (*to promise*), and **versuchen** (*to try*).

> Es hat angefangen zu regnen. Jetzt beginnt es zu schneien.
> *It began to rain. Now it's beginning to snow.*
> Es hat aufgehört zu regnen. *It stopped raining.*
> Für diesen Kurs braucht man sehr viel zu lesen. Das Buch
>   brauchst du nicht gelesen zu haben.
> *For this course one needs to read a lot. You don't need to have
> read that book.*
> Der Professor scheint diese Woche nicht in seinem Büro zu sein.
> Er scheint schon nach Deutschland gefahren zu sein.
> *The professor does not appear to be in his office this week.*
> *He seems to have gone to Germany already.*
> Er hat versprochen, hier zu sein. *He promised to be here.*

These prepositional infinitives stand at the end of the clause, but in English they must be translated immediately after the verb upon which they depend.

B. Infinitive phrases

A prepositional infinitive that is modified and extended by objects, adverbs, or prepositional phrases functions much like a dependent clause, except that it never has a subject. Note that most infinitive phrases are set off by commas and that the infinitive must be translated first followed by its object and modifiers.

Kolumbus versuchte, einen neuen Weg nach Indien zu finden.
Columbus tried to find a new route to India.

Als er in der neuen Welt ankam, glaubte er, Indien entdeckt zu haben. *When he arrived in the new world, he believed he had discovered India.*

Das vorliegende Buch ist ein Versuch, die Entwicklung der Außenpolitik der Vereinigten Staaten darzustellen.
The book under consideration is an attempt to show the development of the foreign policy of the United States.

When used with the infinitive stem of a separable verb, e.g., **dar/stellen** *(to show),* **zu** stands between the prefix and the simple verb. If you need to look up the verb in the dictionary, leave out **zu.**

Infinitive phrases may contain modifying clauses or phrases, set off by commas that separate the infinitive from the rest of the clause. Remember that the infinitive must be nonetheless translated immediately after the main verb.

Das vorliegende Buch ist ein Versuch, die Entwicklung der Außenpolitik der Vereinigten Staaten, wie sie von heutigen Geschichtsforschern verstanden wird, darzustellen.
The book under consideration is an attempt to show the development of the foreign policy of the United States, as it is understood by present historians.

C. Prepositional infinitives with *um, ohne, (an)statt*

1. **um ... zu** *(in order to)*

   Infinitive phrases introduced by **um** indicate the purpose, consequence, or effect of the action in the main clause. Translate this combination *in order to* + infinitive.

   Der Herzog schickte Soldaten nach Amerika, um seine Schatzkammer mit Geld zu füllen.
   The duke sent soldiers to America in order to fill his coffers with money.

   Lady Milford hat das Geschenk zurückgegeben, um dem Herzog zu zeigen, daß sie seine Handlung ablehnte.
   Lady Milford returned the present in order to show the duke that she rejected his action.

   Die Studenten haben Schillers Drama gelesen, um neue Einsichten in die Geschichte dieser Zeit zu gewinnen.
   The students read Schiller's drama in order to gain new insights into the history of this period.

2. **ohne ... zu** (without . . . -ing) and **(an)statt ... zu** (instead of . . . -ing)

Infinitive phrases introduced by **ohne** indicate that the situation in the main clause can exist regardless of the situation in the infinitive phrase. **Ohne ... zu** + infinitive translates *without . . . -ing*.

> Die Wissenschaftler suchten das Gen, das blind macht, ohne genau zu wissen, was sie suchten.
> *The scientists sought the gene that causes blindness, without knowing exactly what they were seeking.*
> Der Arzt verließ das Krankenhaus, ohne den Patienten besucht zu haben.
> *The doctor left the hospital without having visited the patient.*

Infinitive phrases introduced with **anstatt** or **statt** explain a situation that might be expected, instead of the one that actually occurs in the main clause. **(An)statt ... zu** translates *instead of . . . -ing*.

> Die Artillerie mußte in England bleiben, anstatt in Frankreich eingesetzt zu werden.   *The artillery had to remain in England, instead of being deployed in France.*
> Statt ins Kino zu gehen, bin ich zu Hause geblieben.
> *Instead of going to the movie theater, I stayed at home.*

II. Verb-First Constructions (continued)

A. Imperatives

Verb-first constructions also introduce imperatives that express commands or requests. There are three different imperative forms corresponding to the three German words for *you:* **du, ihr, Sie.** Most short imperatives are punctuated with an exclamation point (!). Here are the **du**-forms and **ihr**-forms for some common verbs.

Infinitive	du-form[1]	ihr-form[2]
gehen	Geh(e)!	Geh(e)t!
nehmen	Nimm!	Nehm(e)t!
schreiben	Schreib(e)!	Schreib(e)t
sein	Sei ... !	Seid ... !

The **du**-imperative of most verbs consists of the indicative **du**-form minus the **-st** ending and the subject. The **ihr**-imperative is identical with

---

1. The final **-e** is often dropped.
2. In elevated speech, for example, in literary works, an **-e-** may be added before the final **-t**.

the indicative **ihr**-form minus the subject. These two forms are seldom used in scholarly writing.

The **Sie**-form is the most frequent imperative in scholarly writing. It is formed by inverting the word order of the formal **Sie**-construction. The only irregular form is **seien Sie.**

> Gehen Sie sofort nach Hause! *Go home immediately!*
> Nehmen Sie bitte Platz! *Please take a seat!*
> Schreiben Sie Ihren Namen! *Write your name!*
> Seien Sie ehrlich mit mir! *Be honest with me!*
> Vergleichen Sie die zwei Beispiele. *Compare the two examples.*

Note that the subject **Sie** is not translated into English.

B. Verb first followed by *wir (let's . . . !)*

Wir following the verb in this verb-first construction is equivalent to English *let us.* An exclamation point may or may not follow this construction. It can be differentiated from a question by the absence of a question mark and from a conditional clause by the absence of the following **so** or **dann** clause.

> Fangen wir an! *Let's begin.*
> Nehmen wir an, daß ... *Let us assume that . . .*
> Versuchen wir diese Methode! *Let us try this method.*

But:

> Fangen wir heute an? *Do we begin today?*
> Nehmen wir das an, dann ... *If we assume that, then . . .*
> Versuchen wir diese Methode, so ...
>   *If we try this method, then . . .*
> Fangen wir jetzt an ... *Let us now begin . . .*

III. Review of Verb-First Constructions

We have now looked at four verb-first constructions. In addition to contextual clues, it is important in each case to pay close attention to punctuation to help differentiate between otherwise conflicting meanings. You may also wish to review these constructions.

verb + . . . ?	Question	**(Kapitel 21)**
verb + . . . , **dann/so ...**	*If . . . , (then) . . .*	**(Kapitel 21)**
verb + **wir ...**	*Let us . . .*	**(Kapitel 22)**
verb + **(Sie) ... !**	Imperative	**(Kapitel 22)**

an/deuten to indicate, mention briefly	**gefallen (gefiel, gefallen)** to please, be pleasing	**Menschheit** *(f.)* mankind, humanity
anstatt, statt instead (of)	**es gefällt mir** I like it, it is pleasing to me	**näher** more closely, in greater detail
bemerken to notice		
beweisen (bewies, bewiesen) to prove	**gelingen (gelang, ist gelungen)** to succeed	**Satz** *(m.)*, **-̈e** sentence, theorem, movement (music)
bitte please	**es gelingt ihm** he is successful	**Sicherheit** *(f.)* security, safety
ehren to honor		
ein/gehen (ging ... ein, ist eingegangen) to go into, enter	**halten (hielt, gehalten; hält)** to hold, stop	**sichern** to protect
	halten für (hielt, gehalten; hält) to consider	**Sohn** *(m.)*, **-̈e** son
Einzelheit *(f.)*, **-en** detail		**unter** under, among
Filmemacher *(m.)*, **–;** **Filmemacherin** *(f.)*, **-nen** filmmaker, film director	**imstande sein** to be able	**versuchen** to try
	jederzeit any time, at all times, always	**Wille** *(m., n-noun)* will
		Ziel *(n.)*, **-e** goal, aim
fort/fahren (fuhr ... fort, ist fortgefahren; fährt ... fort) to continue	**Kino** *(n.)*, **-s** cinema, movie theater	**zugleich** also, at the same time

Exercises

1. Ein Land kann es sich nicht erlauben, materiell reich und geistig arm zu sein. (John F. Kennedy)

2. Willst du immer weiter schweifen? / Sieh! das Gute liegt so nah. / Lerne nur das Glück ergreifen, / Denn das Glück ist immer da. (Goethe)

3. Da Kolumbus glaubte, Indien gefunden zu haben, erhielten die Ureinwohner des Landes den Namen „Indianer".

4. In diesem Buch haben wir versucht, die dringenden Probleme anzudeuten, welche die Menschheit lösen muß, wie die Ungleichheit unter Menschen, den Rüstungswettlauf und das Problem der Überbevölkerung.

5. Wiederholen Sie bitte den letzten Satz.

1. **sich erlauben** *to afford, permit oneself*

2. **schweifen** *to roam*
   Glück *(n.)* *good fortune, happiness*
   ergreifen (ergriff, ergriffen) *to take hold of, seize*

3. **Ureinwohner** *(m.)*, – *original inhabitant, native*

4. **dringend** *urgent, pressing*
   Ungleichheit *(f.)*, **-en** *inequality*
   Rüstungswettlauf *(m.)* *arms race*
   Überbevölkerung *(f.)* *overpopulation*

6. Um den Kritikern besser zu gefallen, braucht der arme junge Musiker nichts anderes zu tun, als seine eigenen Kompositionen etwas häufiger zu spielen.
7. Viele Menschen arbeiten, um zu essen, einige dagegen essen, um arbeiten zu können.
8. Wir werden im folgenden nur physikalische Prinzipien betrachten, ohne auf technische Einzelheiten näher einzugehen.
9. Röntgenstrahlen sind imstande, undurchsichtige Körper zu durchdringen.
10. Betrachten wir jetzt das folgende Beispiel.
11. Das Ziel der Vereinten Nationen ist, den Frieden und die Sicherheit unter den Nationen zu sichern.
12. Um nach dem Einbruch der Hunnen die Grenzen seines Welt-reiches besser verteidigen zu können, teilte Theodosius 395 das Römische Reich unter seinen Söhnen auf. Den östlichen Teil mit der Hauptstadt Konstantinopel nennt man in der Geschichte das Oströmische Reich, den westlichen Teil mit der Hauptstadt Rom das Weströmische Reich.
13. In Deutschland bedeutet Lehrfreiheit, daß kein Lehrer gezwun-gen werden darf, etwas zu lehren, was er für falsch hält. Er darf aber die Lehrfreiheit nicht dazu gebrauchen, die Verfassung anzugreifen.
14. Immanuel Kant (1724–1804) formulierte seinen Kategorischen Imperativ wie folgt: „Handle so, daß die Maxime deines Willens jederzeit zugleich als Prinzip einer allgemeinen Gesetzgebung gelten könnte."
15. Anstatt sich zu beherrschen und Selbstüberwindung zu zeigen, haben die Hörer während der Vorlesung über den Professor gelacht.

9. **undurchsichtig** *opaque*
   durchdringen (durchdrang, durchdrungen) *to penetrate*
12. **Einbruch** *(m.),* ⸚e *invasion*
   verteidigen *to defend*
   auf/teilen *to divide*
13. **Lehrfreiheit** *(f.) freedom of instruction*
   zwingen (zwang, gezwungen) *to force, coerce*
   Verfassung *(f.),* -en *constitution*
   an/greifen (griff ... an, angegriffen) *to attack*

14. **Maxime** *(f.),* -n *maxim, principle*
   Gesetzgebung *(f.),* -en *legislation (law)*
   gelten (galt, gegolten; gilt) *to be considered, be valid*
   könnte *(subjunctive of* **können***) could*
15. **sich beherrschen** *to control oneself, restrain oneself*
   Selbstüberwindung *(f.) self-control*
   Hörer *(m.),* –, *listener; student attending a lecture*
   lachen über *to laugh at*

16. Jetzt beschäftigen wir uns etwas näher mit einem berühmten Zitat des sogenannten „Frauendichters des 18. Jahrhunderts", Friedrich Schiller:
„Ehret die Frauen! Sie flechten und weben / Himmlische Rosen ins irdische Leben."

17. –Komm! Gehen wir ins Kino! –Nein, lieber nicht. Diese Filmemacherin gefällt mir nicht.

16. **Zitat** (*n.*) **-e** *quotation*
flechten (flocht, geflochten; flicht) *to braid*

16. **weben** *to weave*
himmlisch *heavenly*
irdisch *earthly, human*

DER NEUE DEUTSCHE FILM

In den sechziger und siebziger Jahren erlebte der deutsche Film im Westen Deutschlands eine neue Blüte. Unter dem Motto „Papas Kino ist tot" gelang es einer Gruppe von jungen Filmemachern, Mitte der sechziger die veralteten Lustspiele der fünfziger
5 Jahre mit dem „Neuen Deutschen Film" zu ersetzen. Wollen wir versuchen, dieses Phänomen zu erklären, so müssen wir das System der öffentlichen Spielfilm-Förderung als erstes erwähnen. Finanzielle Unterstützung vom Bundesminister des Innern und vom Kuratorium Junger Deutscher Film hat den jungen Filmemachern geholfen, eine
10 Reihe von bemerkenswerten Filmen zu drehen und dabei eine erstaunliche Vielfalt an Genres und Themen zu behandeln. Zugleich schien es auch eine Periode zu sein, in der sich ein erstaunliches Talent auf der deutschen Filmszene zusammenfand. Beginnen wir mit Alexander Kluge.
15 Alexander Kluge verstand es, in „Abschied von gestern" (1966) gekonnt fiktive und dokumentarische Elemente zu vermischen. Für

1 **erleben** *to experience*
2 **Blüte** (*f.*), **-n** *flowering, blossoming*
4 **veraltet** *outdated*
Lustspiel (*n.*), **-e** *comedy*
5 **ersetzen** *to replace*
7 **öffentlich** *public*
Förderung (*f.*), **-en** *sponsorship, grant*
erwähnen *to mention*
8 **Unterstützung** (*f.*), **-en** *support*
Bundesminister des Innern *Federal Secretary of the Interior*

8 **Kuratorium** (*n.*), **Kuratorien** *board of trustees*
10 **bemerkenswert** *noteworthy*
drehen *to make, shoot (a film)*
dabei *in the process*
11 **erstaunlich** *amazing*
13 **sich zusammen/finden (fand ... zusammen, zusammengefunden)** *to come together*
15 **Abschied** (*m.*), **-e** *departure, farewell*
16 **vermischen** *to mix, combine*

diese bahnbrechende Arbeit, deren Titel auch eindeutig einen neuen Beginn andeutet, bekam Kluge den Sonderpreis auf den Filmfestspielen von Venedig. Jahr für Jahr sammelte er weitere Filmpreise dazu. Plötzlich kam eine Industrie, die seit dem Zweiten Weltkrieg viel Mühe hatte, Anschluß an das internationale Niveau zu finden, wieder in vollen Schwung. Anstatt nur noch Hollywood Spielfilme sehen zu wollen, fingen die Deutschen nun an, Filme in der eigenen Sprache wieder als Weltklassefilme anzusehen. 1977/78 wurden fast 60 deutsche Kinofilme produziert, von denen gut die Hälfte zum Neuen Deutschen Film gehörte. Neben Kluge gab es Filmemacher wie Werner Herzog, Margarethe von Trotta und Rainer Werner Fassbinder.

Fassbinder, das sogenannte „Enfant terrible des Neuen Deutschen Filmes", versuchte in Filmen wie „Katzelmacher" (1968), „Die Ehe der Maria Braun" (1978) und „Berlin Alexanderplatz" (1980) einerseits die Situation der Außenseiter in der deutschen Gesellschaft darzustellen, und auf der anderen Seite die deutsche Geschichte dieses Jahrhunderts zu dokumentieren. In nur 13 Jahren produzierte Fassbinder über 40 Filme und Fernsehserien. 1970, 1971, 1972, 1978, 1979 und 1982 bekam der kontroverse Filmemacher Bundesfilmpreise, und kurz vor seinem Tod 1982 wurde er für „Veronika Voss" mit dem Goldenen Bären der Berliner Filmfestspiele geehrt.

17	**bahnbrechend** *pioneering, epoch-making, trend-setting*	22	**in Schwung kommen (kam, ist gekommen)** *to get going*
	eindeutig *clear*		**Spielfilm** (*m.*), **-e** *feature film*
19	**Venedig** *Venice*	26	**gehören** *to belong*
	dazu *in addition, additionally*	30	**„Katzelmacher"** *"tom cat"*
20	**plötzlich** *suddenly*		*(pejorative slang term)*
21	**Mühe** (*f.*) *trouble, effort*	31	**Ehe** (*f.*), **-n** *marriage*
	Anschluß finden (fand, gefunden) *to catch up*	32	**Außenseiter** (*m.*), **–** *outsider*
		35	**Fernsehserie** (*f.*), **-n** *television series*

KAPITEL 23

I. Extended-Adjective Constructions

Adjectives and participles may also be modified by attributes of their own. The resulting extended-adjective constructions—often prepositional phrases—precede the noun that they modify and may be one of several adjectives in a series. As a result of extended-adjective constructions the limiting words (**der**-words and **ein**-words) appear to the untrained eye to have become disconnected from the noun that they introduce. Consider the following examples in that the extended-adjective constructions are highlighted.

> Die **in New York wohnenden** Menschen ...
> *The people living in New York . . .*
> Die **seit Jahren in New York wohnenden** Menschen ...
> *The people who have been living in New York for years . . .*
> Dieses **in Deutschland gebaute** Flugzeug ...
> *This airplane, which was built in Germany . . .*
> Eine **für diesen Baustil charakteristische** Eigenschaft ...
> *A feature that is characteristic for this building style . . .*

The article and its noun are separated by an extended-adjective construction. The adjectives or participles immediately preceding the nouns are modified themselves by prepositional phrases **(in New York; seit Jahren in New York; in Deutschland; für diesen Baustil)**. After translating the article or **der**-word, you cannot proceed with the prepositional phrase but must first translate the noun modified by that article or **der**-word. The adjective or participle is translated next (often as a relative clause), followed by the preceding modifiers grouped in meaningful units. As a general rule, translate the modifier units from right to left, beginning from the participle and working back to the first modifier after the article.

II. Recognizing Extended-Adjective Constructions

Extended-adjective constructions are particularly common in journalistic and expository writing. Direct translations into English and sometimes even immediate comprehension are almost impossible in all but the shortest extended-adjective constructions. Keep your eyes open: Anytime a limiting word is followed by a preposition or another limiting word instead of the noun that it introduces, you are dealing with an extended-adjective construction.

The most common signals for these constructions are as follows.

1. Limiting adjective (article, **ein**-word, **der**-word, **alle, viele,** numbers, and others) followed by a preposition instead of a noun (as in all of the examples above).

    alle noch zu Hause bei den Eltern lebenden Studenten ...
    all students who are still living at home with their parents . . .
    zwei mit Hilfe eines Pfadfinders die Straße überquerende alte Damen ...
    two old ladies crossing the street with the help of a boy scout . . .

2. Limiting adjective followed by another limiting adjective or a pronoun.

    die unser Leben beherrschenden Kräfte
    the forces controlling our lives[1]
    das die Natur liebende Kind
    the child that loves nature; the nature-loving child
    ein alle Freuden des Lebens genießender Mann
    a man who enjoys all the pleasures of life; a man enjoying all the pleasures of life
    ein sich täglich erweiterndes Gebiet
    a field which is being extended daily

III. Translating Extended-Adjective Constructions

As soon as you recognize an extended-adjective construction, place an opening parenthesis after the limiting adjective. Then find the noun modified by the limiting adjective. This noun is preceded directly by an adjective or most often a participle. Place the closing parenthesis after this adjective or participle.

Die (im Jahre 1386 gegründete) Universität Heidelberg ...

The words within the parentheses constitute an extended adjective and modify **Universität Heidelberg.** In translating the extended adjective, begin with the last word (the adjective or participle) within the

---

1. Though the German expression **unser Leben** is singular, the equivalent in English, *our lives,* is plural. Remember that in translating such culturally specific items, the appropriate equivalent is often similar yet different.

parentheses and work backward toward the limiting adjective. Translate words that obviously belong together as a unit (im Jahre 1386).

> *The University of Heidelberg, which was founded in the year 1386, . . .*

If you translate by using a relative clause, put the clause into the present or past tense, depending on the context of the whole sentence. Usually present participles will call for a present tense and past participles for a past tense. With adjectives, only the context is a reliable guide. Observe the sequence of the translation in this sentence.

```
 1   2       3   4      7                6        5
```
Das U-Boot versenkte den (mit Waffen und Treibstoff beladenen) Dampfer.
> *The submarine sank the steamer, which was loaded with arms and fuel.*

Here are further examples.

> Das auf diesem Wege entdeckte Land ...
> > *The country that was discovered in this way . . .*
>
> Unser ausländischer Freund kennt die in diesem Lande herrschenden Zustände.
> > *Our foreign friend knows the conditions that exist in this country.*
>
> Mein Mitarbeiter vollendete die im letzten Jahr von mir begonnene Arbeit.
> > *My co-worker completed the work that I started last year.* or
> > *My co-worker completed the work that was begun by me in the past year.*
>
> Die uns von der Natur gegebenen Triebe ...
> > *The instincts that nature gave us . . .* or:
> > *The instincts given to us by nature . . .*
>
> Diese von den alten Griechen geschaffenen Grundgedanken der heutigen Atomphysik ...
> > *These basic ideas of modern atomic physics, which were developed by the ancient Greeks . . .*
>
> Außerordentlich groß ist die in den letzten Jahren auf den Markt gekommene Zahl von Videos.
> > *The number of videos placed on the market in the last few years is exceedingly large.*

Translations of past participles in extended-adjective constructions may be rendered using either an active or a passive verb construction (see the third and fourth examples above). If the passive construction in English is awkward, you may turn it into an active one without changing the meaning.

Note that the entire noun unit (**diese Grundgedanken der heutigen Atomphysik; die Zahl von Videos**) should be translated before translating the extended adjective. Breaking up units that belong together and translating them as separate words often lead to confusion. When the connections in a sentence continue to seem unclear, look again at how you group units of words.

Basic Vocabulary

Anzahl *(f.)* number
Aufbau *(m.)* construction
Ausstellung *(f.)*, **-en** exhibition, exhibit
Bezeichnung *(f.)*, **-en** term, designation
Franzose *(m.)*, **-n; Französin** *(f.)*, **-nen** Frenchman/-woman
Gebäude *(n.)*, **–** building
Gelegenheit *(f.)*, **-en** opportunity
gering small, slight

häufig frequent
insgesamt all together, all in all
Kopf *(m.)*, **ᵈe** head
laufen (lief, ist gelaufen; läuft) to run
Maßnahme *(f.)*, **-n** measure, precaution
stehen (stand, gestanden) to stand
Studium *(n.)*, **Studien** study, studies (at university)

Verbindung *(f.)*, **-en** connection
Vergleich *(m.)*, **-e** comparison
zum Vergleich as a comparison
vermeiden (vermied, vermieden) to avoid
zerstören to destroy
Zerstörung *(f.)*, **-en** destruction
Zusammenarbeit *(f.)*, **-en** cooperation

Exercises

1. Nehmen wir zum Vergleich das vor zehn Jahren ausgeführte Experiment.
2. Der mit zwanzig neugeborenen Säuglingen vorgenommene Versuch führte wieder zum gleichen Ergebnis wie der erste Versuch.
3. Dieses noch am Anfang seiner technischen Entwicklung stehende Gebiet verlangt ein umfangreiches wissenschaftliches Studium.

2. **neugeboren** *newborn*
   Säugling *(m.)*, **-e** *infant*
   vor/nehmen (nahm ... vor, vorgenommen; nimmt ... vor) *to undertake*

3. **verlangen** *to require, demand*
   umfangreich *extensive*

4. Die vor zwei Jahren in der niederländischen Stadt Utrecht ausgerichtete Ausstellung über Banken in der Schweiz versuchte, die korrupte Verbindung zwischen Kunst und der Bankenwelt aufzuzeigen.

5. Raketen und Raumschiffe sollen jetzt so konstruiert werden, daß die für ihren weiteren Flug überflüssig werdenden Teile nicht einfach in der Erdumlaufbahn zurückgelassen werden.

6. Solche Maßnahmen helfen nicht gegen die schon jetzt um die Erde kreisenden rund 3000 Tonnen Abfall.

7. Die durch Reibung an der Erdatmosphäre erglühten Meteore zerbersten häufig in viele kleinere Stücke.

8. Der Kopf des alten Franzosen war unvergeßlich: Sein stoppeliges Gesicht, die lange Nase und der tief in die Stirn gezogene Filzhut machten ihn zu einer unverwechselbaren Figur.

9. Bei einem Rundgang durch das festlich für Weihnachten geschmückte Weiße Haus sprach die Frau des US-Präsidenten über die nach Bosnien abkommandierten Truppen.

10. Die in der Einleitung ihres neuen Buches besprochene Zusammenarbeit mit Experten auf dem Gebiet der Kindererziehung hat die Präsidentenfrau auch bei dieser Gelegenheit ziemlich häufig erwähnt.

11. Um an Gebäuden einen Brand zu vermeiden, bringt man an den Gebäuden, nach einem schon[2] von B. Franklin (1753) gemachten Vorschlag, Blitzableiter an.

4. **aus/richten** *to arrange, install*
   auf/zeigen *to show, indicate*
5. **überflüssig** *unnecessary, surplus, leftover*
   Erdumlaufbahn (*f.*) *earth's orbital path*
   zurück/lassen (ließ ... zurück, zurückgelassen; läßt ... zurück) *to leave behind*
6. **kreisen** *to circle*
   Abfall (*m.*), ⁼e *waste, refuse, scraps*
7. **Reibung** (*f.*) *friction*
   erglüht *glowing*
   zerbersten (zerbarst, zerborsten; zerbirst) *to burst, break up*
8. **unvergeßlich** *unforgettable*
   stoppelig *stubbly, bristly*

8. **Nase** (*f.*), **-n** *nose*
   Stirn (*f.*), **-en** *forehead, brow*
   Filzhut (*m.*), ⁼e *felt hat*
   unverwechselbar *unmistakable*
9. **Rundgang** (*m.*), ⁼e *tour*
   festlich *festive*
   Weihnachten (*n.*) *Christmas*
   schmücken *to decorate, trim*
   ab/kommandieren *to order off, detail, detach* (military)
10. **Erziehung** (*f.*) *education, training*
    erwähnen *to mention*
11. **Brand** (*m.*), ⁼e *fire*
    an/bringen (brachte ... an, angebracht) *to install, attach*
    Vorschlag (*m.*), ⁼e *suggestion*
    Blitzableiter (*m.*), **–** *lightning rod*

---

2. In this instance, the adverb **schon** occurs between the limiting word and the preposition. In such a case, proceed as usual, placing the opening parenthesis after the limiting word: **einem (schon ... gemachten)**.

12. Am 6. August 1945, um Viertel nach acht morgens, wurde die von 400 000 Menschen bewohnte Stadt Hiroschima zu neunzig Prozent durch die erste Atombombe zerstört.

13. In einem wenige Tage später im Herzen der zerstörten Stadt aufgenommenen Foto ist das Ausmaß der Zerstörung zu sehen.

14. Die Anzahl der am Aufbau des neuen Stadtzentrums beteiligten Baufirmen war verhältnismäßig gering. Zwei oder drei Firmen haben drei Viertel der Aufträge bekommen.

15. Der in Berlin immerzu wachsende Fahrradverkehr, der sich bis zum Jahr 2000 verdoppeln und bis 2010 vervierfachen soll, steht auf dem heutigen Programm der vom Stadtsenat zusammengerufenen Sondersitzung.

16. „Draisine" war die Bezeichnung für die im Jahre 1817 vom Förstermeister Karl von Drais erfundene Laufmaschine, die ein Vorgänger des heutigen Fahrrads war.

12. **bewohnt** *inhabited*
13. **Herz** (*n.*), **-en** *heart*
    auf/nehmen (nahm ... auf,
       aufgenommen; nimmt ... auf)
       to take (a photograph)
    Ausmaß (*m.*), **-e** *extent*
14. **beteiligt** *involved, participating*
    Auftrag (*m.*), **⸚e** *contract*
    bekommen (bekam, bekommen)
       to receive (not: *become*)
15. **immerzu** *constantly*

15. **Fahrrad** (*n.*), **⸚er** *bicycle*
    Verkehr (*m.*) *traffic*
    sich verdoppeln *to double*
    sich vervierfachen *to quadruple*
    zusammen/rufen (rief ...
       zusammen, zusammengerufen)
       to call together
    Sondersitzung (*f.*), **-en** *special meeting*
16. **Förstermeister** (*m.*), **–** *forester*
    Vorgänger (*m.*), **–** *predecessor*

AM ANFANG WAR DIE DRAISINE

Wenn wir heute unser Fahrrad besteigen, kommt es uns wohl kaum in den Sinn, daß auch dieses Fahrzeug eine verhältnismäßig lange Entwicklung hatte. Das erste unseren modernen Rädern vorangehende Fahrzeug war eine aus Holz gebaute Laufmaschine. Sie wurde von einem in Mannheim lebenden Förstermeister, Karl von Drais, 1817 erfunden und später nach ihm die Draisine benannt.

5

1 **besteigen (bestieg, bestiegen)**
       to get on
2 **in den Sinn kommen (kam, ist**
       gekommen) *to occur (to)*

2 **Fahrzeug** (*n.*), **-e** *vehicle*
4 **voran/gehen (ging ... voran, ist**
       vorangegangen) *to precede*
7 **benennen** *to name, call*

Diese Laufmaschine ähnelte dem modernen Fahrrad nur insofern, als sie zwei hintereinander angebrachte Räder und einen Sattel hatte und mit den Händen gesteuert werden konnte. Jedoch mußte sich der im Sattel Sitzende mit den Füßen abwechselnd durch Abstoßen auf der Erde fortbewegen, fast wie beim Laufen. Natürlich erregte dieser Anblick viel Gelächter unter den Zuschauenden, besonders, wenn das noch nicht mit einer Bremse ausgestattete Fahrzeug zu schnell über eine mit Kopfsteinpflaster belegte Straße bergab sauste.

Etwa vierzig Jahre später kam die erste wichtige Verbesserung. Der Instrumentenmacher Fischer in Schweinfurt führte das mit einer Tretkurbel am Vorderrad versehene Fahrrad ein. Erst 1885 wurde das mit einer Kette am Hinterrad getriebene Fahrrad in England erfunden. Nach vielen anderen Verbesserungen erreichte das Fahrzeug seine heute bevorzugte Form, die meistens eine Handbremse und bei einem Rennrad bis zu zwanzig Gänge, und im Falle des heute von vielen jungen Leuten sehr beliebten Mountainbikes sogar Federung aufweist.

8	**ähneln** *to resemble*
9	**insofern, als** *in so far as, in that*
	hintereinander *one behind the other*
	an/bringen (brachte … an, angebracht) *to arrange, mount*
	Sattel *(m.), ∺ saddle, seat*
10	**steuern** *to steer*
11	**ab/wechseln** *to alternate*
12	**ab/stoßen (stieß … ab, abgestoßen)** *to push off*
	sich fort/bewegen *to propel oneself*
	erregen *to cause*
13	**Anblick** *(m.), -e sight, view*
	Gelächter *(n.) laughter*
	zu/schauen *to observe, watch*
14	**Bremse** *(f.), -n brake*
	aus/statten *to equip*
15	**Kopfsteinpflaster** *(n.) cobblestone pavement*

15	**belegen** *to cover*
	bergab *downhill*
	sausen *to speed*
16	**Verbesserung** *(f.), -en improvement*
18	**Tretkurbel** *(f.), -n pedal crank*
	Vorderrad *(n.), ∺er front wheel*
	versehen (versah, versehen; versieht) *to equip*
19	**Kette** *(f.), -n chain*
	treiben (trieb, ist getrieben) *to drive*
20	**erreichen** *to attain, reach*
21	**bevorzugt** *preferred*
22	**bis zu** *up to*
	Gang *(m.), ∺e gear (speed)*
23	**Federung** *(f.) suspension, spring system*
24	**auf/weisen (wies … auf, aufgewiesen)** *to exhibit, have*

KAPITEL 24

I. Other Types of Extended-Adjective Constructions

A. Extended-adjective constructions without limiting adjective

(Sich bei den olympischen Spielen in Atlanta treffende)[1] Sportler repräsentieren (Frieden liebende) Menschen aus aller Welt.
Athletes meeting at the Olympic games in Atlanta represent peace-loving people from all over the world.
(Aus den alten Mythen herstammende) Träume von Ruhm und Ehre mischen sich mit ganz pragmatischen (auf wertvolle Werbeverträge ausgerichtete) Hoffnungen.
Dreams of fame and glory stemming from the ancient myths mix with completely pragmatic hopes aimed at valuable advertising contracts.

The majority of constructions without limiting adjectives involve plural nouns and are introduced by a preposition.

B. Extended-adjective constructions introduced by a preposition followed by another preposition

Der Inhalt des letzten Kapitels handelt von (aus der Tiefe des Planeten hervorquellenden) Rauchwolken.
The contents of the last chapter deal with smoke clouds belching forth from the depths of the planet.
Der Heilpraktiker arbeitet ausschließlich mit (von der Natur gegebenen) Heilmitteln.
The homeopathic doctor works exclusively with homeopathic remedies that occur naturally.

C. Participles used as nouns

das (in der Schule vor vielen Jahren) Gelernte
what was learned in school many years ago
das (auf Seite 26) Gesagte
what was said on page 26

---

1. Parentheses in the example sentences provide an aid for reading or translating. They are normally not part of the sentence.

II. Extended Adjectives plus Unextended Adjectives in Front of a Noun

In a construction with both extended and unextended adjectives or participles (*all having the same adjective ending*) before the noun, unextended adjectives and participles are translated before the noun. The extended construction usually ends after the first adjective or participle.

> diese (für den Präsidenten schwierige) militärische Aufgabe
> *this military mission, which is (was) difficult for the president*
> die (im Lande herrschenden) politischen und sozialen Zustände
> *the political and social conditions prevailing in the country*
> die (zum ersten Mal in diesem Buch erzählten) lustigen
> Geschichten
> *the funny stories told in this book for the first time*

Even if the unextended modifier precedes the extended modifier and the two modifiers are separated by a comma, translate as above.

> die lustigen, (zum ersten Mal in diesem Buch erzählten)
> Geschichten
> *the funny stories told in this book for the first time*

III. Several Extended Adjectives Modifying a Noun

When a noun is modified by several extended adjectives, awkward translation may be avoided without altering meaning by dividing the long German sentence into shorter English sentences.

> Dieser (mit vielen Ehren in Deutschland ausgezeichnete,) (von
> seiner Heimat geflüchtete,) (jetzt in den Vereinigten Staaten
> lebende) große Filmregisseur war einer der Gründer der
> heutigen Filmindustrie.
> *This great film director, who had received many honors in
> Germany, was one of the founders of the contemporary film
> industry. He fled from his native country and is now living in
> the United States.*
> Unter dem (im Weltraum umkreisenden) Orbitalmüll gibt es
> auch viele (für mitumkreisende Raumschiffe gefährliche,)
> (noch im Betrieb stehende,) (von Bodenstationen fortlaufend
> erfaßte,) unbemannte Satelliten.
> *Among the orbiting refuse circling in outer space there are also
> many unmanned satellites. These satellites, continually in
> contact with earth stations, are still in operation and are
> dangerous for other orbiting ships.*

Basic Vocabulary

ausschließlich exclusive
aus/statten to equip, endow
bieten (bat, geboten) to offer
Bild *(n.)*, **-er** picture, photograph
Bildung *(f.)* education, formation
Buchbesprechung *(f.)*, **-en** book review
damalig then, of that time
ein/leiten to introduce
ergänzen to supplement, add to
erkennen (erkannte, erkannt) to recognize, perceive

Erkenntnis *(f.)*, **-se** perception, knowledge
Gegenwart *(f.)* present, the present time
gewinnen (gewann, gewonnen) to win
gründlich thorough
Grundsatz *(m.)*, **̈-e** principle
hervorragend outstanding
Mittel *(n.)*, **–** means, aid
Mythos *(m.)*, **Mythen** myth
oft often
rasch rapid, fast
Schrift *(f.)*, **-en** work, writing

sonst otherwise, else
statt instead (of)
übersetzen to translate
Unterricht *(m.)* instruction
unterscheiden (unterschied, unterschieden) to distinguish
Verständnis *(n.)* understanding
Weg *(m.)*, **-e** way, path
Weltraum *(m.)* outer space
Wert *(m.)*, **-e** value, worth
Wirklichkeit *(f.)*, **-en** reality

Exercises

1. Dieses 1816 zuerst erschienene, später laufend ergänzte, 1838 ins Deutsche übersetzte Buch hatte einen großen Einfluß auf die Psychiatrie ausgeübt.
2. Paracelsus veröffentlichte seine für die damalige Zeit bahnbrechenden neuen Erkenntnisse in verschiedenen Schriften.
3. Von uns gewonnene Versuchsergebnisse werden in den nächsten Mitteilungen der „Zeitschrift für medizinische Beiträge" erscheinen.
4. Für jeden am Erziehungswesen Interessierten ist ein grundlegendes Verständnis der Technik und der Grundsätze des „Programmierten Unterrichts" heute unerläßlich.
5. Dieses umfangreiche, hervorragend mit 366 vorzüglichen Farbbildern ausgestattete Werk wird mit einer vom Autor selbst aus dem Englischen übersetzten Abhandlung über die Welt der Mythen eingeleitet.

1. **laufend** *continuously*
2. **bahnbrechend** *pioneering*
3. **Zeitschrift** *(f.)*, **-en** *magazine, journal*
   Beitrag *(m.)*, **̈-e** *contribution, article*

4. **Erziehungswesen** *(n.)* *educational system*
   unerläßlich *indispensable*
5. **umfangreich** *extensive, voluminous*
   vorzüglich *excellent*

6. Das auf Seite 72 über Shakespeares „Hamlet" Gesagte gilt auch zum Teil für Tom Stoppards 1966 uraufgeführte Komödie „Rosenkrantz und Gildenstern".

7. Das 1939 von Goodwin und Stone entworfene, heute noch als Museum benutzte Gebäude stellt eines der ersten Beispiele des Internationalen Stils in den Vereinigten Staaten dar.

8. Der Weg, auf dem die bisher rund 7500 katalogisierte erdumkreisende Objekte in den Weltraum gekommen sind, bleibt noch weitgehend unbekannt.

9. Viel gefährlicher ist der schwer oder gar nicht erfaßbare Kleinmüll, zum Beispiel Teile auseinandergebrochener Satelliten.

10. Die Künstler des Expressionismus legten keinen Wert auf die Wirklichkeit und brachten statt dessen das im Inneren, im Geiste Geschaute zum Ausdruck.

11. Körperliche Bewegung auszudrücken gehörte zu den Grundsätzen der sich dem naturalistischen Darstellungs-Denken entfremdeten, gleichzeitig den „modernen" Denk- und Erlebnisformen verpflichteten Kunst des Expressionismus.

12. Schauen wir zum Beispiel die von E. L. Kirchner im Jahre 1911 in Berlin großformatig gemalten Straßenszenen an, so gewinnen wir ein neues Verständnis des Begriffes „körperliche Bewegung".

13. Macchiavellis Name und die von ihm geprägte, oft umstrittene Staatsform sind bis zur Gegenwart ein Begriff und werden es wohl in der Zukunft bleiben.

14. Durch Anwendung des heute im Unterricht über die Währungsunion Gelernten soll jeder aufmerksame Student nun den Wert der deutschen Mark und des „Euro" unterscheiden können.

6. **uraufgeführt** *premiered*
7. **entwerfen (entwarf, entworfen; entwirft)** *to design, plan*
8. **weitgehend** *to a great extent*
9. **gefährlich** *dangerous*
   erfaßbar *detectable*
   Müll *(m.) dust, rubbish, refuse*
   auseinander/brechen (brach ... auseinander, auseinandergebrochen; bricht ... auseinander) *to break apart*
10. **zum Ausdruck bringen (brachte, gebracht)** *to express (to bring to expression)*

11. **körperlich** *physical*
    aus/drücken *to express*
    sich entfremden *to alienate (oneself), become alienated*
    sich verpflichten *to commit or pledge (oneself), be dedicated to*
12. **malen** *to paint*
13. **prägen** *to coin, form, determine the shape of*
    umstritten *controversial*
14. **Währungsunion** *(f.) currency union*
    aufmerksam *attentive*

15. Auf der einen Seite sehen wir die Politiker, die das schon 1991 in Maastricht beschlossene Projekt verschieben möchten. Auf der anderen erkennt man diejenigen, die die Integration des nunmehr größer gewordenen Deutschlands in die Europäische Union vollenden wollen.

16. Das neue Selbstbewußtsein der Ostdeutschen ist im allgemeinen für in den alten Bundesländern lebende Westdeutsche schwer zu verstehen.

17. In dem zu DDR-Zeiten nach Ostberlin zweitgrößten Industriezentrum des Staates findet man heute die zweitgrößte Baustelle der Bundesrepublik.

18. Schon in einem ganz kurz vor der Wende erschienenen Stadtführer heißt es: Dresden präsentiert sich heute als eine Stadt mit moderner Industrie, als ein Zentrum von Wissenschaft und Technik und eine Stätte der Kunst und Kultur.

15. **auf der einen Seite** *on one side/hand*
beschließen (beschloß, beschlossen) *to resolve, decide*
verschieben (verschob, verschoben) *to postpone*
auf der anderen [Seite] *on the other side/hand*
nunmehr *henceforth, now, by this time*
vollenden *to complete*

16. **Selbstbewußtsein** (*n.*) *self-confidence*

17. **DDR = Deutsche Demokratische Republik** *GDR = German Democratic Republic (East Germany)*
Baustelle (*f.*), **-n** *construction site*

18. **Stadtführer** (*m.*), **–** *guide (book) to the city*
Stätte (*f.*), **-n** *place, abode*

BUCHBESPRECHUNG

Heinz Bechert und Georg von Simson (Hrsg.): *Einführung in die Indologie: Stand, Methoden, Aufgaben.* Zweite durchgesehene, ergänzte und erweiterte Auflage 1993. 323 S.

Das Buch ist als Einführung für Studierende und für den interessierten Laien gedacht. Das Fach Indologie, hier verstanden als Gesamtbereich der den indischen Subkontinent einschließlich Nepals, Sri Lankas und Birmas vom Altertum bis in

1 **Hrsg. = Herausgeber** (*m.*), **–** *editor*
2 **Stand** (*m.*) *status, condition*
3 **erweitern** *to expand*

5 **Laie** (*m.*, *n-noun*), **-n** *layman, novice*
7 **einschließlich** *including*

die Gegenwart betreffenden Kulturwissenschaften, setzt sich aus einer
Reihe von Teildisziplinen zusammen, die hier von verschiedenen
Spezialisten behandelt werden. Neben einer knappen Darstellung des
Forschungsgegenstandes wird jeweils kurz auf die Geschichte der
Forschung eingegangen sowie auf neueste Forschungsergebnisse und
noch ungelöste Probleme hingewiesen. Reichliche bibliographische,
das indologische Schrifttum in den europäischen, zum Teil auch in
asiatischen Sprachen berücksichtigende Hinweise sollen zum weiter-
führenden Studium anregen. Charakteristisch für das Buch ist einerseits die wissenschaftshistorische und problemorientierte Einstellung,
andererseits die über die „klassische Indologie" hinausreichende
Einbeziehung der neueren indischen Kultur.

Der „Orientalischen Literaturzeitung" nach: „Die Herausgeber
und Mitarbeiter dieses Bandes – Universitätsprofessoren und in der
ganzen Welt bekannte Experten einzelner Spezialgebiete der Indologie
– stellten ein Handbuch zusammen, das berufen ist, über sämtliche
Zweige der Indologie, die Forschungsmethoden und die Hauptaufga-
ben der Forschung auszusagen. (...) Eine in jeder Hinsicht anspruchs-
volle Arbeit, die ein vielgelesenes Handbuch für Forschung und
Unterricht sein wird."

8	**betreffend** *regarding, concerning, respective*		15	**Hinweis** (*m.*), **-e** *reference*
	sich zusammen/setzen aus *to be composed of, consist of*		17	**einerseits** *on the one hand*
				Einstellung (*f.*), **-en** *attitude*
10	**knapp** *concise, terse*		18	**andererseits** *on the other hand*
12	**ein/gehen auf** (**ging ... ein, ist eingegangen**) *to enter into, discuss*			**hinaus/reichen über** *to extend beyond*
			19	**Einbeziehung** (*f.*) *inclusion*
	sowie *as well as*		23	**berufen sein** *to be qualified*
13	**hin/weisen auf** (**wies ... hin, hingewiesen**) *to point out, refer or allude to*		24	**Zweig** (*m.*), **-e** *branch*
			25	**Hinsicht** (*f.*) *view, consideration, regard*
15	**berücksichtigen** *to take into consideration*			**in jeder Hinsicht** *in every respect*
			26	**anspruchsvoll** *exacting, fastidious*

KAPITEL 25

I. Additional Extended-Adjective Constructions

A. Extended-adjective constructions within extended-adjective constructions

When you come to the signal for a second extended-adjective construction, usually a preposition after a limiting adjective, set it off with brackets. Translate the second construction after the first one.

> Kürzlich fragte mich einer der (an das [schon seit Jahren baufällige] Balkongeländer gelehnten) Mieter, wann das Haus renoviert werden soll.
> *Recently one of the tenants leaning on the balcony railing, which has been dilapidated now for years, asked me when the building is to be renovated.*
> Die (während der Nacht mit dem [aus Frankreich kommenden] Zug eingetroffenen) Touristen fanden keine Unterkunft.
> *The tourists who arrived during the night on the train coming from France did not find any lodging.*

These constructions are relatively rare. Practice in recognizing signals, such as a preposition followed by an article followed by another preposition, should alert you that these units always must be isolated and translated only after identifying the sentence element that they are modifying.

B. Extended-adjective constructions with *zu* + present participle

This construction is quite common in extended-adjective constructions. **Zu** plus a present participle is best translated with *to be, can be, may be, must be* + past participle.

> die (zu schreibende) Aufgabe *the assignment to be written* (or:
>   *the assignment that must be written)*
> die (für morgen vorzubereitende) Aufgabe
>   *the assignment to be prepared for tomorrow*
> die (in unserem Museum zu sehenden) Kunstwerke
>   *the works of art to be seen* (or: *that can be seen in our museum)*

Note that in the case of present participles of verbs with separable prefixes, e.g., **vor/bereiten** *(to prepare),* **zu** becomes part of the participial adjective: **vorzubereitend.**

II. Participial Phrases

Similar to participles in extended-adjective constructions, participial phrases are constructions in which a present or past participle occurs with modifiers to indicate time, manner, or cause. The participial phrase always refers to the subject of the sentence in which it is found. Since they function similarly to dependent clauses, participial phrases are set off by commas.

Note when translating that the present or past participle is the last element of the German construction, but it is translated first in English.

A. Participial phrases indicating time

Von seinem historischen Treffen mit dem deutschen Kanzler zurückkehrend, rief der Premierminister seine Berater zusammen.
Returning from his historic meeting with the German chancellor, the prime minister called his advisors together.
In „der neuen Welt" angekommen, versuchten die Vertriebenen ein neues Leben zu beginnen.[1]
Having arrived in "the new world," the exiles tried to begin a new life.

B. Participial phrases indicating manner

Um die Erde sausend, stellt der Orbitalmüll eine große Gefahr dar.
Racing around the earth, the orbital refuse represents a large danger.
Die Warnungen des Forschungskomitees ignorierend, schoß NASA erneut Raketen ins All.
Ignoring the warnings of the research committee, NASA once again shot rockets into space.

C. Participial phrases indicating cause

Von allen Frieden liebenden Nationen abgeschnitten, fand der Kriegsführer keine neuen Allierten.
Cut off from all freedom-loving nations, the warlord found no new allies.

---

1. Such statements in English must be conveyed using *having* + past participle to indicate that the descriptive action took place in the past: **in New York angekommen** = *having arrived in New York.*

Endlich unterschrieben, konnte der Vertrag für gültig gehalten
werden.
*Having finally been signed, the contract could be considered
valid.*

III. *Ist (war)* + *zu* + Infinitive

This construction is translated by an English passive infinitive: *is to be,
can be, must be; was to be, could be, had to be.* Note that in verbs with
separable prefixes, **zu** stands between the prefix and the verb, for example: **zurückzuführen.**

> Dieser Effekt in den Werken von Warhol ist auf frühere Werke
> von Jackson Pollock zurückzuführen.
> *This effect in the works of Warhol can be traced to earlier works
> by Jackson Pollock.*
> Die grüne Farbe ist einfach nicht mehr zu sehen.
> *The green color is simply not seen anymore.*
> In seinen Tagebüchern war zu diesem Thema kein Wort zu
> finden.
> *There was no sign of this topic to be found in his journals.*

Note that the future tense of **sein** + **wohl** expresses probability in the
present.

> Diese Art von Nachweisen wird wohl in verwandten Werken zu
> finden sein.
> *This type of proof can probably be found in related works.*
> Der Unfall bei dem Atomkraftwerk wird wohl auf menschliche
> Fehler zurückzuführen sein.
> *The accident at the atomic power plant can probably be traced
> to human error.*

Context will help you determine whether the **sein** + **zu** + infinitive should
be translated *can be* or *must/should be.* Situations in which a time limit is
set generally translate *must/should be.*

> Dieses Buch ist bis Montag zu lesen.
> *This book must/should be read by Monday.*
> Der Bericht ist genau zu überprüfen, bevor er dem Ausschuß
> vorzulegen ist.
> *The report should/must be checked thoroughly before it can be
> presented to the committee.*

Basic Vocabulary

ab/schneiden (schnitt ... ab, abgeschnitten) to cut off

Art *(f.)*, **-en** kind, type, species

auf/halten (hielt ... auf, aufgehalten; hält ... auf) to stop

brennen (brannte, gebrannt) to burn

Droge *(f.)*, **-n** drug

entfernen to remove

ernten to harvest

Gebrauchsgut *(n.)*, **⁻er** consumer item

Himmelskörper *(m.)*, **–** celestial body

Kraftwerk *(n.)*, **-e** power plant

Kreis *(m.)*, **-e** circle

Lebensmittel *(pl.)* food, victuals

Nachweis *(m.)*, **-e** proof, detection, determination

Rohstoff *(m.)*, **-e** raw material

sicher certain, sure, safe

Truppe *(f.)*, **-n** troop

umfangreich extensive

versehen (versah, versehen; versieht) to equip, provide

versorgen to provide, supply

vollenden to complete, end, finish

vollständig complete, entire

wesentlich essential

im wesentlichen essentially

Zweck *(m.)*, **-e** purpose

Exercises

1. Es ist zu erwähnen, daß das Neue nicht immer das Beste ist.
2. Bereits 1507 im wesentlichen vollendet, wurde Kopernikus' Studie „Über die Kreisbewegungen der Himmelskörper" erst 1543 veröffentlicht.
3. Von der Kirche gezwungen, mußte Galileo Galilei im 17. Jahrhundert seine revolutionären Ideen widerrufen.
4. Der Fortschritt war, wie auf anderen Gebieten, auch hier nicht aufzuhalten.
5. Die bei dieser Methode zu beachtenden Vorsichtsmaßregeln sind unbedingt einzuhalten.
6. Solche Maßnahmen helfen nicht gegen die in ganz verschiedenen Formen um die Erde kreisenden rund 3000 Tonnen Abfall.
7. Das deutsche Luftschiff „Hindenburg", mit brennbarem Wasserstoff gefüllt, ist 1937 in Lakehurst in Flammen aufgegangen.

3. **zwingen (zwang, gezwungen)** *to force, coerce*
   widerrufen (widerrief, widerrufen) *to deny, recant*
5. **beachten** *to observe*
   Vorsichtsmaßregel *(f.)*, **-n** *precautionary measure*
   unbedingt *absolute, absolutely*

5. **ein/halten (hielt ... ein, eingehalten; hält ... ein)** *to observe, adhere to*
6. **rund** *approximately*
   Abfall *(m.)*, **⁻e** *waste, refuse*
7. **brennbar** *combustible*
   Wasserstoff *(m.)* *hydrogen*
   auf/gehen (ging ... auf, ist aufgegangen) *to go up*

8. Auf Basis solcher unvollständigen Nachweise war eine erfolgreiche Untersuchung des damaligen Chefs des Staatssicherheitsdienstes nicht durchzuführen.

9. Ursprünglich nur für Versuchszwecke Anwendung findend, ist diese Droge heute in vielen Gebieten der Pharmazie vorzufinden.

10. Das Ernten dieser Drogen ist in derjenigen Vegetationsperiode vorzunehmen, in welcher die Pflanzen bzw. die zu erntenden Pflanzenteile den größten Gehalt an wirksamen Bestandteilen enthalten.

11. Von diesen neuen Methoden sind keine Wunder zu erwarten.

12. Die aus der gefährdeten Stadt entfernten Kunstschätze sind jetzt im neuen Museum ausgestellt.

13. In chronologischer Reihenfolge angelegt und zwar mit den Post-Impressionisten des späten 19. Jahrhunderts beginnend, befinden sich die Gemälde und Skulpturen im hinteren Gebäude des Museums.

14. Der noch zu diskutierende Beitrag handelt über altägyptische Mythen.

15. Eine umfangreiche Einleitung in Art, Wesen und Verständnis altägyptischer Mythen führt den Leser in die Vorstellungswelt der pharaonischen Ägypter ein und macht ihn mit den bedeutendsten Mythen dieser Zeit bekannt.

16. Jahrzehntelang durch die Mauer vom Westen abgeschnitten, war Berlin im wesentlichen als Symbol der deutschen Teilung und Zentrum des „Kalten Krieges" anzusehen.

8. **Staatssicherheitsdienst** *(m.)* *state security police*

9. **vor/finden (fand ... vor, vorgefunden)** *to find*

10. **vor/nehmen (nahm ... vor, vorgenommen; nimmt ... vor)** *to undertake, do*
   Gehalt *(m.),* **-e** *content, proportion*
   Bestandteil *(m.),* **-e** *component, constituent, ingredient*

12. **gefährden** *to endanger*
   Schatz *(m.),* **⸚e** *treasure*
   aus/stellen *to exhibit*

13. **Reihenfolge** *(f.),* **-n** *order, sequence*
   an/legen *to arrange, set up*

14. **ägyptisch** *Egyptian*

15. **Vorstellung** *(f.),* **-en** *imagination, idea*
   bekannt/machen *to introduce*

DIE „ROSINENBOMBER"

Die während des Zweiten Weltkrieges über Berlin fliegenden alliierten Bomber brachten der Stadt Tod und Verheerung. Nur drei Jahre später wieder nach Berlin fliegend, wurden amerikanische und britische Flugzeuge von der Bevölkerung West-Berlins mit Jubel begrüßt. Von Juni 1948 bis Mai 1949 brachten sie den West-Berlinern alles, was diese zum Lebensunterhalt brauchten. Durch die von den sowjetischen Truppen durchgeführte Blockade isoliert, mußten die 2,5 Millionen Einwohner vollständig durch die „Luftbrücke" versorgt werden. Dies schloß nicht nur Lebensmittel und Medikamente, sondern auch Kohle, Rohstoffe, Maschinenteile und Gebrauchsgüter aller Art mit ein. Da Berlin auch von der Stromversorgung abgeschnitten war, wurde sogar ein ganzes Kraftwerk eingeflogen, um die Stadt mit elektrischem Strom zu versorgen. Bei schlechtem Wetter landete alle zwei bis drei Minuten ein Flugzeug, bei gutem sogar öfter. Etwa 500 Großflugzeuge flogen über 200 000 Einsätze und beförderten eine Fracht von fast 1 500 000 Tonnen.

Die für ihren Humor und ihre Schlagfertigkeit bekannten Berliner, und besonders die Kinder, zu denen die Piloten kleine aus Bettüchern selbstgemachte Fallschirme mit daran hängenden Süßigkeiten abwarfen, gaben den Flugzeugen den Spitznamen „Rosinenbomber." Dank der Luftbrücke überstanden die West-Berliner die elfmonatige Blockade. Diese sichtbare Verbundenheit mit Berlin als Vorposten westlicher Politik und Lebenskultur förderte eine während der fünfziger Jahre in ganz Westdeutschland immer stärker werdende Bereitschaft zur Zusammenarbeit mit dem Westen.

Title	**Rosine** (*f.*), **-n** *raisin*	17	**Schlagfertigkeit** (*f.*) *quick wit*
2	**Verheerung** (*f.*), **-en** *destruction, devastation*	19	**Bettuch** (*n.*), **⁼er** *bed sheet*
5	**Jubel** (*m.*) *jubilation, joy*		**Fallschirm** (*m.*), **-e** *parachute*
6	**Lebensunterhalt** (*m.*), **-e** *subsistence*	20	**Süßigkeit** (*f.*), **-en** *sweets, candy*
9	**Luftbrücke** (*f.*) *air lift ("air bridge")*		**ab/werfen** (**warf ... ab, abgeworfen; wirft ... ab**) *to throw down, drop*
	ein/schließen (**schloß ... ein, eingeschlossen**) *to include*		**Spitzname** (*m., n-noun*), **-n** *nickname*
12	**Stromversorgung** (*f.*) *electrical current supply*	22	**Verbundenheit** (*f.*) *bond*
16	**Einsatz** (*m.*), **⁼e** *mission*	23	**Vorposten** (*m.*), **–** *outpost*
	befördern *to haul, transport*		**fördern** *to promote*
	Fracht (*f.*), **-en** *freight*	25	**Bereitschaft** (*f.*) *readiness, preparedness*

TRUDELNDE TRÜMMER[1]

Vor „teuren unabänderlichen Konsequenzen" warnt der Chef eines aus NASA-Mitteln finanzierten Forschungskomitees. Über „kritische Konzentrationen" klagt die europäische Raumfahrtagentur Esa, und eine beim britischen Verteidigungsministerium angesiedelte Studie kommt zu dem Schluß, daß sich „Kaskaden von Kollisionen" im erdnahen Weltraum ereignen können – die Raumfahrttechniker in aller Welt plagt ein scheinbar ganz irdisches Problem: Müll.

Die Gefahren des orbitalen Abfalls, seit Beginn der bemannten Raumfahrt vorauszusehen, sind inzwischen bedrohlich angewachsen. Zu den in unterschiedlicher Höhe um die Erde sausenden Trümmern zählen haushohe ausgediente Spionagesatelliten ebenso wie Raketenreste und eine irdische Kamera Modell Hasselblad, die 1966 einem US-Astronauten während eines Raumspaziergangs aus der Hand glitt.

Katalogisiert sind derzeit rund 7500 erdumkreisende Objekte, darunter etwa 2000 Satelliten, von denen noch 350 in Betrieb sind. Von solchen fortlaufend von Bodenstationen erfaßten Großobjekten wissen die Techniker genau, wann sie sich wo befinden. Viel gefährlicher ist der schwer oder gar nicht erfaßbare Kleinmüll, zum Beispiel

5

10

15

Title **trudeln** *to drift and roll*	9 **Gefahr** *(f.),* **-en** *danger*
Trümmer *(pl.) wreckage, fragments, debris*	**Abfall** *(m.),* **⁼e** *refuse, garbage*
1 **unabänderlich** *irrevocable, unalterable*	**bemannt** *manned*
	10 **bedrohlich** *threateningly*
3 **klagen** *to complain*	**an/wachsen (wuchs ... an, ist angewachsen; wächst ... an)** *to grow, increase*
4 **Raumfahrt** *(f.) space travel*	
Verteidigung *(f.) defense*	11 **unterschiedlich** *varying, different*
5 **Schluß** *(m.),* **Schlüsse** *conclusion*	**sausen** *to race*
6 **erdnah** *near the earth*	14 **gleiten (glitt, ist geglitten)** *to glide, slide, slip*
ereignen *to occur*	
7 **plagen** *to plague*	16 **darunter** *among them*
scheinbar *apparent*	**Betrieb** *(m.) operation*
irdisch *earthly, human*	17 **erfassen** *to contact, grasp*

---

1. "Trudelnde Trümmer" adapted from *Der Spiegel* 46/1995, page 215

20 Teile auseinandergebrochener Satelliten oder geborstene Raketenstufen. Nach Schätzungen von US-Wissenschaftlern schwirren zwischen 40 000 und 150 000 Teile dieser Größenordnung (10 bis 100 Millimeter) um die Erde, die meisten davon sind nicht registriert.

25 Zu den noch mehr als drei Millionen Kleinteilen von weniger als zehn Millimeter Größe, die auch in der Umgebung der Erde umherschwirren, gehören Partikel sich auflösenden Isolationsmaterials und sich von ihrem Raumvehikel gelöste Lackfetzen. Teilweise bewegt sich der Minimüll im Schwarm und bedroht seine Bahn kreuzende Raumschiffe oder Satelliten.

30 Die Bruchstücke können auch außenbord herumturnenden Astronauten gefährlich werden: Schon ein Farbklecks von nur einem Zentimeter würde einen Raumanzug mit der Wucht einer Handgranate zerfetzen – denn die Trümmerteilchen rasen mit rund 28 000 Stundenkilometern durchs All.

35 Daß sich noch kein tödlicher Unfall ereignet hat, ist reiner Zufall. Nach Landung der Raumfähre „Endeavour" im Frühjahr 1992 beispielsweise entdeckten NASA-Techniker auf dem linken Cockpit-Fenster einen millimetergroßen Krater, verursacht durch den Einschlag eines winzigen Trümmerstückes.

40 Zur Müllvermeidung sollen Raketen und Raumschiffe jetzt so umkonstruiert werden, daß sie überflüssig werdende Teile nicht einfach wie bisher in der Erdumlaufbahn zurücklassen. Künftige

20	**bersten (barst, ist geborsten; birst)** *to explode*	31	**Farbklecks** (*m.*), **-e** *fleck of paint*
21	**Stufe** (*f.*), **-n** *stage, step*	32	**würde** (*conditional*) *would*
	Schätzung (*f.*), **-en** *estimate*		**Raumanzug** (*m.*), **⸚e** *space suit*
	(umher)schwirren *to whiz (around), fly around*		**Wucht** (*m.*) *force*
22	**Größenordnung** (*f.*), **-en** *size, dimension*	33	**zerfetzen** *to rip to shreds, tear apart*
23	**davon** *of them*	35	**rasen** *to race*
26	**sich auf/lösen** *to break up, disintegrate*		**Zufall** (*m.*), **⸚e** *accident*
27	**Lackfetzen** (*m.*), **–** *lacquer particles, peelings*	38	**verursachen** *to cause*
28	**Schwarm** (*m.*), **⸚e** *swarm*	39	**Einschlag** (*m.*), **⸚e** *impact*
	bedrohen *to threaten*	40	**winzig** *tiny*
	Bahn (*f.*), **-en** *path, orbit*	41	**Vermeidung** (*f.*) *avoidance*
	kreuzen *to cross*		**überflüssig** *unnecessary, extra, leftover*
30	**außenbord** *outside of the ship*	42	**zurück/lassen (ließ ... zurück, zurückgelassen; läßt ... zurück)** *to leave behind*
	herum/turnen *to bounce around*		**künftig** *future*

Raumfahrzeuge sollen durch Schutzschilde zudem besser als bisher
gegen einen Zusammenprall mit umherfliegenden Trümmern abge-
schirmt werden.

Solche Maßnahmen helfen nicht gegen die schon jetzt um die
Erde kreisenden rund 3000 Tonnen Abfall. Zwei Drittel des
Weltraummülls bewegen sich unterhalb von 2000 Kilometer Höhe
und gefährden dort besonders die nachrichtenübermittelnden Leos
(Low Earth Orbit Satellites). Statistiker haben errechnet, daß für den
einzelnen Leo-Satelliten in dem am stärksten müllbelasteten Bereich
zwischen 800 und 1000 Kilometer Höhe in zehn Betriebsjahren die
Wahrscheinlichkeit einer Kollision bei einem Prozent liegt.

Immerhin besteht bei diesem Teil des Abfalls die Hoffnung, daß
die umhertrudelnden Trümmer im Laufe von Jahren langsamer
werden und beim Eintauchen in dichtere Schichten der Atmosphäre –
also etwa ab Höhenkilometer 90 über der Erde – verglühen.

43	**Schutzschild** (*n.*), **-e** *protective shield*	50	**errechnen** *to calculate*
	zudem *in addition*	51	**belasten** *to load, burden*
44	**Zusammenprall** (*m.*) *collision*	54	**immerhin** *nonetheless*
45	**ab/schirmen** *to shield, protect*	56	**eintauchen** *to plunge, immerse*
49	**Nachrichten** (*pl.*) *news*		**dicht** *dense*
	übermitteln *to transmit*		**Schicht** (*f.*), **-en** *layer*
		57	**verglühen** *to burn out*

KAPITEL 26

I. *Da(r)*-compounds

A. *Da(r)*-compounds used to replace a pronoun

Da(r)-compounds consist of **da(r)** plus one of the following prepositions: **an, auf, aus, bei, durch, für, gegen, hinter, in, mit, nach, neben, über, um, unter, von, vor, zu, zwischen.** The **-r-** is inserted when the preposition begins with a vowel.

Da(r)- generally replaces a personal or demonstrative pronoun which refers to a singular or plural inanimate object or an idea. Translate the preposition first, then **da(r)-** as *it, them, that, this, those, these.*

> In der Mitte des Zimmers steht ein Tisch, und **darauf** finden Sie die gesuchten Papiere. *In the middle of the room is a table, and **on it** you will find the papers you were looking for.*
> Hier sind die Bücher. **Darin** können Sie die Informationen finden, die Sie gesucht haben. *Here are the books. **In them** you can find the information you were looking for.*
> Nehmen wir das erste Beispiel. **Daran** können wir klar ersehen, was das Problem ist. *Let's take the first example. We can clearly see **from that** what the problem is.*

B. *Da(r)*-compounds anticipating clauses

Da(r)-compounds may anticipate clauses (usually **daß**-clauses) or infinitive phrases that complete a verb demanding a prepositional object. In some instances this combination is best translated with a preposition + *the fact that* or a preposition + gerund (verb ending in *-ing*); at other times the **dar**-compound has a strictly functional purpose requiring no translation.

> Viele Leute glaubten nicht daran, daß die Erde rund ist.
> *Many people did not believe (in the fact) that the earth is round.*
> Wer hat damit gerechnet, ein neues Land zu entdecken?
> *Who counted on discovering a new country?*
> Der Entdecker hat erst später davon geredet, daß das Schiff zu klein gewesen war.
> *Only later did the discoverer mention the fact that the ship had been too small.*

Die Wirkung dieser Geschichte besteht darin, daß sie so span-nend ist. *The effect of this story consists in its being so thrilling. (or . . . in the fact that it is so thrilling.)*

C. Idiomatic uses of *da(r)*-compounds

Note that the following **da(r)**-compounds have idiomatic meanings.

1. **dabei** *on the point of*

   Er war gerade dabei, eine neue Entdeckung zu machen.
   He was just on the point of making a new discovery.

2. **dagegen** *on the other hand, however*

   Im Süden sind die meisten Kirchen katholisch, im Norden dagegen protestantisch. *Most of the churches in the south are Catholic; in the north, however, they are Protestant.*

3. **daher** *therefore, for that reason*

   Das Projekt kostet zu viel Geld, und daher wird es nicht ausgeführt. *The project costs too much money, and for that reason it won't be carried out.*

4. **damit** *so that, in order that*

   Die Musiker sollen etwas leiser spielen, damit die Solistin gehört werden kann. *The musicians should play somewhat more softly, so that the soloist can be heard.*

5. **darauf** *thereupon, after that*

   Die zwei Diplomaten gaben sich die Hand, und gleich darauf unterschrieben sie den Vertrag. *The two diplomats shook hands and immediately after that signed the treaty.*

6. **dazu** *in addition*

   Jeder hat dazu eine kurze Rede gehalten.
   In addition, each of them gave a short speech.

II. *Wo(r)*-compounds

Wo(r)-compounds, consisting of **wo(r)** + preposition, are used as inter-rogatives.

Womit fangen wir an?
   What do we begin with? (or With what . . . ?)
Wozu gebrauchen Sie dieses Instrument? *What do you use this instrument for? (or For what [purpose] . . . ?)*
Worauf muß er warten?
   What does he have to wait for? (or For what . . . ?)

Wo(r)-compounds may introduce relative clauses, in which case they replace a relative pronoun object of a preposition, e.g.: **das Haus, in dem** ... = **das Haus, worin** ... . They mean *which* or *what*.

> Das Haus, worin er lange gewohnt hatte, wurde zerstört.
> *The house in which he had lived a long time was destroyed.*
> Das Thema, womit wir uns heute beschäftigen, heißt ...
> *The topic with which we are dealing today is . . .*
> Ich weiß nicht, woran er gedacht hat.
> *I don't know what he was thinking about.*
> Ich weiß auch nicht, wovon er gesprochen hat.
> *I also don't know what he talked about.*

Only references to inanimate objects and ideas occur in **wo(r)**-compounds.

III. *Hier*-compounds

Hier- is combined similarly, but less often, with prepositions to form the following compounds: **hierauf, hieraus, hierbei, hierdurch, hierfür, hiergegen, hierin, hiermit, hiernach, hierüber, hierunter, hierzu.**

Translate the preposition first, then **hier** as *this*.

> **Hierauf** werden wir später zurückkommen.
> *We will come back **to this** later.*
> **Hierin** muß ich Ihnen recht geben.
> *I have to admit you are right **in this (matter)**.*
> **Hiermit** beschließen wir unsere Unterhaltung.
> ***With this** we conclude our conversation.*
> **Hierzu** braucht man viel Zeit und Geld.
> *A lot of time and money are needed **for this**.*

IV. Adverbs of Direction in Prepositional Phrases

The most frequent adverbs of direction that combine with prepositions are **hin** and **her. Hin** indicates direction away from the speaker and toward another point; **her** indicates direction toward the speaker. When the directional adverb comes at the end of the prepositional phrase, it emphasizes where the situation or action is headed to or coming from. In either case, **hin** and **her** are not translated into English.

> Die Feinde sind nach allen Richtungen hin geflohen.
> *The enemies fled in all directions.*

Die Vögel sind vom Süden her gekommen.
The birds came from the south.

Do not be distracted by **hin** or **her** or other "extra" adverbs of direction that do not translate. Some that occur fairly commonly are:

von ... aus *from*	Von diesem Standpunkt aus gesehen ... *Seen from this perspective . . .*
um ... herum *around*	Sie sitzen um den Tisch herum. *They sit around the table.*
über ... hinaus *beyond*	Darüber hinaus möchte ich sagen ... *Beyond that I'd like to say . . .*
von ... her *from*	Sie kommt vom Flughafen her. *She's coming from the airport.*
zu ... her *to, toward*	Komm zu mir her! *Come to me!*
zu ... hin *to, toward*	Geh zu ihr hin! *Go to her!*
nach ... hin *to, toward*	Nach Bonn fahren wir nicht mehr hin. *We're not going to Bonn anymore.*
nach ... zu *to, toward*	Nach Süden zu liegt Italien. *Italy lies to the south.*

V. Introductory *es* Not the Real Subject

German speakers often use the word **es** as a placeholder to give a sentence the form of a normal statement. In these situations, **es** is a filler with no grammatical function, so the finite verb does not agree with it but with the true subject of the sentence. **Es** may be eliminated entirely or translated as *there.*

Es bestehen zwei Möglichkeiten.
There are two possibilities. (or: *Two possibilities exist.*)
Es bildet sich eine Gruppe von Menschen auf der Straße.
A group of people forms in the street.

Note that the expression **es gibt** *(there is, there are)* functions quite differently. Here, **es** is the true subject, so **gibt** is always singular. You must ascertain whether the object of the expression is singular or plural before translating.

Es gibt 25 Studenten in diesem Zimmer.
There are 25 students in this room.
Es gibt nur eine Möglichkeit.
There is only one possibility.

See **Kapitel 30** for further discussion of **es gibt**.

VI. Clauses without a Subject—*es* Implied

When an impersonal statement anticipates a **daß**-clause, the impersonal pronoun **es** is sometimes omitted. The translation nonetheless includes the impersonal *it*.

> Bekannt ist, daß ...
> *It is known that . . .*
> In vielen Fällen kann gesagt werden, daß ...
> *In many cases it can be said that . . .*
> Dabei konnte festgestellt werden, daß ...
> *In the process it could be determined that . . .*

Basic Vocabulary

Abhandlung *(f.)*, **-en**
  treatise, discussion
achten auf to pay
  attention to
allerdings certainly, to be
  sure, of course
Basilika *(f.)*, **Basiliken**
  basilica
beschäftigen to employ,
  occupy
  sich beschäftigen
    mit to deal with,
    engage in

**beschließen (beschloß,
  beschlossen)** to decide
Betrachter *(m.)*, **–**
  Betrachterin *(f.)*, **-nen**
  viewer
Decke *(f.)*, **-n** ceiling
derart in such a way, to
  such an extent
Gefahr *(f.)*, **-en** danger
gestalten to fashion, form
Handlung *(f.)*, **-en** action,
  deed
hinauf up, upward

**hin/weisen auf (wies ...
  hin, hingewiesen)**
  to refer to, point to
malen to paint
Malerei *(f.)* painting
Regen *(m.)* rain
Standpunkt *(m.)*, **-e**
  position, standpoint,
  perspective
Übung *(f.)*, **-en** exercise,
  practice
wählen to vote
Wand *(f.)*, **¨e** wall

Exercises

1. Bei Regenwetter kommt der Regenwurm aus dem Boden heraus, daher sein Name.
2. Es gibt viele davon im Regenwald.
3. Das Blut besteht aus dem Blutplasma und den darin verteilten Blutkörperchen.
4. Es sind noch einige andere Eigenschaften dieser Körperchen zu erwähnen.

1. **Regenwurm** *(m.)*, **¨er** *earthworm*
   **heraus/kommen (kam ... heraus, ist
   herausgekommen)** *to come out*

3. **verteilen** *to distribute*
   Blutkörperchen *(n.)*, **–** *blood
   corpuscle*

5. Worauf basiert das deutsche Wahlsystem? Jeder Deutsche, der das 18. Lebensjahr vollendet hat, ist wahlberechtigt.

6. Die große Gefahr in diesem Wahlkampfjahr besteht darin, daß viele der Wahlberechtigten nicht zum Wählen hingehen, und daß die Radikalen dadurch gewählt werden.

7. Von einem politischen Standpunkt aus kann so eine Handlung nicht gerechtfertigt werden.

8. 448 v. Chr. kam der Perserkrieg zu einem Ende. Gleich darauf beschäftigte sich Perikles mit dem Wiederaufbau der Akropolis.

9. Die Ruinen der Akropolis geben ein Bild davon, wie hoch entwickelt die Baukunst der Griechen vor 2500 Jahren war.

10. Die Erde wandert in einem Jahr einmal um die Sonne. Dadurch entstehen die vier Jahreszeiten.

11. Sonnenwärme kann zum Betrieb von Heizungsanlagen verwendet werden. Hiermit beschäftigen sich viele Forscher.

12. Naheliegend scheint, die Sonnenwärme auszunutzen, insbesondere auch zur Kälteerzeugnis. In dem vorliegenden Beitrag werden hierzu geeignete Vorschläge gemacht.

13. In diesem Bericht wird mit Fakten, nicht mit Vorurteilen operiert.

14. Luftbilder werden von einem Satelliten aus gemacht. Dadurch sollen wir mehr über die uns noch nicht so gut bekannten Himmelskörper erfahren.

15. Es werden hier verschiedene Experimente zum ersten Mal beschrieben, womit allerdings nur ein Anfang gemacht wird.

16. Hierzu verwendet man den auf Seite 15 beschriebenen Apparat.

17. Eine Basilika war ein länglicher, frühchristlicher Bau, dessen doppelte Säulengänge und Apsen (oder Altarnischen) dazu benutzt wurden, Gottesdienste aber auch Gerichtsverhandlungen abzuhalten.

---

5. **basieren auf** *to be based upon*
   Wahlsystem (*n.*), **-e** *voting system*
   wahlberechtigt *entitled to vote*
6. **Wahlkampf** (*m.*), **∺e** *election campaign*
7. **rechtfertigen** *to justify*
8. **v. Chr. = vor Christus** B.C.
   Perserkrieg (*m.*) *Persian war*
   Perikles *Pericles (495–429 b.c.)*
9. **Baukunst** (*f.*) *architecture*
11. **Heizungsanlage** (*f.*), **-n** *heating plant*
12. **naheliegend** *obvious, reasonable*
    aus/nutzen *to utilize*

12. **vorliegend** *under consideration*
13. **Vorurteil** (*n.*), **-e** *prejudice*
14. **Luftbild** (*n.*), **-er** *aerial photo*
17. **länglich** *oblong*
    Säulengang (*m.*), **∺e** *colonnade*
    Apsis (*f.*), **Apsen** *apse*
    Altarnische (*f.*), **-n** *altar niche, altar recess*
    Gottesdienst (*m.*), **-e** *religious service*
    Gerichtsverhandlung (*f.*), **-en** *court procedure, trial*
    ab/halten (hielt ... ab, abgehalten, hält ... ab) *to hold, celebrate*

18. Eine Suggestivfrage ist z.B. die folgende: „Ist nicht die Winkel-
    summe im Dreieck 180 Grad?" – Worauf der Schüler nur ja oder
    nein antworten kann, und wobei ihm nahegelegt wird, ja zu
    sagen.
19. Eine solche Frage weist darauf hin, daß der Lehrer nur feststellen
    möchte, ob der Schüler seine Aufgaben getan hat oder nicht.
20. Hiermit beschließen wir diese Übungen.

18.	**Winkel** *(m.), –* *angle*	18.	**nahe/legen** *to suggest*

DIE KUNST UND DIE KIRCHE

Die Künstler des frühen Mittelalters malten flächig und
konzentrierten sich darauf, metaphysische Beziehungen
darzustellen: Christus wurde größer gemalt als die Engel und
diese wiederum größer als die Menschen. Gott, so glaubte dagegen der
5 Franziskanermönch Roger Bacon, hatte die Welt so geschaffen, wie es
die Lehrsätze der euklidischen Geometrie vorschrieben. Deshalb
sollten sich die Künstler bei der Abbildung danach richten. Als einer
der ersten förderte der Franziskaner die „perspektivische Malerei",
wie sie später genannt wurde.
10   Für die Europäer begründete der neue Stil eine fundamental
veränderte Weltsicht. Zunehmend verlagerte sich ihr Interesse von den
metaphysischen auf die physischen Beziehungen. Christus und der
Mensch wurden – in einem dreidimensionalen euklidischen Raum –
alle im selben Maßstab dargestellt.
15   Die Basilika San Francesco in Assisi, mit deren Bau nicht lange
nach Bacons Abhandlung begonnen wurde, war mit perspektivisch-
illusionistischen Bildern ausgestattet. An den Wänden und Decken
fanden sich Szenen aus dem Leben des heiligen Franziskus, wobei auf
eine möglichst naturgetreue Dreidimensionalität geachtet wurde.
20 Damit war die Basilika eine der ersten Kathedralen, die dazu bestimmt

1	**flächig** *flat, two-dimensional*	6	**vor/schreiben (schrieb … vor,**
3	**Christus** *Christ*		**vorgeschrieben)** *to dictate,*
	Engel *(m.), –* *angel*		*prescribe*
4	**wiederum** *in (his/her) turn,*	7	**sich richten nach** *to conform to*
	in return	11	**zu/nehmen (nahm … zu, zugenom-**
5	**Mönch** *(m.), -e* *monk*		**men; nimmt … zu)** *to increase*
6	**Lehrsatz** *(m.), ⸚e* *theorem,*		**sich verlagern auf** *to shift to*
	doctrine	19	**naturgetreu** *true to nature*

---

1. *THE SCIENCES,* Nov./Dec. 1995

war, den Betrachter aus seiner eigenen Welt in die des heiligen Franzis-
kus zu versetzen. Die Wirkung war derart eindrucksvoll, daß die
Basilika, noch bevor sie ganz fertiggestellt war, zum meistbesuchten
Gotteshaus der westlichen Christenheit wurde.

22 **versetzen** *to transplant*   23 **fertig/stellen** *to complete*
     eindrucksvoll *impressive*

KAPITEL 27

I. Subjunctive

The verb tenses you learned about in earlier chapters were in the indicative mood, expressing facts and real conditions. In order to imply doubt or express wishes, improbability, and statements contrary to fact, German, like English, uses the subjunctive mood.

English has few commonly used subjunctive forms. Some of them are *if he knew, if he were, so be it, long live the king.* German, however, has a full conjugational system for the various tenses of the subjunctive mood.

German has two types of subjunctive. In this chapter you will learn about subjunctive II or the *general subjunctive,* whose forms are based on the past stem. Subjunctive I, also known as the *special subjunctive,* based on the infinitive stem of the verb, is discussed in detail in **Kapitel 28.**[1]

II. Subjunctive II

Subjunctive II is primarily used to express uncertainty, doubt, and hypothetical situations. It indicates imaginary situations and conjectures—situations that have not (yet) taken place or that might be or have been possible.

A. Present subjunctive II

The present subjunctive expresses conjectures in present as well as in future time.

> **Wäre** ich reich, so **hätte** ich viel Geld und **könnte** alles kaufen, was ich **wollte.**
> *If I **were** rich, then I **would have** a lot of money and **could** buy everything that I **wanted.***

The forms are derived from the stem of the past indicative plus subjunctive endings. If an English subjunctive equivalent does not exist, translate with the simple past or *would* + infinitive.

---

1. We begin our discussion of the subjunctive with subjunctive II because in many instances you will need to recognize its forms when learning the uses of subjunctive I.

1. Weak verbs

   sagen *to say*

   ich sagte *(if) I said; I would say*
   er/sie/es sagte *(if) he/she/it said; he/she/it would say*
   wir sagten *(if) we said; we would say*
   sie/Sie sagten *(if) they/you said; they/you would say*

2. Strong verbs

   geben *to give*

   ich gäbe *(if) I gave; I would give*
   er/sie/es gäbe *(if) he/she/it gave; he/she/it would give*
   wir gäben *(if) we gave; we would give*
   sie/Sie gäben *(if) they/you gave; they/you would give*

   kommen *to come*

   ich käme *(if) I came; I would come*
   er/sie/es käme *(if) he/she/it came; he/she/it would come*
   wir kämen *(if) we came; we would come*
   sie/Sie kämen *(if) they/you came; they/you would come*

   laufen *to run*

   ich liefe *(if) I ran; I would run*
   er/sie/es liefe *(if) he/she/it ran; he/she/it would run*
   wir liefen *(if) we ran; we would run*
   sie/Sie liefen *(if) they/you ran; they/you would run*

   fahren *to drive*

   ich führe *(if) I drove; I would drive*
   er/sie/es führe *(if) he/she/it drove; he/she/it would drive*
   wir führen *(if) we drove; we would drive*
   sie/Sie führen *(if) they/you drove; they/you would drive*

   haben *to have*

   ich hätte *(if) I had; I would have*
   er/sie/es hätte *(if) he/she/it had; he/she/it would have*
   wir hätten *(if) we had; we would have*
   sie/Sie hätten *(if) they/you had; they/you would have*

sein *to be*

ich wäre *(if) I were; I would be*
er/sie/es wäre *(if) he/she/it were; he/she/it would be*
wir wären *(if) we were; we would be*
sie/Sie wären *(if) they/you were; they/you would be*

Umlauts added to the stem vowel **(a, o, u)** of strong verbs are a key clue that you are dealing with the hypothetical subjunctive mood.

Note, on the other hand, that forms of present subjunctive weak verbs, e.g., **sagte,** and plural strong verbs without an **umlaut,** e.g., **liefen,** are identical to past indicative forms. In order to recognize the difference, pay close attention to context but also to other recognizable subjunctive verbs occuring in a sentence: if one verb in a conditional sentence is in the subjunctive, the other verbs also must be in the subjunctive.

B. Past subjunctive II

The past of subjunctive II consists of **hätte** or **wäre** + past participle and means *would have* + past participle.

er hätte gesagt *(if) he said; he would have said*
er wäre gekommen *(if) he came; he would have come*
er hätte gehabt *(if) he had; he would have had*
er wäre gewesen *(if) he were; he would have been*

Modal verbs and their dependent infinitives occur as double infinitives with **hätten** in the past subjunctive.

ich hätte gehen sollen *I should have gone*
sie hätte schreiben können *she could have written*

C. Future subjunctive II

The future subjunctive consists of the subjunctive of **werden** + infinitive. **Würde** in this construction, which occurs frequently with weak verbs, is equivalent to English *would.*

ich würde sagen *I would say; (if) I were to say*
du würdest arbeiten *you would work; (if) you were to work*
er würde suchen *he would seek; (if) he were to seek*
wir würden lernen *we would learn; (if) we were to learn*
ihr würdet fragen *you would ask; (if) you were to ask*
sie/Sie würden antworten *they/you would answer; (if) they/you were to answer*

Note that the present subjunctive and the future do not differ in meaning: **ich würde geben** = **ich gäbe** *(I would give).*

III. Suppositions of Conditions Contrary to Fact

Observe the similarity between the German and English constructions in expressing unreal conditions in **wenn**-clauses.

> Wenn ich das wüßte, ...
> *If I knew that . . .*
> Wenn ich das gewußt hätte, ...
> *If I had known that . . .*
> Wäre er gekommen, so ...
> *If he had come, (then) . . .* or *Had he come, (then) . . .*
> Hätte er das gewußt, so ...
> *If he had known that, (then) . . .* or *Had he known that, (then) . . .*
> Käme er, so ...
> *If he were coming, (then) . . .* or *If he came, (then) . . .*

Note that the subjunctives without auxiliaries express present conditions (the first and last examples), while past participles with the subjunctive of **haben** or **sein** express past conditions (the second, third, and fourth examples). Remember that in conditional clauses, **wenn** may be omitted in favor of a verb-first construction, followed by a result clause usually introduced by **dann** or **so** (the third, fourth, and fifth examples).

Study the following result clauses for the preceding examples.

> Wenn ich das wüßte, **würde ich es ihnen sagen.**
> *If I knew that, I would tell (it to) you.*
> Wenn ich das gewußt hätte, **dann wäre ich gekommen.**
> *If I had known that, (then) I would have come.*
> Wäre er gekommen, **so hätten wir unseren Freund besucht.**
> *If he had come, (then) we would have visited our friend.*
> Hätte er das gewußt, **so wäre er gekommen.**
> *Had he known that, (then) he would have come.*
> Käme er, **so gingen wir ins Kino.**
> *If he were coming, we would be going to the movies.*

In translating a result clause with or without **würde,** use *would* with the present or past infinitive.

> Hätte ich mehr Geld, so führe ich nach Deutschland.
> *If I had more money, I **would** go to Germany.*
> Wenn es regnete, würden wir zu Hause spielen.
> *If it were to rain, we **would** play at home.*
> Wenn ich nicht gekommen wäre, wäre mein Vater beleidigt gewesen.
> *If I hadn't come, my father **would** have been offended.*
> Wenn Kolumbus Amerika nicht entdeckt hätte, so hätte es jemand anders getan.
> *If Columbus had not discovered America, someone else **would** have done it.*

IV. *Wenn*-Clauses or Result Clauses Standing Alone

Contrary-to-fact wishes may be expressed using subjunctive II in a **wenn-**clause (with or without **wenn**). Such expressions often include **nur** *(if only . . .)* or **doch** *(really)* to make the wish more emphatic.

> Wenn ich das nur wüßte! (Wüßte ich das nur!)
> *If only I knew that!*
> Wenn nur ein Arzt hier wäre!
> *If only a doctor were here!*
> Hätte ich nur Zeit gehabt! (Wenn ich nur Zeit gehabt hätte!)
> *If only I had had time!*
> Das hätte ich doch nicht geglaubt.
> *I really would not have believed that.*

V. *Als ob, als wenn (as if, as though)*

Als ob and **als wenn** are always followed by the subjunctive.

> Er tat, als ob (wenn) er nichts gehört hätte.
> *He acted as though he had heard nothing.*
> Sie benahm sich, als ob sie seine Mutter wäre.
> *She acted as if she were his mother.*
> Die Bewohner bleiben auf der Insel, als ob kein Sturm käme.
> *The inhabitants remain on the island, as if there weren't a storm coming.*

Note the position of the finite verb when **wenn** or **ob** is omitted. It does not stand at the end of the clause but directly follows **als**.

> Die Bewohner bleiben auf der Insel, als käme kein Sturm.
> *The inhabitants remain on the island, as if there weren't a storm coming.*
> Es schien, als bewegte sich der Sturm in eine neue Richtung.
> *It seemed as though the storm were moving in a new direction.*

BASICS ▲

Basic Vocabulary

anders different, otherwise
aus/brechen (brach ... aus, ausgebrochen; bricht ... aus) to break out
Bewohner *(m.)*, –; **Bewohnerin** *(f.)*, **-nen** inhabitant
Erfahrung *(f.)*, **-en** experience
erreichen to reach, attain

folgendermaßen as follows
Größe *(f.)*, **-n** size, magnitude
Insel *(f.)*, **-n** island
Jahrestag *(m.)*, **-e** anniversary
Kenntnis *(f.)*, **-se** knowledge
Mund *(m.)*, **-̈er** mouth
noch immer still
richtig right, correct

Sieger *(m.)*, –; **Siegerin** *(f.)*, **-nen** victor
Spielzeug *(n.)*, **-e** toy
Teilnahme *(f.)* participation
(sich) überlegen to think (about), ponder
voraus/sagen to predict
Werkzeug *(n.)*, **-e** tool
Wirkung *(f.)*, **-en** effect, consequence

Exercises

1. Der Naturforscher Weisman fragte sich, was wohl aus Mozart geworden wäre, wenn er auf den Samoainseln geboren wäre.
2. Wäre ich eine Frau, so würde ich rebellieren gegen jeden Anspruch des Mannes, aus der Frau sein Spielzeug zu machen. (Mahatma Gandhi)
3. Sie: „Wenn Sie mein Mann wären, würde ich Ihnen Gift geben." Er: „Wenn Sie meine Frau wären, würde ich es nehmen."
4. Hätten wir gewußt, wie groß die Gefahr war, so wären wir vorsichtiger gewesen.
5. Das Resultat eines Kernwaffenkrieges wäre wohl ein Krieg ohne Sieger.

1. **Naturforscher** *(m.)*, – *scientist*
   was wohl *just what*
2. **Anspruch** *(m.)*, **-̈e** *claim, demand*
3. **Gift** *(n.)*, **-e** *poison*
4. **vorsichtig** *cautious, careful*
5. **Kernwaffenkrieg** *(m.)*, **-e** *nuclear war*

6. Die verhältnismäßig schnelle Erschließung des Westens der USA wäre ohne die Einwanderer aus allen Ländern Europas nicht möglich gewesen.
7. Wäre uns dieses Verfahren bekannt gewesen, so hätten wir eine ganz andere Versuchsmethode angewandt.
8. Wenn Sie die nötigen mathematischen Kenntnisse gehabt hätten, hätten Sie diese Aufgabe ausführen können.
9. Die Bevölkerungszahlen dieses Landes sind schneller gestiegen, als man vor zehn Jahren hätte voraussagen können.
10. Wir wären viel glücklicher gewesen, hätten wir damals mehr Erfahrung gehabt.
11. Gewisse Menschen hätten Tugend, wenn sie Geld hätten. (Jean Paul)
12. Nehmen wir an, in einer Stadt von der Größe Chicagos würde ein neues Wohlfahrtssystem eingeführt werden. Was wären wohl die unmittelbaren Wirkungen?
13. Hätten die Menschen mehr Arbeit, dann würde der Lebensstandard bestimmt steigen.
14. Die Bewohner in dieser Gegend von Südamerika arbeiten noch immer mit ihren alten Werkzeugen, als hätten sie niemals von modernen Arbeitsmethoden gehört.
15. Was ist ein Name? Was uns Rose heißt,
    Wie es auch hieße, würde lieblich duften. (Shakespeare)
16. Wie oft hört man heute aus dem Munde eines älteren Studenten den Satz: „Wenn ich noch einmal anzufangen hätte, würde ich es anders machen."
17. Existierte die amerikanische Blockade gegen Kuba nicht, so würde sich die wirtschaftliche Lage der Insel schnell erholen.
18. Es scheint, als gäbe es bald eine Lösung zu dieser unglücklichen Situation.
19. Wenn es nur wahr wäre!

6. **Erschließung** (f.), **-en** *opening, development*
   Einwanderer (m.), **–** *immigrant*
12. **unmittelbar** *immediate, direct*
15. **wie es auch** *no matter how (what) it*

15. **lieblich** *lovely*
    duften *to smell (sweet)*
16. **noch einmal** *once more, again*
17. **sich erholen** *to recover*

Das Attentat zu Sarajewo

Am 28. Juni 1914 fielen zwei Schüsse in Sarajewo, die eine Weltkatastrophe auslösten. Der österreichische Thronfolger, Erzherzog Franz Ferdinand, und seine Gemahlin wurden von einem jungen serbischen Studenten durch zwei Schüsse getötet. Einer der Verschworenen, Vaso Cubrilovic, der an dem Attentat teilnahm, war später Geschichtsprofessor an der Belgrader Universität. Der 1914 erst siebzehnjährige, politisch engagierte Student wurde wegen Teilnahme an der Verschwörung zu sechzehn Jahren schweren Kerkers verurteilt. Wäre er damals älter gewesen, so wäre er gehängt worden. 5

In einem Interview für United Press am 40. Jahrestag des Attentates äußerte er sich folgendermaßen: „Wenn ich gewußt hätte, welche tragische Entwicklung die Weltgeschichte durch diesen Mord nehmen würde, hätte ich es mir bestimmt anders überlegt. Ich will nicht sagen, daß ich heute für Österreich eintreten würde, aber heute weiß ich, daß Meuchelmord nicht der richtige Weg ist, um politische Ziele, auch wenn sie richtig sind, zu erreichen." Auch wenn der Mord unterblieben wäre, wäre der Krieg zwischen den Großmächten wahrscheinlich ausgebrochen, denn er war wegen der Spannungen zwischen ihnen fast unvermeidlich. 10 15

Title	**Attentat** *(n.)*, **-e** *assassination*		9	**verurteilen** *to condemn*
1	**Schuß** *(m.)*, **Schüsse** *shot*		12	**Mord** *(m.)*, **-e** *murder*
	Schüsse fielen *shots were fired*		14	**ein/treten für** (trat ... ein, ist
2	**aus/lösen** *to precipitate*			eingetreten; tritt ... ein)
	Thronfolger *(m.)*, **–** *heir to the throne*			*to side with*
3	**Erzherzog** *(m.)*, **-e** *archduke*		15	**Meuchelmord** *(m.)*, **-e** *assassination*
	Gemahlin *(f.)*, **-nen** *wife*		17	**unterbleiben** (unterblieb, ist
5	**Verschworene** *(f.* or *m.)*, **-n** *conspirator*			unterblieben) *not to take place*
8	**Verschwörung** *(f.)*, **-en** *conspiracy*			**Großmacht** *(f.)*, **¨e** *superpower*
	Kerker *(m.)*, **–** *prison*		18	**Spannung** *(f.)*, **-en** *tension*
	schwerer Kerker *hard labor*		19	**unvermeidlich** *unavoidable*

KAPITEL 28

I.   Subjunctive I

In **Kapitel 27** you learned how subjunctive II expresses uncertainty, doubt, and hypothetical situations. These uses of the subjunctive, although they are much more structured in German, are not totally unlike the English conditional *would* and subjunctive. In **Kapitel 28,** you will learn the forms and uses of subjunctive I, which has no direct equivalent in English. Subjunctive I is used primarily to express indirect discourse, to report things that are *supposedly* true, or to report speech for which the writer does not take responsibility.

> Im Bericht steht, die Tagung sei wichtig, man habe sehr viel zu tun. *The report says the meeting is (supposed to be) important; (supposedly) they have a lot to do.*

Indirect discourse forms are used quite frequently in German to convey that the reporter does not take responsibility for what is being said. Doubt may or may not be involved. In English this is made clear by using words and expressions like *allegedly*, *according to . . .* , *apparently,* etc. In German these expressions are less necessary as a result of the subjunctive forms used for this purpose.

The forms of subjunctive I derive from the stem of the infinitive plus subjunctive endings. The most common forms found in formal writing are third-person singular forms, e.g., **man habe** or **die Tagung sei.** The **ich**-forms and plural **wir-** and **sie**-forms are generally identical to their indicative counterparts. As a result, they have limited use and are often replaced by subjunctive II. Note that the forms of **sein** are distinctive throughout.

A.   Present tense subjunctive I

1. Weak and strong verbs

	sagen	geben	kommen	fahren	werden
ich	sage	gebe	komme	fahre	werde
du	sagest	gebest	kommest	fahrest	werdest
er/sie/es	sage	gebe	komme	fahre	werde
wir	sagen	geben	kommen	fahren	werden
ihr	saget	gebet	kommet	fahret	werdet
sie/Sie	sagen	geben	kommen	fahren	werden

2. Haben and sein

	haben	sein
ich	habe	sei
du	habest	sei(e)st
er/sie/es	habe	sei
wir	haben	seien
ihr	habet	seiet
sie/Sie	haben	seien

Your key to identifying the most frequently found forms is a *third-person singular* subject together with a verb ending in **-e.** (Otherwise you will see this verb ending only with **ich.**) The single exception to this rule is **sei.**

B. Past tense subjunctive I

Subjunctive I past tense consists of the subjunctive of **haben** (generally only with third-person singular forms) or **sein** (in singular and plural) plus the past participle.

er/sie/es habe gesagt
er/sie/es habe gegeben
er/sie/es habe gehabt
er/sie/es sei gekommen   sie seien gekommen
er/sie/es sei geworden   sie seien geworden
er/sie/es sei gewesen   sie seien gewesen

Note that **hätte** or **wäre** + past participle is used with conjugational forms where subjunctive I and indicative are identical. The context will alert you to the use of subjunctive II forms in indirect discourse.

> Im Bericht steht weiter, daß drei Repräsentanten die letzte Tagung verpaßt hätten. Nur einer von ihnen habe eine legitime Ausrede. Die anderen seien einfach zu Hause geblieben. *The report said further that three of the representatives had missed the last meeting. Only one of them is said to have a legitimate excuse. (According to the report) the others simply stayed at home.*

C. Future subjunctive I

Subjunctive I future consists of the subjunctive of **werden** + infinitive, which translates as *would* + infinitive.

> Er sagte, er werde kommen. *He said he would come.*

Sie sagten, sie würden kommen. *They said they would come.*
Wir sagten, wir würden kommen. *We said we would come.*

II. Subjunctive I in Indirect Discourse

Indirect discourse is usually introduced by verbs of thinking, believing, or saying. A direct quotation is: **Er sagte: „Ein Sturm kommt."** *(He said, "A storm is brewing.")* In indirect discourse, a statement is reported: **Er sagte, daß ein Sturm komme.** *(He said that a storm was brewing.)*

By using the subjunctive, a German writer stresses his/her role in reporting information given by a third party. By using the subjunctive, the writer need not constantly remind the reader (by periodically saying: *"and the author further states"*) that the statements continue to be reported.

In indirect discourse, German usually uses subjunctive I when the forms are clearly different from their indicative counterparts. Otherwise, e.g., with plural subjects, subjunctive II may be used. There is *no time difference* between the two forms, and to a certain extent they are used interchangeably.

The relationship between the tense of the verb in the introductory statement and the tense of the reported speech plays a decisive role in translating the subjunctive form. In German, the tense of the original statement is reflected in the reported speech. In the English translation, however, the tense of the reported speech depends on the tense used in the introductory statement. Examine the translations of the following subjunctives.

> Er sagt, daß er es wisse. Er sagt, daß sie es wüßten.
> *He says that he knows it. He says that they know it.*
> Er sagte, daß er es wisse. Er sagte, daß sie es wüßten.
> *He said that he knew it. He said that they knew it.*
> Er sagt, daß er es gewußt habe. Er sagt, daß sie es gewußt hätten.
> *He says that he knew it. He says that they knew it.*
> Er sagte, daß er es gewußt habe. Er sagte, daß sie es gewußt hätten.
> *He said that he had known it. He said that they had known it.*

In general, when dealing with indirect discourse, translate the present subjunctive in the *same* tense used in the introductory verb (*says* and *said* in the first and second examples). Translate a past subjunctive in a tense *before* that of the introductory verb (as in the third and fourth examples).

Note in the following example that when **daß** is omitted, normal word order is used in the indirect statement. The finite verb is in the second position.

> Er sagte, er habe es gewußt. *He said that he had known it.*

III. Indirect Questions

The subjunctive is used regularly in indirect questions, introduced by **ob** (*whether*) or by interrogatives such as **wer, wann, wo, womit.** Subjunctives in indirect questions are translated like those in indirect discourse.

> Sie fragte mich, ob die Preise gestiegen seien und was ich
> gekauft hätte. *She asked me whether the prices had risen and
> what I had bought.*
> Der Verkäufer fragte uns, wo unser Geld sei.
> *The salesman asked us where our money was.*
> Ich habe ihn gefragt, warum er das wissen wolle.
> *I asked him why he wanted to know that.*
> Er wollte wissen, womit wir bezahlen würden.
> *He wanted to know what we were going to pay with.*

IV. Other Uses of Subjunctive I

A. Indicating a wish or a command

Subjunctive I can be used in a main clause to express a wish that can be fulfilled or to express a request or command.

> Es möge wahr sein. *May it be true!*
> Gott segne die Königin! *God save the queen.*
> So sei es! *So be it.*

See **Kapitel 29** for further examples of this construction.

B. Expressing information questionable to the writer

The subjunctive I can be used to indicate disbelief regarding information about a third party and unsatisfactory explanations. One possible translation in these situations is *supposedly* + verb.

> Die Brücke ist nicht rechtzeitig vollendet worden, weil das Geld
> dafür **gefehlt habe.** *The bridge wasn't completed on time
> because the money for finishing it was (supposedly) lacking.*
> Es **habe** zu viele Bauprojekte auf einmal **gegeben.** *(Supposedly)
> There were too many building projects all at the same time.*

Basic Vocabulary

Anhänger *(m.)*, –;
Anhängerin *(f.)*, **-nen**
adherent, believer
an/nehmen (nahm ... an,
angenommen; nimmt ...
an) to assume, accept
aus/sprechen (sprach ...
aus, ausgesprochen;
spricht ... aus) to voice,
express, pronounce
behaupten to maintain,
assert, claim
bereits already, as early as
berufstätig employed,
working in a job
Einheit *(f.)* unity, unit
ehemalig former
erweitern to expand,
broaden

Fähigkeit *(f.)*, **-en** talent,
capacity, ability
fordern to ask, demand
Forderung *(f.)*, **-en**
demand, request
sich fühlen to feel
Furcht *(f.)* fear
Geburt *(f.)*, **-en** birth
Gefühl *(n.)*, **-e** feeling
gehen (ging, ist gegangen)
to go, walk
Wie geht es Ihnen?
How are you?
Es geht mir gut.
I am well (fine).
inzwischen meanwhile,
in the meantime
Lebewesen *(n.)*, **–** living
being, creature

Selbstbewußtsein *(n.)*
self-assurance,
self-confidence
stammen to come from,
stem from
Tagung *(f.)*, **-en**
convention, meeting
teil/nehmen (nahm ...
teil, teilgenommen;
nimmt ... teil) to take
part, participate
Tugend *(f.)*, **-en** virtue
üben to practice
um ... willen for the sake
of . . .
wahr true
wirklich actual, real, true
zusammen/fassen
to summarize

Exercises

1. Bereits 1750 sprach B. Franklin die Vermutung aus, daß der Blitz elektrischer Natur sei.[1]
2. Von vielen Leuten wird angenommen, daß sich der Lebensstandard immer weiter verbessern werde.
3. Man möge es glauben oder nicht.
4. Eine junge Frau fragte eine Verkäuferin, was für ein Buch für ihren zehnjährigen Sohn am geeignetsten sei. Die Verkäuferin wollte wiederum wissen, wofür sich der Junge interessiere.
5. Viele Amerikaner glaubten lange Zeit, daß der Kauf Alaskas für 7,2 Millionen Dollar eine Dummheit gewesen sei.
6. Wer hätte gewußt, daß diese „tiefgefrorene Eiskiste", wie man Alaska damals nannte, eines Tages zu einem der beliebtesten Touristenziele des Landes werden sollte?
7. Mein Freund fragte mich, wie es mir gehe. Ich antwortete: „Danke, es geht mir gut", obwohl es nicht wahr war.

1. **Vermutung** *(f.)*, **-en** *idea, conjecture*
4. **wiederum** *in return, in (his/her) turn*
5. **Kauf** *(m.)*, **⸚e**. *purchase*
   Dummheit *(f.)*, **-en** *folly*
6. **Eiskiste** *(f.)*, **-n** *icebox*

1. Note that, if the statement is still true or believed today, it normally is expressed in the present tense in English, even though the introductory verb is in the past tense.

8. Von Sokrates stammt die Meinung, Tugend sei lehrbar; wenn jemand das sittlich Gute wirklich erkannt habe, so werde er es auch üben. Von dieser Meinung, die immer eine Lieblingsmeinung der Rationalisten gewesen ist, sind wir weit abgekommen.

9. Der Polizist fragte den Studenten, wo er am Sonntag gewesen sei und was er den ganzen Tag gemacht habe.

10. Vor hundert Jahren ließ die erste deutsche Ärztin durch ein Schild verkünden, daß es in Berlin von nun an eine Ärztin mit eigener Heilpraxis gebe.

11. Laut einem Fernsehbericht gebe es inzwischen rund 260 000 berufstätige Ärzte und Ärztinnen im Lande. Damit zähle die Bundesrepublik zu den medizinisch bestversorgten Ländern der Welt.

12. Der Direktor wollte wissen, wie viele Personen an der Tagung teilnehmen würden. Er hat wohl nicht damit gerechnet, daß so viele daran interessiert waren.

13. Anhänger des Glaubens an die Seelenwanderung meinen, daß der Mensch vor seiner Geburt in anderen Lebewesen (auch in Pflanzen und Tieren) verkörpert war und daß er auch nach dem Tode wieder in andere Körper, höhere oder niedere, eingehen müsse, je nachdem wie er als Mensch gelebt hat.

14. Immanuel Kant forderte, etwas Gutes solle man nicht um eines Lohnes willen oder aus Furcht vor Strafe tun, sondern allein darum, weil es gut ist.

15. Die Stadtplaner behaupten, es sei heute in Berlin einfach unmöglich ein Haus zu bauen, das die gleichen Qualitäten wie ein Altbau hat. Zur gleichen Zeit mache die übertriebene Forderung nach Licht, Luft und Sonne einen kompakten Städtebau unmöglich.

16. Es lebe das neue Zeitalter!

8. **lehrbar** *teachable*
   sittlich *moral*
   Lieblingsmeinung (f.), -en *favorite idea*
   ab/kommen von (kam ... ab, ist abgekommen) *to get away (from)*
9. **Polizist** (m., n-noun), -en *policeman*
10. **Schild** (n.), -er *sign*
    verkünden *to announce*
    Heilpraxis, (f.), **Heilpraxen** *medical practice*
11. **laut** (+ *dative object*) *according to*
    Fernsehbericht (m.), -e *television report*

11. **zählen zu** *to belong to, be classed with, be among*
    versorgen *to provide, take care of*
12. **rechnen mit** *to count on*
13. **Seelenwanderung** (f.), -en *transmigration of souls*
    verkörpert *embodied*
    je nachdem *depending on*
14. **Lohn** (m.), ⸚e *reward, pay*
    Strafe (f.), -n *punishment*
15. **Stadtplaner** (m.), – *city planner*
    übertreiben (übertrieb, übertrieben) *to exaggerate*

BUCHBESPRECHUNG[2]

Hans-J. Misselwitz: *Nicht länger mit dem Gesicht nach Westen*. 1996.
Verlag J. H. W. Dietz Nachf., Bonn, 128 S.

Laut einem neuen Buch-, „Nicht länger mit dem Gesicht nach
Westen", wachse im Osten Deutschlands ein neues Selbstbewußtsein. Der Autor, Hans-Jürgen Misselwitz behauptet, daß
es heute, fünfeinhalb Jahre nach Vollzug der deutschen Einheit, einen
tiefen Graben durchs Land gebe. Im Westen schimpfe man auf DDR-
Nostalgiker, und im Osten fühlten sich viele als Bürger zweiter Klasse.
Politische Verweigerung sei unter Ostdeutschen immer häufiger zu
finden und es verbreite sich ein neues ostdeutsches Wir-Gefühl. „Nach
einer Phase der Glorifizierung westlicher Verhältnisse und der sich
anschließenden Ernüchterung greift eine neue Ost-Identität um sich",
faßt Misselwitz seine Argumente zusammen.

Er sieht die Hauptgründe für die immer noch nicht überwunde-
ne Entfremdung in der „faktischen Entwertung alles im Osten Ge-
wachsenen" durch die politische Klasse in Bonn. „Was blieb, waren
Schulden und Schuld." Die Rolle des Siegers aufspielend, habe der
Westen nicht nur das Selbstwertgefühl vieler Ostdeutscher verletzt,
sondern auch die Kräfte geschwächt, die als Träger des notwendigen
Wandels vorhanden waren.

2	**Nachf. = Nachfolger** (*m.*), – *successor, heir*	12	**Ernüchterung** (*f.*) *disenchantment*
6	**Vollzug** (*m.*) *completion*		**um sich greifen** *to gain ground, spread*
7	**Graben** (*m.*), ≟ *trench*	15	**überwinden** *to overcome*
	schimpfen auf *to complain about*		**faktisch** *de facto*
8	**DDR-Nostalgiker** (*m.*), – *person feeling nostalgic for East Germany*		**Entwertung** (*f.*), **-en** *depreciation, devaluation*
9	**Verweigerung** (*f.*), **-en** *denial, refusal*	17	**Schulden und Schuld** *debts and guilt*
10	**sich verbreiten** *to spread*		**auf/spielen** *to play up*
11	**sich an/schließen (schloß ... an, angeschlossen)** *to follow, conform to, agree with*	19	**schwächen** *to weaken*
			Träger (*m.*), – *bearer*

2. Based on a book review by Peter Pragal, *Berliner Zeitung*, March 6, 1996. p. 6.

Der Theologe, DDR-Bürgerrechtler und ehemalige Volkskammerabgeordnete listet nicht nur Fehler und Irrtümer auf, er beschreibt auch gemeinsame Zukunftschancen. Nach einer Phase von Streß wegen der beruflichen und lebensweltlichen Neuorientierung, besinne sich der Ostdeutsche jetzt seiner erlernten Fähigkeiten und improvisierten Erwerbstechniken. „Nicht länger mit dem Gesicht nach Westen" heißt: Endlich den Blick aufheben, die lähmende Illusion überwinden, die Zukunft würde der Westen an den Osten ausleihen. 25

Die Menschen im Osten hätten zunehmend das Gefühl, daß sie auf künftige Herausforderungen besser vorbereitet seien als manche wohlstandsgewohnte Bürger im Westen, hat Ministerpräsident Reinhard Höppner bei der Vorstellung des Buches in Berlin betont. Auch das gehöre zum neuen Selbstbewußtsein der Ostdeutschen. 30

21	**Bürgerrechtler** *(m.),* – *civil-rights worker*	25	**sich besinnen (besann, besonnen)** *to recollect, remember*
22	**Volkskammerabgeordnete** *(f.* or *m.),* **-n** *congressional representative*		**erlernen** *to learn, acquire*
		26	**Erwerbstechnik** *(f.),* **-en** *technique/ way to make a living*
	auf/listen *to list*	27	**lähmen** *to cripple, lame, paralyze*
	Fehler *(m.),* – *mistake*	28	**aus/leihen** *to lend*
	Irrtum *(m.),* **⁼er** *error, false idea*	31	**wohlstandsgewohnt** *accustomed to a wealthy living standard*
24	**lebensweltlich** *globally, all-encompassing*	32	**betonen** *to emphasize*

KAPITEL 29

I. Special Uses of Subjunctive I

The uses of subjunctive I illustrated in **A** and **C** below occur mainly in relatively short independent clauses. The verb endings are **-e** for singular and **-en** for plural subjects, with the exception of **sei.** *May, let,* or *should* used with the verb will usually convey the meaning of these constructions.

A. Wishes and exhortations (see also *Kapitel 28*)

Gott sei gelobt!
  (Let/May) God be praised!
Er ruhe in Frieden!
  May he rest in peace.

B. Assumptions in scientific writing

A sei ein Punkt auf der Linie X Y.
  Let A be a point on the line X Y.
Die Linien A B und C D seien den Linien E F und G H parallel.
  Let the lines A B and C D be parallel to lines E F and G H.

C. Common phrases

Es sei erwähnt, daß ...
  Let it be mentioned that . . . or *It should be mentioned that . . .*
Es sei darauf hingewiesen, daß ...
  It should be pointed out that . . .
Es seien nur einige Beispiele erwähnt.
  Let us (me) mention just a few examples.
Es sei denn, ...
  Unless . . .

D. Formulas and directions

Man at the beginning of a sentence and followed by a subjunctive I ending in **-e** is best translated into English with an imperative.

Man nehme ein Pfund Butter, zwölf Eier, ...
  Take a pound of butter, twelve eggs, . . .
Man denke an die Schwierigkeiten ...
  Think of the difficulties . . .

II. *Lassen*

The principal parts of **lassen** are infinitive: **lassen,** past: **ließ,** perfect: **gelassen,** present: **läßt.** This verb has a variety of uses, mostly in connection with other verbs.

A. *Lassen*

Lassen can be translated as *to let, allow, leave; to cause or arrange for something.*

> Man läßt die Suppe eine Stunde kochen.
>> *You let the soup cook for an hour.*
> Lassen Sie den Koch hinein!
>> *Let the cook enter (go in)!*
> Ich habe meinen Schlüssel im Auto stecken lassen.
>> *I left my key in the car.*
> Wir ließen den Wagen vor dem Haus stehen.
>> *We left the car standing in front of the house.*
> Ich muß das Auto reparieren lassen.
>> *I have to have the car repaired.* or *I must get the car repaired.*

B. *Sich lassen* (without object)

This active construction, with an inanimate object or idea as a subject, acts as a substitute for the passive voice with **können** and means *can, could,* or *is able to.*

> Das läßt sich machen. (= Das kann gemacht werden.)
>> *That can be done.*
> Das ließ sich machen. (= Das konnte gemacht werden.)
>> *That could be done.*
> Das neue Computerprogramm läßt sich leicht lernen.
>> *The new computer program can be learned easily/is easy to learn.*
> Die ganze Arbeit ließ sich nicht an einem Nachmittag erledigen.
>> *The entire job could not be finished in one afternoon.*
> Das Verfahren hat sich wiederholen lassen.
>> *The process could be repeated. (We were able to repeat the process.)*

Note that a double infinitive is used with the perfect tenses of **lassen** (last example above).

C. *Sich lassen* (with object)

Used with an object, **sich lassen** means *to cause, have (something) done (by someone for oneself)*.

> Er läßt sich die Aufgabe erklären.
> *He is getting the assignment explained. (He is having the assignment explained)*
> Unsere Lehrerin ließ uns die Hausaufgaben noch einmal machen.
> *Our teacher made us do the homework again.*
> Die Gemeinde hat sich eine neue Kirche bauen lassen.
> *The congregation had a new church built.*
> Der Pfarrer läßt sich auch ein Haus bauen.
> *The pastor is having a house built, as well.*

Basic Vocabulary

beachten to pay attention to	**Gruppe** *(f.)*, **-n** group	**Speicherung** *(f.)* storage
Daten *(pl.)* data	**Haupt** *(n.)*, **⸚er** head, chief	**ständig** constant
einzelne a few	**Interesse** *(n.)*, **-n** interest	**Thema** *(n.)*, **Themen** topic, theme
ergänzen to complete	**klar** clear	**Verfügung** *(f.)*, **-en** disposal, order
etwa approximately	**loben** to praise	**zur Verfügung stehen**
Fachmann *(m.)*, **Fachfrau** *(f.)*, **Fachleute** *(pl.)* expert, specialist	**nämlich** namely, that is	**(stand, gestanden)** to be available
	Speicher *(m.)*, **–** data bank, (computer) memory	**Zeitalter** *(n.)*, **–** age, era
Flut *(f.)*, **-en** flood	**speichern** to store	

Exercises

1. Als erstes sei auf die Schwierigkeiten dieser Arbeit hingewiesen.
2. Die Fläche des Materials sei der XZ-Ebene parallel und der positiven Y-Achse zugekehrt.
3. Laß uns sagen, das Problem sei damit gelöst.
4. Die von Albert Einstein begründete Relativitätstheorie läßt sich folgendermaßen formulieren: $E = mc^2$.
5. Diese Theorie hat sich experimentell beweisen lassen.
6. Nur einzelne dieser Versuche seien hier genannt.

2. **Fläche** *(f.)*, **-n** *surface*
   Ebene *(f.)*, **-n** *plane*

2. **zu/kehren** *to turn to*

7. Seit etwa Mitte des zwanzigsten Jahrhunderts lebt der Mensch in einer Welt, die voller technischer Entwicklungen ist. Man denke nur an die Raketen im Weltraum, die moderne Medizin, die Automation in der Industrie usw.

8. Der Leser mache sich Folgendes klar: Wozu wir im Westen viele Jahrhunderte Zeit hatten, nämlich zur Entwicklung von Frühzeit- zum Atomzeitaltermenschen, mußten und müssen andere Länder in einem Menschenleben durchmachen.

9. Es sei noch erwähnt, daß ein Krieg zwischen den Großmächten fast nicht zu vermeiden war.

10. In den fünfzehn Jahren relativen Friedens nach dem Perserkrieg hat Perikles die Akropolis bauen lassen.

11. In nur fünfzehn Jahren (447 bis 432 vor Christus) ließ sich der berühmte Parthenon, der Tempel der jungfräulichen Stadtgöttin Athene bauen.

12. Man vergleiche hierzu Abb. 221 bis 225 und beachte dabei besonders die Details.

13. Dionysios von Syrakus ließ während der Mahlzeiten ein Schwert über dem Haupt des Damokles an einem Pferdehaar aufhängen. Wenn sich heute jemand in ständig drohender Gefahr befindet, so sagt man, daß über ihm das Damoklesschwert hänge.

14. Sprichwörter lassen sich oft schwer in eine andere Sprache übersetzen. Man denke an ein Beispiel wie: „der langen Rede kurzer Sinn". Das bedeutet: „um es kurz zu machen".

15. Die wachsende Bedeutung des Nahen Osten als Wirtschaftspartner läßt das Interesse an dieser Region, ihrer Kultur und ihren Problemen schneller wachsen, als man es vor einigen Jahren hätte voraussagen können.

16. Die Verlage haben sich schnell auf diese Situation eingestellt, die Flut der Bücher zum Thema Naher Osten ist kaum noch zu überblicken.

17. Es sei schließlich darauf hingewiesen, daß dieses Buch für Fachleute geschrieben ist.

18. Der Herr hat's gegeben, der Herr hat's genommen, der Name des Herrn sei gelobt. (Hiob 1, 21)

8. **durch/machen** *to experience, undergo*
10. **Friede** *(m., n-noun) peace*
11. **jungfräulich** *virginal*
13. **Mahlzeit** *(f.),* -en *meal, repast*
    Schwert *(n.),* -er *sword*
    Pferdehaar *(n.),* -e *horsehair*
    auf/hängen *to hang up, suspend*
    drohen *to threaten*
14. **Sprichwort** *(n.),* ⸚er *saying, proverb, maxim*

14. **Sinn** *(m.) meaning, sense*
    „der langen Rede kurzer Sinn"
       "to make a long story short"
15. **Wirtschaftspartner** *(m.),* – *economic partner*
16. **sich ein/stellen auf** *to adjust to, adapt oneself to*
    überblicken *to survey, view, look over*

BILLIONEN BITS AUF EINEM CM^2

Kölner Forscher entwickeln optische Kristallspeicher[1]

I n dem legendären Science-Fiction-Film „2001 – Odyssee im Weltraum" von Stanley Kubrik ist die optische Daten-speicherung mit Kristallen längst ein alter Hut. Der außer

5 Kontrolle geratene Computer wird lahmgelegt, indem man die durch-sichtigen Erinnerungsblöcke, auf denen seine Allwissenheit gespei-chert ist, entfernt.

Für Wissenschaftler der Universität Köln sind solche Speicher-systeme inzwischen zur Realität geworden. Die Gruppe um Theo

10 Wolke vom Institut für Kristallographie hat ein Verfahren zur opti-schen Datenspeicherung entwickelt, das besonders viele Daten auf wenig Raum speichern kann.

Die Informationen werden mit Hilfe von Lasern in eine Kristall-schicht geschrieben und lassen sich auf gleiche Weise lesen. Ähnlich

15 wie bei den herkömmlichen PC-Festplatten lassen sich die Daten löschen oder überschreiben. Ein außer Rand und Band geratener Computer, der mit dem Kölner System bestückt ist, ließe sich also vergleichsweise einfach beruhigen. Die Speicherkristalle bräuchten nur gelöscht zu werden.

---

4 **längst ein alter Hut** *already old hat*

5 **geraten (geriet, ist geraten; gerät)** *to get, fall in/out, prove to be*
außer Kontrolle geraten *to get out of control*
lahm/legen *to paralyze, bring to a standstill*

6 **durchsichtig** *transparent, clear*
Erinnerungsblock *(m.),* ⁼e *memory unit*
Allwissenheit *(f.) omniscience*

8 **Köln** *Cologne*

14 **Kristallschicht** *(f.),* **-en** *crystal layer, stratum*

15 **ähnlich wie bei** *in a similar fashion to*
herkömmlich *traditional, usual*
PC-Festplatte *(f.),* **-n** *PC hard drive*

16 **löschen** *to delete*
überschreiben (überschrieb, überschrieben) *to write/record (data) over*
außer Rand und Band geraten *to go unmanageably out of control*

17 **bestückt sein mit** *to be equipped with*

18 **vergleichsweise** *by comparison*
beruhigen *to quiet, pacify, calm*

---

1. Adapted from Jörg Bäsecke, *Süddeutsche Zeitung,* May 4, 1995

Im Mittelpunkt steht ein etwa drei mal vier Zentimeter großes 20 glasähnliches dünnes Plättchen, das gelblich aussieht. Es besteht im wesentlichen aus in Acrylharz eingebettetem Kristallpulver. Darin läßt sich beispielsweise die gesamte Literatur einer großen Universitätsbibliothek speichern. Obwohl das Kölner System sehr leistungsfähig ist, sei noch zu erwähnen, daß es einige Jahre dauern wird, bis es für 25 Routineanwendungen zur Verfügung steht.

21	**glasähnlich** *glass-like*	22	**Pulver** *(n.), –* *powder*
	dünn *thin*	24	**leistungsfähig** *efficient*
	Plättchen *(n.), –* *micro-plate*	25	**dauern** *to take/last (a period*
	gelblich *yellowish*		*of time)*
22	**bestehen aus** *to consist of*	26	**Routineanwendung** *(f.), -en*
	Harz *(n.), -e* *resin*		*routine application, use*
	ein/betten *to embed, surround*		
	(with)		

KAPITEL 30

I. Idiomatic Meanings of Subjunctive Modals

For a review of modal verbs and the differences between objective and subjective meanings of modals, refer to **Kapitel 17.** Modals may be used in the general subjunctive to express imagined and hypothetical possibilities, uncertain or less-than-certain assumptions, astonishment, wishes, and politeness. Keeping in mind the following basic meanings will help you translate subjunctive modals frequently used in situations like those in the examples.

dürfte *might (be), probably (is, was)*
könnte *could, would (might) be able to*
möchte *would like to*
möchte gern *would like to*
müßte *would have to, would be necessary*
sollte *should*
wollte *wished*

Here are some example sentences.

Das dürfte möglich sein.
  That might be possible.
Das dürfte die Antwort gewesen sein.
  That might have been the answer. or *That probably was the answer.*
Es könnte vorkommen, daß ...
  It could happen that . . .
Wir möchten feststellen, ob ...
  We would like to determine if . . .
Wir möchten gern mehr darüber hören.
  We would like to hear more about that.
Ich sollte heute abend arbeiten, anstatt ins Theater zu gehen.
  I should be working this evening instead of going to the theater.
Ich wollte, diese Aufgabe wäre leichter.
  I wish this lesson were easier.

II. *Es* in Idiomatic Expressions

Es occurs quite regularly in idiomatic expressions. Examples of some of the most common expressions are given in the following pages, but there are many other idioms of this type. Whenever one of the common meanings of a verb does not make sense in your translation, check the various idiomatic uses of the verb given in a dictionary.

A. *Es gibt* there is, there are

The expression **es gibt** may be translated in the singular or plural depending on its object.

> **Es gibt** eine Möglichkeit.
> *There is one possibility.*
> **Es gibt** zwei Möglichkeiten.
> *There are two possibilities.*

These are the tenses of the expression **es gibt.**

> **es gibt** *there is, there are*
> **es gab** *there was, there were*
> **es** hat **gegeben** *there has (have) been, there is (was)*
> **es** hatte **gegeben** *there had been*
> **es** wird **geben** *there will be*

> Es gibt viele Studenten, die nicht genug Geld haben.
> *There are many students who do not have enough money.*
> In Amerika gab es einen Indianerstamm, der ...
> *In America there was an Indian tribe that . . .*
> Bis zur Erfindung des Zeppelins hatte es keine großen Luftangriffe gegeben.
> *Until the invention of the Zeppelin, there had not been any major air attacks.*
> Ein Pessimist glaubt, daß es immer Kriege geben wird, denn Kriege hat es schon immer gegeben.
> *A pessimist believes that there always will be wars, because there always have been wars.*

B. *Gelingen (gelang, gelungen)* to succeed, to be successful

Some verbs form idioms with **es** as an impersonal subject and a dative object. In English, however, the equivalent construction has a personal subject that derives from the dative object in the German expression.

> **es** gelingt **mir** *I succeed , I am successful*
> **es** gelingt **ihm** *he succeeds, he is successful*
> **es** gelang **uns** *we succeeded, we were successful*
> **es** ist **ihnen** gelungen *they succeeded, they were successful*

Es gelang Edison, schon 1891 den ersten Filmapparat zu erfin-
den.
Edison succeeded in inventing the first camera already in 1891.
Ob es der Stadt gelingen wird, dieses Unternehmen bis nächstes
Jahr zu vollenden, ist unsicher.
*Whether the city will succeed in completing this undertaking by
next year is uncertain.*

Do not confuse this verb with the weak verb **gelangen** *(to arrive, reach)*.

Der Brief ist an die falsche Adresse gelangt.
The letter arrived at the wrong address.

C.   *Es kommt auf ... an*   it depends on, it's a question of

An/kommen means *to arrive.* Note the meaning of the idiomatic expression **es kommt auf** + object **an.**

Es kommt auf die Umstände an.
It depends on the circumstances.
Es kommt darauf an, wie groß die Gefahr ist.
It is a question of how great the danger is.
Worauf kommt es denn an? Es kommt darauf an, ob ...
What does it depend on? It depends on whether . . .

D.   *Es handelt sich um*   we are dealing with, it's a question of

To recognize this common use of the verb **handeln** (which has multiple
meanings), look for **es, sich,** and **um** in the same clause.

Es handelt sich noch einmal um ein geheimnisvolles Phänomen.
Once again it's a question of a mysterious phenomenon.
In dem früheren Buch handelte es sich um quantitative
Ergebnisse.
In the earlier book we were dealing with quantitative results. or
The earlier book dealt with quantitative results.
In diesem Fall handelt es sich ganz klar darum, die verschiede-
nen Gesichtspunkte zu erkennen.
*In this case it is clearly a question of recognizing the different
points of view.*
Wir wußten, daß es sich hier um mehrere unterschiedliche
Meinungen gehandelt hatte.
*We knew that here we had been dealing with several distinct
opinions.*

Basic Vocabulary

an/wenden (wandte ... an, angewandt) to use, employ
bekämpfen to combat
Bekämpfung (f.), **-en** combat, fight
Forschung (f.), **-en** research
gegenwärtig present, contemporary
geheimnisvoll mysterious
gelangen to arrive at, reach
gelingen (gelang, ist gelungen) to succeed

Gesichtspunkt (m.), **-e** point of view, aspect
Herz (n.), **-en** heart
neuartig novel, new-fashioned
Phänomen (n.), **-e** phenomenon
Stand (m.), **⸚e** state, position, stand
Überblick (m.), **-e** overview, survey
unternehmen (unternahm, unternommen; unternimmt) to carry out, undertake

Unternehmen (n.), **–** undertaking, enterprise
Verfasser (m.), **–** author
vermitteln to convey, give
vermuten to suspect, assume
zusammen/hängen mit (hing ... zusammen, zusammengehangen) to be connected with

Exercises

1. Als Alexander der Große auf einem seiner Eroberungszüge Diogenes sah, der trotz des Krieges seinen philosophischen Betrachtungen nachging, soll er gesagt haben: „Wenn ich nicht Alexander wäre, möchte ich wohl Diogenes sein."
2. Der erste Aufstieg mit einem Ballon gelang den Brüdern Montgolfier in Frankreich im Juni 1783.
3. Im gleichen Jahr gab es auch einen etwa zweistündigen Flug mit einem neuartigen Wasserstoffballon.
4. Ob der Versuch unternommen werden wird, hängt davon ab, wieviel Geld zur Verfügung stehen wird.
5. Dieses Experiment zu finanzieren, dürfte der Industrie zu kostspielig sein.
6. Wir wissen, daß es sich hier um Fragen handelt, die dem Laien nicht absolut klar und verständlich sind.
7. Die in diesem Buch angewandte Terminologie dürfte nur einem exklusiven Kreis von Fachleuten verständlich sein.

1. **Eroberungszug** (m.), **⸚e** *war of conquest*
   trotz *in spite of*
   Betrachtung (f.), **-en** *reflection, observation*
   nach/gehen (ging ... nach, nachgegangen) *to pursue*

2. **Aufstieg** (m.), **-e** *ascent*
3. **Wasserstoffballon** (m.), **-s** *hydrogen balloon*
5. **kostspielig** *expensive*
6. **Laie** (m., n-noun), **-n** *layman; novice*

8. Hier handelt es sich um eine der Fragen, auf die es weder deduktiv noch empirisch eine absolut sichere Antwort gibt.

9. Frau Prof. Dr. Warnke gelangte zu ihrer Lösung mit Hilfe der in Band I auf S. 327 angeführten Informationen.

10. Möchten Sie sich mit der Philosophie des 19. Jahrhunderts beschäftigen, so sollten Sie Arthur Schopenhauer nicht übersehen.

11. Wenn ein Gott diese Welt gemacht hat, so möchte ich nicht dieser Gott sein; ihr Jammer würde mir das Herz zerreißen. (Schopenhauer)

12. Impfungen gegen ansteckende Viruskrankheiten gibt es erst seit 1796, als es Edward Jenner gelang, eine Impfung gegen Pocken zu entdecken.

13. Würde es sich hier um eine Mischinfektion mit Typhus- und Paratyphusbazillen handeln, so müßte eine andere Methode angewandt werden.

14. Ich möchte kurz darauf hinweisen, daß es noch eine andere Möglichkeit gibt.

15. Dem Verfasser gelang es, einen guten Überblick über den gegenwärtigen Stand der Kafkaforschung zu vermitteln, und darüber hinaus seine Briefe in ein ganz neues Licht zu stellen.

16. Damit dürfte er ein wichtiger Name in der vergleichenden Literaturwissenschaft werden.

17. Mir ist es leider nicht gelungen, meine Kenntnisse auf diesem Gebiet zu erweitern.

18. Man vermutet, daß die geheimnisvolle Unternehmung des Außenministers auch unmittelbar mit dem Friedensvertrag zusammenhängt.

19. Es sollte möglich sein, das Angenehme mit dem Nützlichen zu verbinden.

20. Zwar weiß ich viel, doch möcht' ich alles wissen. (Goethes „Faust")

---

10. **übersehen (übersah, übersehen; übersieht)** *to overlook*
11. **Jammer** (*m.*) *misery*
    zerreißen (zerriß, zerrissen), *to break, tear up*
12. **Impfung** (*f.*), **-en** *vaccination*
    an/stecken *to infect*
    Pocken (*pl.*) *smallpox*
13. **Mischinfektion** (*f.*), **-en** *mixed (compound) infection*
    Bazillus (*m.*), **Bazillen** *bacillus*
18. **Außenminister** (*m.*), – *minister of foreign affairs*
19. **angenehm** *pleasant*
    nützlich *practical, useful*

VIRUS IN DER ZANGE[1]

Eine Welt – eine Hoffnung. Unter diesem optimistischen Motto haben sich 15 000 Betroffene, Forscher und Politiker zum elften Welt-AIDS-Kongreß im kanadischen Vancouver versammelt. Die Hoffnung stützt sich auf die Therapie: Drei neuartige Medikamente, sogenannte Protease-Inhibitoren, scheinen das HIV-Virus in Schach halten zu können.

Von „einer Welt" beim Kampf gegen AIDS kann freilich keine Rede sein. Die Therapie mit einer Kombination verschiedener Mittel kostet pro Patient im Monat rund 15 000 Mark. Für die 60 000 HIV-Infizierten in Deutschland dürfte dies noch erschwinglich sein, doch neunzig Prozent der Betroffenen leben in den Entwicklungsländern. Für sie werden die teuren Medikamente unerreichbar bleiben – auch wenn die Experten in Vancouver Hilfe für *alle* fordern.

Auch in der Prävention bleibt die Situation düster. Zur Zeit des AIDS-Welttreffens 1994 in Japan gab es auf der Welt 17 Millionen HIV-Infizierte – 1996 sind es bereits an die 28 Millionen. Vor allem Afrika und Asien traf die Epidemie; etliche Staaten dort taten erschreckend wenig, um die Seuche einzudämmen. Daß sie sich durch Aufklärung wirksamer bekämpfen läßt, als bisher vermutet, zeigt das Beispiel Uganda. Dort gibt es inzwischen anonyme AIDS-Tests, und Männer benutzen zunehmend Kondome: Die Zahl der Übertragungen verringerte sich daraufhin drastisch. Auch in Thailand, Asiens Musterland in der AIDS-Bekämpfung, ist es inzwischen gelungen, die Zahl der Neuinfektionen rückläufig zu machen.

Title	**Zange** *(f.)*, **-n** *forceps, tweezers*	14	**düster** *gloomy*
1	**Hoffnung** *(f.)*, **-en** *hope*	17	**etliche** *quite a few*
2	**betreffen (betraf, betroffen; betrifft)** *to affect, concern*		**tun (tat, getan)** *to do*
4	**sich versammeln** *to gather, meet*	18	**erschrecken** *to frighten, startle*
	sich stützen auf *to be based on, depend on*		**Seuche** *(f.)*, **-n** *epidemic*
6	**in Schach halten** *to keep in check*		**ein/dämmen** *to dam up, check*
10	**infizieren** *to infect*	21	**Übertragung** *(f.)*, **-en** *transmission*
	erschwinglich *attainable, within one's means*	22	**sich verringern** *to diminish, decrease*
12	**unerreichbar** *unattainable, inaccessible*	23	**Musterland** *(n.)*, **¨er** *model country*
		24	**rückläufig** *retrograde, retrogressive*

1. Jörg Blech, *Die Zeit,* Nr. 29, July 19, 1996, p. 19

WIEDERHOLUNG 6

DER NAME BERLIN[1]

1237 wird Berlin das erste Mal in einer Urkunde erwähnt, und von daher errechnen wir das Alter der Stadt.

Was der Name „Berlin" bedeutet, ist nicht bekannt. Lange Zeit glaubte man, es handle sich um eine slawische Siedlung und versuchte, das Wort „Berlin" aus slawischen Wörtern herzuleiten. Heute scheint sicher zu sein, daß Berlin eine germanische Siedlung war – die später mit slawischen „wasserwendischen" Siedlungen wie Köpenick zusammenwuchs.

Viele Leute glauben, der Name hänge mit dem Wappentier Berlins, dem Bären, zusammen und bezeichne vielleicht ein kleines „Bärlein", wie es eine Sage um den Markgrafen Albrecht glauben machen will: dieser habe auf der Bärenjagd eine Höhle mit einem jungen Bären gefunden und an dieser Stelle die Stadt gegründet. Aber wenn „Bär" eine Sachbezeichnung ist, von der der Name abgeleitet wurde, dann bezeichnet dieses Wort nicht das Tier, sondern nach einem alten Wörterbuch „einen starken, aus Steinen gemauerten Querdamm".

Werfen wir einen kurzen Blick auf das Wappen der Stadt, worauf man heute noch beides findet: Bär und Mauer.

1 **Urkunde** (f.), -n *document*	11 **Markgraf** (*m., n-noun*), -en
2 **errechnen** *to calculate*	*margrave (Prussian royalty)*
4 **slawisch** *Slavic*	**Markgraf Albrecht** (*founder of*
Siedlung (f.), -en *settlement*	*the Duchy of Brandenburg;*
5 **her/leiten** *to derive*	*died 1170*)
7 **wasserwendisch** *waterfront*	12 **Jagd** (f.), -en *hunt*
Köpenick (*Berlin city district*)	**Höhle** (f.), -n *cave*
8 **zusammen/wachsen,** (wuchs ...	14 **Sachbezeichnung** (f.), -en
zusammen, ist zusammenge-	*designation of a concrete object*
wachsen; wächst ... zusammen)	**ab/leiten** *to derive*
to grow together, merge	16 **aus Steinen gemauert** *built of stone*
9 **Wappentier** (n.), -e *(animal)*	17 **Querdamm** *lateral/diagonal*
emblem on a coat of arms	*enbankment*
11 **Sage** (f.), -n *legend, fable, saga*	18 **Wappen** (n.), – *coat of arms*

---

1. Excerpted from *Städteporträt: Berlin*, Ingeborg Braa/Sigrid Kumm, Inter Nationes, 1992. Rolf Schneider's "Ich bin kein Berliner" from: *Berlin, ach Berlin*, Ed. H. W. Richter, Berlin 1981

Das von 1338 bis 1448 gebräuchliche Siegel zeigt das Wappentier Berlins, den Bären, in lockerer Verbindung mit dem Adler Brandenburgs oder Cöllns. Das erstmals 1460 nachgewiesene, bis 1700 benutzte Siegel zeigt den landesherrlichen Adler, der mit seinen Krallen auf dem Berliner Bären reitet. Ob diese Darstellung die Unterwerfung Berlins unter die kurfürstliche Gewalt symbolisieren sollte, ist umstritten, scheint aber möglich.

Nach der Revolution von 1918 wurde aus der Monarchie eine Republik, und die Stadt Berlin erhielt ein neues Wappen: Der Bär steht jetzt aufrecht und trägt eine rote Mauer-Krone. Westberlin erhielt 1954 ein etwas verändertes Wappen: Darauf ist der Bär der gleiche geblieben, doch seine Krone ist golden und zeigt Stadtmauern und Blätter.

Neuere Untersuchungen legen den Schluß nahe, daß „Berlin" wohl eher von einem Personennamen gebildet wurde, vielleicht von „Berlichingen" oder verkürzt „Berlingen". Jedenfalls soll der Name der Stadt schwäbischen Ursprungs sein, wie anläßlich der 750-Jahrfeier eine Abhandlung von Hans Scholz im Berliner „Tagesspiegel" ausführlich begründete.

Der Schriftsteller Rolf Schneider sieht das anders. Er wohnt seit 35 Jahren in Köpenick, überschreibt aber seinen Text: „Ich bin kein Berliner."

„Das historisch älteste Berlin soll eine Wendensiedlung gewesen sein, ein Fischerdorf, der sorbische Name dafür lautet Kiez; dieses Wort hat sich erhalten, zusammen mit anderen slawischen Wörtern

20	**gebräuchlich** *common, customary*	32	**Blatt** (*n.*), ⸚er *leaf*
	Siegel (*n.*), – *seal*	33	**nahe/legen** *to suggest,*
21	**locker** *loose*	36	**schwäbisch** *Swabian*
	Adler (*m.*), – *eagle*		**anläßlich** *on the occasion of*
22	**Brandenburg** (*German state*)	37	**„Tagesspiegel"** (*a daily newspaper*
	Cölln (*Berlin city district*)		*in Berlin*)
23	**landesherrlich** *sovereign*	40	**überschreiben (überschrieb,**
	Kralle (*f.*), -n *talon, claw*		**überschrieben)** *to title*
24	**reiten (ritt, ist geritten)** *to ride*	42	**Wendensiedlung** (*f.*), -en
	(*on the back of an animal*)		(*Slavic settlement; along the*
	Unterwerfung (*f.*), -en *submission*		*Spree River*)
25	**kurfürstlich** *electoral*	43	**sorbisch** (*belonging to Slavs settled*
	Gewalt (*f.*) *power, dominion, might*		*on the Spree River*)
28	**erhalten (erhielt, erhalten)**		**Kiez** (*city neighborhood; term used*
	to receive		*in Berlin*)
29	**aufrecht/stehen (stand ...**	44	**sich erhalten (erhielt, erhalten;**
	aufrecht; ist aufrecht-		**erhält)** *to remain*
	gestanden) *to stand erect*		

45 und Ortsnamen; Kiez bedeutet heute so viel wie im Französischen ,quartier', es ist ein Stadtviertel innerhalb eines Stadtviertels, Gemeinde innerhalb einer Gemeinde, Kiez ist das Zauber- und Schlüsselwort für eine Zusammengehörigkeit der Bewohner, für das Netzwerk von persönlichen Bekanntschaften, von Freundschaften, von gemeinsamen

50 Zentren des täglichen Einkaufs, Kiez steht für Verkehr und Geselligkeit, für Verteidigung wider die unfaßbare und grausame Anonymität einer Riesenstadt."

47 **Zauber- und Schlüsselwort** (*n.*), -e
   magic word and key word
48 **Zusammengehörigkeit** (*f.*)
   togetherness
51 **Geselligkeit** (*f.*) *sociability*

51 **Verteidigung** (*f.*) *defense*
wider *against*
unfaßbar *incomprehensible*
grausam *inhuman, cruel*

LEKTÜRE 1–10

LEKTÜRE 1

GOETHES MÜLLDEPONIE[1]

D as erste deutsche Wort, das ich gelernt habe, war „Müll-deponie". Nicht „haben" oder „sein", „Tisch" oder „Stuhl" und gewiß nicht „Heimweh", „Sehnsucht" oder „Wahl-verwandtschaften".[2] Im Goethe-Institut von New York schrieb die Lehrerin als erstes auf die Wandtafel: die Mülldeponie; -n.

Seit 1990 habe ich mehrmals am Goethe-Institut Deutschunter-richt genommen. Meistens war ich zufrieden und immer dankbar für die Geduld, die die Lehrer mit offenbar unbegabten Studenten hatten. Aber auch wenn mein Deutsch elementar bleibt, meine Lehrjahre am Institut sind auf jeden Fall vorbei. Wie für viele, die jedes Jahr an das Goethe-Institut kommen, war die deutsche Sprache für mich weder Zweck an sich noch bloßes Mittel zu beruflichem Profit, sondern eine notwendige Bedingung meiner geistigen Entwicklung. Solche Studen-ten schreiben sich im Goethe-Institut weniger aus einer besonderen Leidenschaft für deutsche Kultur ein als in der Hoffnung, sich durch die Auseinandersetzung mit dieser Kultur zu zivilisieren.

Aber in der Sprache des Instituts kommt dieser alte, hoch-umstrittene Begriff „Zivilisation" nicht vor. Es ist ein alter Witz unter Studenten, im Goethe-Institut sei die Gefahr gering, daß man Goethe

Title **Mülldeponie** (f.), -n garbage dump	12 **Zweck an sich** purpose of and for itself
3 **Heimweh** (m.) homesickness	
Sehnsucht (f.), -̈e longing, yearning	14 **sich ein/schreiben (schrieb ... ein, eingeschrieben)** to register
4 **Wahlverwandtschaft** (pl.), -en elective affinities	15 **Leidenschaft** (f.), -en passion
5 **Wandtafel** (f.), -n blackboard	**Hoffnung** (f.), -en hope
8 **unbegabt** untalented	16 **Auseinandersetzung** (f.), -en exchange, involvement
9 **Lehrjahre** (pl.) apprenticeship years	17 **hochumstritten** highly controversial
10 **vorbei sein** to be gone, a thing of the past	18 **Witz** (m.), -e joke

---

1. Slightly shortened version of original by Mark Lilla, Humboldt scholar at the Freie Universi-tät Berlin and visiting scholar of the Einstein Forum, Potsdam. This commentary appeared in the *Frankfurter Allgemeine Zeitung*, Feb. 16, 1996.
2. **Heimweh** and **Sehnsucht** are both frequent themes in Goethe's romantic writings; the title of Goethe's 1809 masterpiece is *Die Wahlverwandschaften*. The author continues to make ironic illusions to Goethe with, e.g., **Lehrjahre** (*Wilhelm Meisters Lehrjahre*, 1796) and **Leidenschaft** (*Die Leiden des jungen Werthers*, 1774).

liest. Aber leider ist dies kein Witz. Aus den vom Institut konzipierten
Büchern und anderen Materialien zu schließen, gibt es unter den
Mitarbeitern des Instituts eine heftige Allergie gegen alles, was für sie
nach der alten Welt der deutschen Bildung riecht. In der Bibliothek
finden sich zwar die Klassiker in wunderschönen Ausgaben, im
Klassenzimmer hingegen müssen die Studenten ihre Aufmerksamkeit
ausschließlich auf die Gegenwart richten und sich für Diskussionen
über Umweltkrisen, Baumsterben, Rechtsradikalismus und Militaris-
mus rüsten. Bei solchen Erörterungen gehe es natürlich nicht um
Politik, behaupten die Lehrer, sondern um Kultur: deutsche Kultur.

Und sie haben recht, wenn man dieses vieldeutige Wort nur in
seinem engsten Sinn nimmt, als Summe der Obsessionen eines Volkes.
Jeder, der für eine kürzere Zeit in Deutschland wohnen will, muß
lernen, über diese Obsessionen zu reden, und sei es auch nur, um
langweilige Abendeinladungen zu überstehen. Aber wie Rassenfragen
in Amerika oder Erziehungsfragen in Frankreich sind diese Themen
tatsächlich Gegenstände eines intensiven, hochsymbolischen Privatge-
sprächs seiner Bürger, und deshalb sind sie eher Zeichen von Provin-
zialismus als von Weltoffenheit. Den Wahrheit suchenden polnischen
Philosophen, die Schönheit suchende japanische Musikerin, den
Heiligkeit suchenden mexikanischen Priester – meine Goethe-
Kameraden – interessieren solche „Kulturfragen" kaum. Denn mit
echter Kultur und Zivilisation haben sie wenig zu tun.

Nach jeder Erfahrung mit dem Goethe-Institut stellte ich mir die
naive Frage: Weshalb gleicht das Institut mehr einer Sonntagsschule
für deutsche Bürgerpflichten als einem gastfreundlichen, sich den
Schönheiten der deutschen Sprache widmenden Kulturzentrum? (...)

20	**konzipieren** *to draft, draw up, conceive*	28	**Erörterung** *(f.)*, **-en** *discussion, debate*
	aus ... zu schließen *to conclude from . . .*	34	**Abendeinladung** *(f.)*, **-en** *dinner party invitation*
23	**riechen nach (roch, gerochen)** *to smell like/of*		**überstehen (überstand, überstanden)** *to endure, survive*
26	**richten auf** *to direct toward*		**Rasse** *(f.)*, **-n** *race, ethnicity*
	sich rüsten *to arm, mobilize, prepare*	38	**polnisch** *Polish*
27	**Umweltkrise** *(f.)*, **-n** *environmental crisis*	40	**Heiligkeit** *(f.)* *holiness, godliness*
	Baumsterben *(n.)* *dying out of trees*	44	**Sonntagsschule** *(f.)*, **-n** *Sunday school*
	Rechtsradikalismus *(m.)* *right-wing extremism*	45	**gastfreundlich** *hospitable*

Das Institut braucht eine Kulturpolitik in universeller, welt-
bürgerlicher Absicht, nicht weil, wie die Kritiker behaupten, eine
„selbstbewußte Nation" lernen muß, sich der Welt stolz zu präsentie-
ren, und auch nicht weil, wie die Verteidiger betonen, Deutschland in
einer multinationalen, multikulturellen Welt liegt. Das Institut braucht
sie, weil die deutsche Sprache so viele Schätze menschlicher Zivilisation in sich birgt. Der einzige mögliche Zweck einer deutschen Kulturpolitik, die nicht provinziell sein wollte, ist es, diese menschliche –
eben nicht nur deutsche – Zivilisation zu kultivieren und schützen.
Desgleichen muß die Konservierung und Verbreitung der literarischen, poetischen, philosophischen und wissenschaftlichen Schätze
der Sprache die Hauptaufgabe eines Instituts sein, das den Namen
Goethes zu tragen wagt.

Aber vielleicht ist es schon zu spät. Die deutsche Sprache verliert
bei den kultivierten Ausländern, die in einer früheren Epoche eifrig
Deutsch studiert hätten, allmählich an Boden. Sie sind keineswegs
einsprachig. Auch in den Korridoren des Goethe-Instituts kann man
beobachten, wie sie fließend Englisch, ihre neue Lingua franca,
sprechen und glücklich über Hollywood-„Kultur" reden. Es ist kein
Zufall, sondern ein Zeichen der Zeit, daß das zweite deutsche Wort,
das ich im Goethe-Institut lernte, „Recycling" war.

50 **Verteidiger** *(m.), – defender*
52 **Schatz** *(m.), ⸚e treasure*
53 **in sich** *in itself, itself*
   bergen (barg, geborgen; birgt)
   to contain, shelter
56 **desgleichen** *similar(ly), suchlike,*
   just so
   Konservierung *(f.) conservation*

56 **Verbreitung** *(f.) dissemination,*
   circulation
58 **den Namen Goethes zu tragen wagt**
   dares to bear Goethe's name
60 **an Boden verlieren (verlor, verloren)**
   to lose ground
61 **eifrig** *eager, keen, ardent*
63 **einsprachig** *monolingual*

LEKTÜRE 2

BEMERKUNGEN ÜBER DEN FRANZÖSISCHEN ROMAN

VON ERNST ROBERT CURTIUS[1]

D ie Nationen wie die Individuen unterscheiden sich durch
ihre Begabung. Schon im 12. Jahrhundert belieferte Frankreich ganz Europa mit Versromanen und Erzählstoffen. Im
19. Jahrhundert, das für Frankreich 1789 beginnt, überbietet es die
5 anderen Nationen auf drei Feldern: Malerei, Roman, Revolution.
    Von David (1748–1825) bis Cézanne (1839–1906) führt die
französische Malerei wie die italienische in der Renaissance, die
spanische im Barock. Es ist nicht so, daß ab und zu eine geniale
Begabung hervorträte: nein, eine Fülle von Meistern ersten Ranges
10 findet sich auf engem Raum beisammen; sie lösen einander ab, bilden
Schulen, finden Formeln, geben die Stichworte für ganz Europa. Wer
malen lernen will, muß es in Frankreich lernen.
    Die Revolutionen von 1789, 1830, 1848, 1871 haben scheinbar
mit Malerei und Literatur nichts zu tun; in Wirklichkeit sehr viel. Die
15 „große Revolution", die Napoleon beendigte, wurde der französische
Mythos des 19. Jahrhunderts. Die späteren Revolutionen bilden sie
nach, nehmen ihre Motive auf, führen die Nation zur immer erneuten
Reflexion auf das Phänomen der Gesellschaft. Das Frankreich des
Ancien Régime war ein Ständestaat gewesen, in dem der dritte Stand
20 (das Bürgertum) nichts bedeutete. Das wurde seit 1789 anders: nicht

2 **Begabung** (f.), **-en** *talent*
3 **Versroman** (m.), **-e** *novel in verse form*
  Erzählstoff (m.), **-e** *story material*
4 **überbieten** (**überbot, überboten**) *to surpass*
9 **Fülle** (f.) *abundance, profusion*

9 **Rang** (m.), **⸚e** *rank, class, degree*
10 **sich beisammen/finden** (**fand ... beisammen, beisammen- gefunden**) *to occur together/at the same time and place*
19 **Stand** (m.), **⸚e** *social class*

---

1. Shortened from the version appearing in *Merkur, Nr. 4, July 1996* (p. 356). The original article first appeared in *Merkur, Nr. 17, 1946.*

durch die Erklärung der Menschenrechte, sondern durch die Einziehung der auf drei Milliarden geschätzten Kirchengüter. Der Staat erklärte sie als Nationalbesitz, verkaufte diesen aber wieder an den Meistbietenden. Unter den Käufern waren wohlhabende Bürger, aber auch Bauern, Handwerker, Tagelöhner. So entstand nicht nur eine ungeheure Vermögensverschiebung, sondern eine Menge neuer Eigentümer, deren Besitz rechtlich geschützt war. Der Begriff des Privateigentums mit unbeschränktem Verfügungsrecht ist eine Errungenschaft der Französischen Revolution. Die Käufer der Nationalgüter wurden dadurch die sicherste Stütze des neuen Regimes. Die Umschichtung des Besitzes bedeutete zugleich eine Umschichtung der Gesellschaft. Die Gesellschaft trat damit als geschichtliche Potenz und bestimmender Faktor in einer neuen Weise hervor. Sie war nicht mehr ein starrer, ständischer Körper, sondern sie war beweglich geworden durch das Geld. Die von England auf den Kontinent übergreifende industrielle Revolution beschleunigte diesen Prozeß.

    Die Gesellschaft, ihre Bewegungsformen und ihre Gesetze – sie ist in Frankreich zwischen 1800 und 1848 als Lebensmacht entdeckt und im Roman gespiegelt worden. Die deutsche Wissenschaft reagierte darauf mit Lorenz von Steins „Geschichte der sozialen Bewegung in Frankreich von 1789 bis auf unsere Zeiten" (1850). „Bewegung" – dieses Wort wurde zuerst in Frankreich nach 1830 zur Bezeichnung politisch-sozialer Vorgänge verwandt. Man unterschied eine „Partei der Bewegung" und eine „Partei des Widerstandes". Seitdem sprechen wir von geistigen, künstlerischen, religiösen „Bewegungen" und brauchen damit eine Ausdrucksweise aus der Ära der französischen Revolution.

▲ READINGS ▲

21 **Einziehung** (f.) collection
22 **Gut** (n.), **̈-er** property, possession
23 **Nationalbesitz** (m.), **-e** state property
24 **meistbietend** highest bidding
    wohlhabend well-to-do
25 **Tagelöhner** (m.), – day-laborer
    entstehen (entstand, ist entstanden) to be formed, produced, generated
26 **ungeheuer** huge, colossal
    Vermögensverschiebung (f.), **-en** shift/transfer of wealth
28 **unbeschränkt** unlimited

28 **Verfügungsrecht** (n.) right/privilege of disposal
30 **Errungenschaft** (f.), **-en** accomplishment
    Stütze (f.), **-n** support, sustainer, pillar
    Umschichtung (f.), **-en** regrouping, reshuffling
34 **starr** rigid
    ständisch stratified
35 **übergreifend** encroaching, expanding
46 **Ausdrucksweise** (f.), **-n** expression

Die Übertragung politischer Begriffe auf Kunst und Literatur ist
eine Denkform des französischen 19. Jahrhunderts. Victor Hugo
empfahl 1827 die Romantik als „den Liberalismus" in der Literatur,
und Émile Zola glaubte nach 1871 prophezeien zu dürfen: „Die
Republik wird naturalistisch sein oder sie wird nicht sein". Sein
letzter, unvollendeter Romanzyklus verkündet die Heilsbotschaft
eines neuen vierfältigen „Evangeliums": Fruchtbarkeit, Arbeit, Wahrheit, Gerechtigkeit.

50

55

48	**Übertragung** (f.), **-en** *transfer*	53	**Heilsbotschaft** (f.), **-en** *good news*
49	**Denkform** (f.), **-en** *pattern of*	54	**Evangelium** (n.), **Evangelien** *gospel*
	thinking, paradigm		**Fruchtbarkeit** (f.) *fertility*
53	**verkünden** *to announce, proclaim*	55	**Gerechtigkeit** (f.) *justice*

New Yorks MOMA[1]

Im Herbst 1929, nur zehn Tage nach dem Börsenkrach an der Wall Street, eröffnete The Museum of Modern Art (MOMA) seine erste Ausstellung mit Werken von Cézanne, Gauguin, Seurat und van Gogh in Übergangsräumen in einem Bürogebäude auf der Fifth Avenue. Das Debüt des Museums erschien nicht gerade vielversprechend: weder der Zeitpunkt, noch die provisorische Galerie und noch nicht einmal die vier Post-Impressionisten, die zu jener Zeit in den Vereinigten Staaten relativ unbekannt waren.

Keiner dieser Faktoren schreckte jedoch die Gründer des Museums ab, die drei Privatleute, die es sich zur Aufgabe gemacht hatten, ein Publikum für die bildenden Künste des 20. Jahrhunderts zu schaffen. Während des nächsten Jahrzehnts organisierte der erste Direktor, Alfred H. Barr, Jr., epochemachende Ausstellungen modernistischer Malerei, sowie Fotografie-, Architektur- und Design-Shows, bevor diese allgemein als Kunstbereiche anerkannt wurden. Die Filmbibliothek (inzwischen die Filmabteilung) wurde im Jahre 1935 gegründet und stellte das erste Programm dieser Art in einem Kunstmuseum dar.

Die Öffentlichkeit zeigte sich enthusiastisch, und schon zehn Jahre später zog das Museum in ein neues Gebäude in 11 West 53. Street. Dieses 1939 von Philip L. Goodwin und Edward Durell Stone entworfene Gebäude stellt eines der ersten Beispiele des internationalen Stils in den Vereinigten Staaten dar. Das Museum wurde jeweils in den fünfziger und sechziger Jahren vergrößert. Die Pläne dazu stammten von dem Architekten Philip Johnson, der ebenfalls den Abby Aldrich Rockefeller Skulpturengarten entworfen hat. Durch die vom Architekten César Peli entworfenen Erneuerungen des Museums im

1	**Börsenkrach** *(m.)* *stock market crash*	6	**vielversprechend** *very promising*
3	**Ausstellung** *(f.),* **-en** *exhibit*	10	**Privatleute** *(pl.)* *private citizens*
4	**Übergangsräume** *(pl.)* *transitional quarters*	11	**bildende Künste** *(pl.)* *fine arts*
	Bürogebäude *(n.),* – *office building*	15	**an/erkennen (erkannte ... an, anerkannt)** *to recognize*
		27	**Erneuerung** *(f.),* **-en** *renovation*

1. The Museum of Modern Art, New York, 1994

Jahre 1984 wurden der Ausstellungsraum verdoppelt und die Besuchereinrichtungen verbessert.

30 Die Gemälde- und Skulpturensammlung wurde in chronologischer Reihenfolge eingerichtet. Sie beginnt auf der zweiten Etage mit den Post-Impressionisten des späten 19. Jahrhunderts, setzt sich auf der dritten Etage mit Werken aus den vierziger bis sechziger Jahren dieses Jahrhunderts fort und endet mit Sonderausstellungen zeitgenös-

35 sischer Kunst. Drucke von der Entstehung der Fotografie im frühen 19. Jahrhundert bis zur Gegenwart dokumentieren in den Fotogalerien die Entwicklung dieses Mediums. Die Zeichnungssammlung besteht aus einmaligen Werken auf Papier in Tusche, Kohle, Pastell, Bleistift, Wasserfarbe, Collage, Frottage oder Montage. Die Galerien werden

40 dreimal im Jahr mit historischen, zeitgenössischen und nach Thematik ausgewählten Werken neu eingerichtet. Die Sammlung der Drucke und Buchillustrationen enthält Lithographien, Kupferstiche, Siebdrucke und Holzschnitte in mehreren Abdrucken. Am Eingang zu diesen Galerien befindet sich ein Studierbereich mit Referenz-

45 materialien über Geschichte und Techniken der gedruckten Kunst. Die Architektur- und Designsammlung besteht aus Postern, Architekturmodellen und -zeichnungen und massenproduzierten Objekten, die höchste Designstandards veranschaulichen, und reicht vom neunzehnten Jahrhundert bis zur Gegenwart.

50 Die Filmabteilung besitzt die größte internationale Filmsammlung der Vereinigten Staaten und umfaßt alle Perioden und Genres. Filmprogramme werden täglich in den zwei Kinosälen des Museums angeboten. Videoprogramme werden regelmäßig im Roy und Niuta Titus Film-Theater 2 und in der Videogalerie gezeigt.

---

29 **Besuchereinrichtung** (*f.*), **-en** *visitor facility*

31 **Reihenfolge** (*f.*), **-n** *consecutive order*
Etage (*f.*), **-n** *floor, story (of a building)*

34 **Sonderausstellung** (*f.*), **-en** *special exhibit*
zeitgenössisch *contemporary*

35 **Druck** (*m.*), **-e** *print*
Entstehung (*f.*) *beginning, rise, genesis*

37 **Zeichnung** (*f.*), **-en** *drawing*

38 **Tusche** (*f.*), **-n** *ink*
Kohle (*f.*), **-n** *charcoal*

38 **Pastell** (*m.*), **-e** *pastel, crayon*
Bleistift (*m.*), **-e** *pencil*

39 **Wasserfarbe** (*f.*), **-n** *watercolor*

41 **ausgewählt** *chosen, selected*

42 **Kupferstich** (*m.*), **-e** *copperplate engraving*
Siebdruck (*m.*), **-e** *hammered metal print*

43 **Holzschnitt** (*m.*), **-e** *woodcut print*
Abdruck (*m.*), **-e** *copy, imprint*

44 **Studierbereich** (*m. and n.*), **-e** *study area*

48 **veranschaulichen** *to illustrate*

52 **Kinosaal** (*m.*), **Kinosäle** *movie theater*

Sonderausstellungen wechseln regelmäßig und heben die Werke 55
spezieller Künstler, Stilrichtungen und Bewegungen hervor. Das
Museum präsentiert mehrere fortlaufende Serien, darunter „Projects",
eine Ausstellung, die neue zeitgenössische Kunst und Künstler vor-
stellt, und „Artist's Choice", eine Ausstellung von Werken der Sammlung, die von prominenten Künstlern ausgewählt werden. 60

Heute ist das MOMA weltweit für die Qualität, den Umfang
und die Vielfalt seiner ausgestellten Werke bekannt und bietet dem
Besucher einen einmaligen Überblick über die Moderne. Die Sammlung des Museums ist von der ursprünglichen Schenkung von acht
Drucken und einer Zeichnung auf mehr als 100 000 Gemälde, Skulp- 65
turen, Zeichnungen, Drucke, Fotografien, Architekturmodelle und
-pläne und Design-Objekte angewachsen. Darüber hinaus besitzt das
Museum 10 000 Filme und 3 Millionen Film-Standaufnahmen sowie
80 000 Bücher und Zeitschriften, die sich in der Museumsbibliothek
befinden. 70

56 **Stilrichtung** (f.), **-en** *mode, style*   64 **Schenkung** (f.), **-en** *donation, gift*
57 **fortlaufend** *ongoing, continuous*   68 **Standaufnahme** (f.), **-n** *(movie) still*

► READINGS ◄

LEKTÜRE 4

ÜBER DIE FAMILIE MENDELSSOHN[1]

Buchbesprechung: Sebastian Hensel: *Die Familie Mendelssohn 1729 bis 1847.* Nach Briefen und Tagebüchern herausgegeben. Mit zeitgenössischen Abbildungen und einem Nachwort von Konrad Feilchenfeldt. Insel-Verlag, Frankfurt 1995. 937 S.

5   Abraham Mendelssohn, ein erfolgreicher Bankier, der sich nach seinem Schwager Mendelssohn Bartholdy nannte, soll einmal geseufzt haben: „Früher war ich der Sohn meines Vaters, jetzt bin ich der Vater meines Sohnes". Der Vater, das war der Philosoph Moses Mendelssohn, der Freund Lessings; der Sohn war der Kompo-

10 nist Felix Mendelssohn Bartholdy. Eine bemerkenswerte Familie, die Mendelssohns, die im geistigen und künstlerischen Leben zwischen Aufklärung und Romantik (und darüber hinaus) eine wichtige Rolle gespielt haben. Moses' Tochter Dorothea heiratete in zweiter Ehe Friedrich Schlegel; Felix' Schwester Fanny war ebenfalls Komponistin,

15 ihr Werk wird erst in der Gegenwart angemessen gewürdigt.
    Sebastian, Fannys einziger Sohn aus der Ehe mit dem Maler Wilhelm Hensel, faßte, ursprünglich nur für seine Kinder, Briefe und Aufzeichnungen der früheren Generationen in einer „Familien Biographie" zusammen, die bis zum Todesjahr Fannys und Felix'

20 (beide starben im Abstand von einigen Monaten 1847) reicht; 1879 erschien sein Werk im Druck. Es war damals *auch* eine politische Stellungnahme: Hensel betont, schon Moses Mendelssohn habe die Klippe des „schalsten Kosmopolitismus" vermieden und den

---

2 **Tagebuch** (*n.*), ⸚**er** *journal, diary*
3 **Nachwort** (*n.*), -e *concluding remarks*
5 **sich nennen nach (nannte, genannt)** *to be called by the name of*
6 **Schwager** (*m.*), – *brother-in-law*
15 **angemessen** *appropriate, adequate*
    würdigen *to appreciate, value*
18 **Aufzeichnung** (*f.*), -en *note, record, drawing*

20 **Abstand** (*m.*), ⸚**e** *interval*
21 **im Druck erscheinen (erschien, ist erschienen)** *to appear in print*
22 **Stellungnahme** (*f.*), -n *opinion, point of view*
23 **die Klippe vermeiden (vermied, vermieden)** *to avoid the precipice*
    "schalter Kosmopolitismus" *"hackneyed cosmopolitanism"*

---

1. By Albert Gier, *Neue Zürcher Zeitung*, Dec. 19, 1995, p. 44

deutschen Standpunkt eingenommen; die Geschichte der folgenden
Generationen ist die Geschichte einer geglückten Assimilation, die die
Konversion zum protestantischen (Felix und Fanny) oder zum katholi-
schen Christentum (Dorothea Schlegel und ihre Schwester Henriette,
die als Erzieherin in Paris lebte) einschloß.

Man kann in diesem Buch sehr Unterschiedliches finden: Details
aus dem alltäglichen Leben der Zeit, nicht nur in den zahlreichen
Reisebriefen – die Wohnung der Hensels, die sich im Winter so
schlecht heizen ließ, im Garten hinter dem Wohnhaus der Familie in
Berlin, dürfte Sebastian aus seiner Kindheit noch in lebhafter Erinnerung gewesen sein. Anekdoten über die Großen, etwa über Goethe,
der den elfjährigen Felix Mendelssohn 1821 für zwei Wochen zu sich
einlud; vor allem aber erfährt man den Reiz einer sehr kultivierten
Gesellschaft, die in künstlerischer Aktivität und in der Diskussion
über ästhetische Gegenstände ganz selbstverständlich zum Bewußtsein
ihrer selbst gelangte.

Die festen Grundlagen bilden dabei bürgerliche Weltvor-
stellungen, die natürlich Patina angesetzt haben. So mahnt Abraham
Mendelssohn Batholdy seine Tochter Fanny, sich „ernster und emsiger
zum einzigen Beruf eines Mädchens, zur Hausfrau, zu bilden", und ihr
Sohn vermerkt dies mit offensichtlicher Zustimmung. Es mag uns
empören, wie hier eine große musikalische Begabung an ihrer Entfaltung gehindert wurde; freilich zeigen diese Aufzeichnungen vor allem,
daß die Lebensverhältnisse komplexer waren, als es der Hochmut der
Nachgeborenen wahrhaben will.

Eine Neuausgabe dieses sympathischen Buchs war überfällig:
Die letzte vollständige Ausgabe (aus der auch die Schwarzweiß-
illustrationen übernommen worden sind) datiert von 1924. Die zwei
Bände sind jetzt in einem starken Taschenbuch komprimiert; neben
dem Nachwort und seiner Stammtafel wurden nützliche Register
(Personen, musikalische und literarische Werke) hinzugefügt.

25 **glücken** *to succeed*
28 **ein/schließen (schloß ... ein,
   eingeschlossen)** *to include*
36 **Reiz** *(m.)*, **-e** *charm, attraction*
38 **zum Bewußtsein ihrer selbst
   gelangen** *to arrive at an
   awareness of itself*
41 **Patina an/setzen** *to build up a
   patina (of age)*

42 **emsig** *dilligent*
44 **vermerken** *to note*
47 **Hochmut** *(m.)* *pride, arrogance,
   haughtiness*
48 **nachgeboren** *born later*
   wahrhaben wollen *to want to
   acknowledge*
49 **Neuausgabe** *(f.)*, **-n** *new edition*
53 **Stammtafel** *(f.)*, **-n** *family chart*

LEKTÜRE 5

EUROPÄISCHE WÄHRUNGSUNION: EINE DEUTSCHE DISKUSSION[1]

Vom 1. Juli 2002 an soll in den Mitgliedsländern der Europäischen Währungsunion nur noch die künftige Einheitswährung, der Euro gelten. Ein halbes Jahr zuvor beginnt die Europäische Zentralbank mit der Ausgabe der neuen Scheine und
5 Münzen. Mit Beginn des Jahres 1999 startet die sogenannte dritte Stufe des Übergangs zur Einheitswährung, in der die Wechselkurse der Mitgliedsländer unwiderruflich festgelegt werden. Nichtbare Finanztransaktionen der Zentralbank und – auf Wunsch – der Finanzinstitute und Unternehmen werden dann bereits in der Euro-Währung
10 abgewickelt. Im Frühjahr 1998 sollen die Regierungschefs der EU über die Mitgliedsländer entscheiden, die die Stabilitätskriterien des Maastrichter Vertrages erfüllen.

Die Deutschen stehen vor einem einmaligen Ereignis: Zum ersten Mal in ihrer Geschichte wollen Regierung und Parlament eine
15 erfolgreiche Währung durch eine neue ersetzen. Das schafft Unbehagen. Schließlich verdankt die Bundesrepublik ihre politische Stabilität zu einem guten Teil der Wertbeständigkeit ihres Zahlungsmittels. Die Mark ist bei den meisten Bundesbürgern, nicht zuletzt bei denen, die im Zuge der Einheit 1990 dazukamen, zum Symbol eines erfolgreichen

---

Title **Währungsunion** (*f.*) *currency union*
1 **Mitgliedsländer** (*pl.*) *member nations*
3 **Einheitswährung** (*f.*) *standardized currency*
4 **Schein** (*m.*), **-e** *bill, paper money*
5 **Münze** (*f.*), **-n** *coin*
6 **Stufe** (*f.*), **-n** *step, level (of a process)*
Übergang (*m.*), **˂e** *transition*
Wechselkurs (*m.*), **-e** *exchange rate*
7 **unwiderruflich** *irrevocable, irreversible*
fest/legen *to determine*
nichtbare Finanztransaktionen (*pl.*) *non-cash financial transactions*

10 **ab/wickeln** *to be processed*
Regierungschef (*m.*), **-s** *head of state*
EU = Europäische Union *European Union*
12 **Maastrichter Vertrag** (*m.*) *Maastricht Agreement*
15 **Das schafft Unbehagen.** *That has created uneasiness.*
17 **Wertbeständigkeit** (*f.*) *stable value*
Zahlungsmittel (*n.*), **–** *means of payment, money*
19 **im Zuge der Einheit** *in the course of unification*

---

1. Shortened version of original by Martin Kessler, *INTER NATIONES,* Bonn, 1996

Wirtschaftssystems geworden. Ein Jahr vor der Jahrtausendwende 20
sollen nun die D-Mark und andere europäische Währungen in den
Euro aufgehen. Das haben die Staats- und Regierungschefs der
Europäischen Gemeinschaft 1991 in der holländischen Kleinstadt
Maastricht beschlossen. An die Stelle der Staatengemeinschaft ist die
Union getreten, an die Stelle von Mark, Franc, Pfund oder Lira soll 25
künftig die Einheitswährung Euro treten.

Doch merkwürdig: Die Auseinandersetzung über ihre künftige
Währung haben die Deutschen bis vor kurzem recht gelassen verfolgt.
Sie waren abgelenkt durch die Vollendung der deutschen Einheit und
deren gravierende Folgen für das Finanz- und Sozialsystem. Der 30
Zusammenbruch der Industrie im Osten und die steigende Abgaben-
belastung im Westen beherrschten die Schlagzeilen stärker als die
Diskussion über den Vertrag von Maastricht, der die Bedingungen
und den Übergang in die neue Euro-Währung festlegte.

In den übrigen Staaten der Gemeinschaft war das anders. In 35
Großbritannien spaltete die Frage, wieviel an Souveränität die älteste
Demokratie der Welt an Brüssel abgeben soll, beinahe die Regierungs-
partei der Konservativen. Die Dänen waren erst nach zwei Volksab-
stimmungen bereit mitzumachen – und das nur unter Vorbehalten.
In Frankreich löste das Referendum eine heftige Debatte über Maas- 40
tricht aus, die noch bei den sozialen Unruhen im Spätherbst 1995
nachwirkte.

Vier Jahre nach dem Abschluß des Vertrags von Maastricht ist
nun auch in Deutschland die Diskussion in voller Schärfe entbrannt.
Die europäischen Staats- und Regierungschefs hatten auf ihrem Gipfel 45

22 **auf/gehen in (ging ... auf, ist aufgegangen)** *to be replaced by*	32 **Schlagzeile** *(f.),* **-n** *headline*
24 **beschließen (beschloß, beschlossen)** *to decide*	36 **spalten** *to split*
an die Stelle treten (trat, ist getreten; tritt) *to take the place; replace*	38 **Volksabstimmung** *(f.),* **-en** *referendum*
Staatengemeinschaft *(f.),* **-en** *community of nations*	39 **unter Vorbehalten** *with reservations*
27 **doch merkwürdig** *but it is strange*	40 **aus/lösen** *to cause, induce, produce*
Auseinandersetzung *(f.),* **-en** *discussion, debate*	41 **Unruhe** *(f.),* **-n** *unrest*
28 **bis vor kurzem** *until just recently*	42 **nach/wirken** *to produce an after-effect*
recht gelassen *quite calmly/patiently*	43 **Abschluß** *(m.),* **Abschlüsse** *conclusion, signing*
29 **abgelenkt sein** *to be distracted*	44 **entbrennen (entbrannte, ist entbrannt)** *to break out, be kindled*
31 **Abgabenbelastung** *(f.),* **-en** *tax burden*	45 **Gipfel** *(m.),* **–** *summit conference*

in Madrid im Dezember 1995 schon den genauen Fahrplan für die neue Währung festgelegt, als das Thema Gegenstand einer zunehmend heftigeren Auseinandersetzung wurde. Seitdem haben sich die Fronten geklärt, die quer durch alle Parteien gehen. Auf der einen Seite steht 50 die Gruppe der Warner, die das 1991 beschlossene Projekt verschieben möchte. Auf der anderen die Visionäre, die über die Währungsunion die Integration des nunmehr größer gewordenen Deutschlands in die Europäische Union vollenden wollen. An der Spitze der letzteren steht Bundeskanzler Helmut Kohl, für den die Frage der Einheit 55 Europas mehr ist als ein ökonomisches Joint-Venture – nämlich eine Frage, die die politische und wirtschaftliche Stabilität Europas insgesamt betrifft.

Die Sorge um die Stabilität des künftigen Eurogeldes treibt aber nicht nur die Politiker in Deutschland um. Die Zwiespältigkeit von 60 monetärer Skepsis einerseits und dem Wunsch nach Vollendung der deutschen Westintegration andererseits durchzieht wie ein roter Faden auch die Kommentare der großen deutschen Tageszeitungen und Wochenblätter.

Während in der öffentlichen Diskussion das Unbehagen am 65 Jahrhundertprojekt wächst, kann es den großen Wirtschaftsunternehmen und den Banken gar nicht schnell genug gehen. Der Binnenmarkt hat den Unternehmen einen größeren Markt beschert, den sie intensiv nutzen wollen. Für die meisten ist deshalb die Währungsunion die logische Fortsetzung der wirtschaftlichen Verschmelzung Europas. 70 Zudem hat die Exportwirtschaft zuletzt stark unter den Wechselkursschwankungen innerhalb des Europäischen Währungssystems gelitten. Feste Paritäten sind für sie ein wichtiger Sicherheitsfaktor. Anders als

---

46 **Fahrplan** *(m.)*, ⸚e *course*
52 **nunmehr** *in the meantime*
53 **an der Spitze** *leading, at the forefront*
58 **Sorge** *(f.)*, -n *concern*
   um/treiben (trieb ... um, umgetrieben) *to drive on,* (here: *preoccupy*)
59 **Zwiespältigkeit** *(f.)*, -en *dispute, conflict*
61 **durchziehen (durchzog, durchzogen)** *to traverse, penetrate*

61 **wie ein roter Faden** *like a (red) thread*
62 **Tageszeitung** *(f.)*, -en *daily newspaper*
63 **Wochenblatt** *(n.)*, ⸚er *weekly publication*
66 **Binnenmarkt** *(m.)*, ⸚e *domestic market*
67 **bescheren** *to present, make a gift (of)*
69 **Verschmelzung** *(f.)* *consolidation*
70 **Wechselkursschwankung** *(f.)*, -en *variation in the rate of exchange*

in der breiten Bevölkerung, so hat es das Allensbacher Institut für
Demoskopie ermittelt, ist unter Deutschlands Wirtschaftselite die
Zustimmung für den Maastricht-Prozeß mit 77 Prozent fast sensatio-
nell hoch. Und die Euro-Stimmung wächst noch. 75

Bei einem Moratorium des Einigungsprozesses fürchten die
Führungskräfte eine noch stärkere Aufwertung der Mark, neue
Handelsschranken, mehr Nationalismus. „Alles Gift für eine Export-
nation wie Deutschland," schreibt das Monatsmagazin Capital. Zwar 80
kennt der Präsident des Bundesverbandes der deutschen Industrie,
Hans-Olaf Henkel, viele Mittelständler, die sich „wie die deutschen
Sparer und Rentner" Sorgen um Inflation und zusätzliche Finanzlasten
machen. Gleichwohl sieht er in einer einheitlichen Währung eine
Stärkung des Wirschaftsstandorts Europas. Und die Banken erhoffen 85
sich eine europäische Alternative zu Dollar oder Yen und damit
weniger Abhängigkeit von den Finanzmärkten in New York und
Tokio. Kein Wunder, daß sich gerade die Geldinstitute am meisten
Gedanken über die technischen Einzelheiten der neuen Währung
machen. 90

73 **in der breiten Bevölkerung**
      among the population at large
75 **Zustimmung** *(f.) approval*
78 **Aufwertung** *(f.),* **-en** *higher*
      valuation
79 **Handelsschranke** *(f.),* **-n** *trade*
      barrier
    Gift für eine Exportnation
      poison for an exporting country
81 **Bundesverband** *(m.),* **⸚e** *Federal*
      Commission

82 **Mittelständler** *(m.),* **–** *member of*
      the middle class
83 **Sparer** *(m.),* **–** *savings investors*
    Rentner *(m.),* **–** *retiree*
    Finanzlasten *(pl.)* *financial burden*
84 **gleichwohl** *nevertheless,*
      notwithstanding
85 **Wirschaftsstandort** *(m.),* **-e**
      economic position
87 **Abhängigkeit von** *dependence on*

LEKTÜRE 6

DAS DEUTSCHE ALS MÄNNERSPRACHE[1]

V or einiger Zeit schickte mir der Leiter des Instituts für deutsche Sprache, Dr. Gerhard Stickel, eine Stellungnahme zur sprachlichen Form von Diplomgraden, um die ihn das Ministerium für Wissenschaft und Kunst Baden-Württemberg gebeten hatte. Das Ministerium hatte sich erkundigt, ob es angeraten sei, Diplomgrade offiziell auch in der „weiblichen Form" („Diplom-Bibliothekarin", etc.) zu verleihen.* Stickel unterwies die Ministerialien geduldig und umsichtig dahingehend, daß ihr Problem keines ist, daß diese Anwendung der Wortbildung auf Diplomgrade geradezu selbstverständlich ist und völlig mit der Gebrauchsnorm des Deutschen in Einklang steht. Nach Ablieferung des Gutachtens waren ihm aber Zweifel an seiner Empfehlung gekommen. Daher bat er mich in seinem Begleitbrief, den ich hier mit seinem Einverständnis in Auszügen wiedergebe, um einige Auskünfte aus weiblicher Sicht:

... Was die männlichen und weiblichen Personen-,
Rollen- und Funktionsbezeichnungen angeht, bin ich in
der Zwischenzeit unsicher geworden. Von mehreren

*Senta Trömel-Plötz und mir wurde 1978 von der Universität Konstanz der Titel „Privatdozent" verliehen. Ob wir uns auch „Privatdozentin" nennen dürfen, wissen wir nicht.

2 **Stellungnahme** (f.), -n *opinion*
3 **Diplomgrad** (m.), -e *academic degree*
4 **Baden-Württemberg** *(name of German federal state)*
5 **angeraten** *advised*
7 **verleihen (verlieh, verliehen)** *to grant, award, bestow*
unterweisen (unterwies, unterwiesen) *to instruct*
Ministerialien (pl.) *governmental ministers*
8 **umsichtig dahingehend** *approaching it prudently*
10 **Gebrauchsnorm** (f.), -en *norm of usage*

11 **in Einklang stehen (stand, gestanden)** *to be in accord*
Gutachten (n.), – *(expert) opinion*
13 **Begleitbrief** (m.), -e *cover letter*
Einverständnis (n.) *agreement*
16 **Bezeichnung** (f.), -en *designation*
an/gehen *to concern, have to do with, be related to*
Note **Senta Trömel-Plötz** *a female colleague of the author*
Privatdozent (m.), -en;
Privatdozentin (f.), -nen *visiting professor, lecturer*

1. Luise F. Pusch, *Das Deutsche als Männersprache: Aufsätze und Glossen zur feministischen Linguistik*, Frankfurt/Main, 1984, pp. 46–48

skandinavischen Gewährsmännern und -frauen habe ich gehört, daß in Schweden und Dänemark zumindest die „morphologische" Tendenz gegenläufig ist, obgleich es im Dänischen und Schwedischen ähnliche Movierungsmöglichkeiten wie im Deutschen gibt. Dort sind es gerade die Frauen, die Wert darauf legen, „Lehrer" und „Ingenieure" zu heißen, und nicht „Lehrerinnen" und „Ingenieurinnen", gerade weil sie auch sprachlich nicht diskriminiert werden wollen. Es käme schließlich auf entsprechende berufliche Fähigkeiten und Kenntnisse an, und nicht auf das Geschlecht.

Aus England erfuhr ich gerade, daß dort Stellenanzeigen, in denen auf das Geschlecht der Bewerber explizit Bezug genommen wird, verboten sind, im Unterschied zur Bundesrepublik, in der die meisten Zeitungen drei Rubriken haben: Stellenangebote/-gesuche männlich *(Textilingenieur)*, weiblich *(Textilingenieurin)* und gemischt *(Textilingenieur/-in)*.

Ich bekomme deshalb den Verdacht nicht los, daß möglicherweise durch die Forcierung des Gebrauchs „geschlechtmarkierter" Personenbezeichnungen zwar einerseits dem Wunsch der Frauen *nach deutlichem Gemeintsein* entsprochen wird, andererseits aber in all den Fällen Sexusmarkierungen gebraucht werden, in denen es gerade auf das Geschlecht nicht ankommen darf.

Ich habe keine Repräsentativerhebung angestellt, aber

18 **Gewährsmann** *(m.)*, ⸚**er; Gewährs-frau** *(f.)*, **-en** *authority*
20 **gegenläufig** *going in the opposite direction*
21 **Movierung** *(f.)* *changing a word's gender*
26 **entsprechend** *corresponding*
27 **Fähigkeit** *(f.)*, **-en** *ability, talent*
   Kenntnis *(f.)*, **-se** *knowledge*
   Geschlecht *(n.)*, **-er** *gender, sex*
29 **Stellenanzeige** *(f.)*, **-n** *want ad*
30 **Bewerber** *(m.)*, **–** *applicant*
31 **Bezug nehmen auf** (nahm, genommen; nimmt) *to make reference to*
33 **Stellenangebot** *(n.)*, **-e** *job offer*

33 **Stellengesuch** *(n.)*, **-e** *position wanted*
36 **Verdacht** *(m.)* *suspicion*
   los/bekommen (bekam ... los, losbekommen) *to get rid of, shake off*
37 **Forcierung des Gebrauchs** *forced/ coercive usage*
39 **Wunsch nach deutlichem Gemeintsein** *desire to be explicitly referred to*
40 **entsprechen** (entsprach, entsprochen; entspricht) *to correspond to, match, be in accordance with*
43 **Erhebung an/stellen** *to take a survey*

mit mehreren Frauen (auch hier im IdS) gesprochen. Einige
äußerten sich ähnlich wie die erwähnten Skandinavierin-
nen. Die Verwendung von Berufsbezeichnungen in der
„weibliche" Form sei vor allem dann zu beobachten,
wenn Frauen in ihrem professionellen Status nicht ganz
ernst genommen würden, wenn aus irgendwelchen Gründen gezielt an ihre Weiblichkeit appelliert werde.

Als Mann bin ich für derartige Einstellungen nicht
hinreichend sensibilisiert. [Kommentar L. F. Pusch: Ein
wahrhaft bemerkenswerter Satz! Eine Einsicht, wie ich sie
bisher noch nie von einem Mann gehört, sie mir aber
immer zu hören gewünscht habe.] Daß Artikel 3 des
Grundgesetzes immer noch nicht hinreichend verwirklicht
ist, weiß ich. Aber könnte es nicht sein, daß dem verfaßten
Benachteiligungsverbot sprachlich besser entsprochen
würde, wenn „weiblich" markierte Bezeichnungsformen
für alle Berufe und Funktionen, die geschlechtsunspezifisch
sind (und das sind ja fast alle) grundsätzlich vermieden
würden? Die Bezeichnungen würden dann – was sie jetzt
zweifellos noch nicht sind – geschlechtsneutral, weil es
dann kein Geschlechtsparadigma mehr gäbe. Es käme dann
auch nicht zu einer Virilisierung/Maskulinisierung der
Frauen. Dies wäre freilich ein erheblicher Eingriff in die
Morphologie und die tendenzielle Gebrauchsnormen des
Deutschen.

Ich würde mich freuen, wenn Sie mir ein paar Sätze
zu dieser Frage schreiben könnten.

44 **IdS = Institut für deutsche Sprache**
     Institute for German Language
50 **gezielt** *directly, specifically*
     appellieren an *to appeal to, target*
52 **hinreichend** *sufficient*
55 **Artikel 3** *Paragraph 3 (addresses
     equal rights)*
56 **Grundgesetz** *(n.)* *Basic Law,
     Germany's constitution*
57 **verfaßt** *written*
58 **Benachteiligungsverbot** *(n.)*
     prohibition of prejudice
66 **Eingriff** *(m.),* **-e** *infringement,
     invasion*

Auf diese Anfrage habe ich Stickel zunächst vorläufig geantwortet und diese Antwort inzwischen zu dem folgenden offenen Brief ausgebaut:

Zu Ihrer Frage: Soll die movierte Form forciert werden, ihr häufiger und systematischer Gebrauch gefordert, praktiziert und unterstützt werden – oder soll sie im Gegenteil ganz abgeschafft werden mit dem Ziel, dadurch die nicht-movierte („unmarkierte") Form mit echter Geschlechtsneutralität auszustatten?

Ich finde, beide „Parteien" haben recht, wenn sie meinen, die jeweils andere Lösung sei schlecht. Beide Parteien haben aber unrecht, wenn sie die jeweils eigene Lösung gut finden. Sinnvoll wäre höchstens die Frage, welche der Lösungen das kleinere Übel ist. Es ist wie mit allen Alternativen, vor die sich Frauen in patriarchalischen Systemen gestellt sehen – und die deutsche Sprache ist wie die meisten anderen Sprachen ein patriarchalisch organisiertes System. Die Crux ist immer die, daß bei solchen Alternativen die „männliche Seite des Problems" unangetastet bleibt oder bleiben soll. Nehmen Sie die parallele „Entscheidung zwischen Familie und Beruf". Solange Männer sich nicht vor dieselbe Alternative gestellt sehen (für sie verbindet sich beides problemlos), bringt JEDE getroffene Wahl für die Frau schwere Nachteile.

Fazit: Nur wenn die Situation der Männer gleichzeitig mit geändert wird, ist eine gerechte Lösung für Frauen möglich. Auf die (deutsche) Sprache übertragen bedeutet das: Nur wenn die Bezeichnungen für Männer gleichzeitig mit geändert werden, ergeben sich gleiche sprachliche Chancen für Frauen und Männer.

Das Problem – gleiche Chancen des Gemeintseins – ist zwar theoretisch-linguistisch nicht ganz einfach zu lösen, aber theoretisch lösbar ist es gewiß. Schwierig ist erst die Praxis, aber darauf gehe ich später ein.

71 **Anfrage** (f.), -n *inquiry*	78 **recht haben** *to be right*
zunächst *to begin with*	81 **das kleinere Übel** *the lesser of the*
73 **movieren** *to modify grammatical*	*two evils*
gender	86 **unangetastet** *untouched, unchanged*
forcieren *to force, compel*	91 **Fazit** (n.) *result, conclusion*
75 **ab/schaffen** *to abolish*	

LEKTÜRE 7

PAPIERKRIEG IN HAVANNA[1]

„Zwei Vaterländer habe ich: Kuba und die Nacht",
schrieb Dichter und Freiheitskämpfer José Martí vor
rund hundert Jahren. Heute ist solcher literarischer
Patriotismus in Kuba problematisch geworden: Wo es noch nicht an
5   revolutionärem Enthusiasmus mangelt, fehlt es mindestens am Papier.
Die mittlerweile 36-jährige US Blockade gegen die „rote Antilleninsel"
Kuba, gegen den „bärtigen Alligator" vor dem Golf von Mexiko hat
ruinöse Konsequenzen für die bereits Sozialismusversehrte Wirtschaft.
Und der resultierende Papiermangel beschneidet den einstmals
10   florierenden Literaturbetrieb drastisch.

Die vergleichsmäßig kleine, aber gebildete Bevölkerung Kubas
verschlang früher in wenigen Monaten Auflagen, die größer waren als
die in Mexiko oder Spanien üblichen. 1986 erschienen dreitausend
Titel in rund 50 Millionen Exemplaren. 1994, kurz nach dem absolu-
15   ten Tiefpunkt der Misere als Folge des Zusammenbruchs des großen
Mäzens Sowjetunion, sind es lediglich noch 200 Titel. Zur Papierher-
stellung fehlen bestimmte natrium- und kaolinhaltige Chemikalien,
welche auch für die Seifenproduktion verwendet werden. Und vor die
Wahl zwischen Körper- und Geistespflege des kubanischen Volkes
20   gestellt, entscheiden sich die Ministerien gewöhnlich für die Hygiene.
Selbst das Propagandablatt „Granma" erscheint in stark reduzierten
Auflagen und reduziertem Umfang und zeitweise gar ohne seinen
charakteristischen roten Schriftzug.

5 **mangeln an** *to be wanting/ deficient in*	11 **vergleichsmäßig** *comparative(ly)*
fehlen an *to be lacking/short of*	12 **verschlingen (verschlang, verschlungen)** *to devour, gulp down*
7 **bärtig** *bearded*	16 **Mäzen** (*m.*), **-e** *patron*
8 **versehren** *to wound, damage*	17 **natrium- und kaolinhaltig** *containing sodium and kaolin*
9 **Papiermangel** (*m.*), ⸚ *lack/dearth of paper*	18 **Seife** (*f.*), **-n** *soap*
beschneiden (beschnitt, beschnitten) *to cut, curtail*	23 **Schriftzug** (*m.*), ⸚**e** *headline, banner*
einstmals *once, formerly*	

1. Adi Sollberger, *WELTWOCHE Supplement*, No. 22, May 30, 1966, p. 26

Die Literaten behelfen sich so gut es geht: Namhaftere Autoren lassen sich Auslandshonorare teilweise in Papier auszahlen, Bücher werden in Koeditionen mit dem Ausland gedruckt, und als billig geheftete Kopien zirkulieren ganze Bibliotheken. Unser Problem, sagt allerdings die Lyrikerin Reina María Rodríguez, sei nicht so sehr der Papiermangel als nach wie vor das Fehlen des „geistigen Freiraums".

Trotz Castros (durchaus auch poetologisch gemeinter) Verordnung von 1961: „Innerhalb der Revolution alles, gegen die Revolution nichts" war die kulturelle Gleichschaltung im sozialistischen Kuba zwar niemals gleichermaßen institutionalisiert und totalitär wie beim Grossen Bruder. Und in den letzten Jahren wurden nicht nur in der Literatur zweifellos Freiräume geschaffen – wie beispielsweise der regimekritische Erfolgsfilm „Fresa y Chocolate" nach einer Erzählung des jungen Autors Senel Paz zeigt. Dennoch funktioniert die Zensur noch immer, wenn auch eher indirekt, willkürlich und oft in widersprüchlicher Weise: Filmvorführungen werden gestört, Publikationen verzögert und Ausreisevisen selektiv verteilt.

Erst 1992 wurde noch der in Berlin weilende Romancier Jesús Díaz wegen kritischer Bemerkungen aus dem Schriftstellerverband ausgeschlossen. Sein Rückreisevisum nach Havanna (welches kubanische Bürger absurderweise einholen müssen) wurde ihm verweigert. Kulturminister Armando Hart denunzierte Díaz öffentlich als Verräter: „Jesús, du solltest dich Judas nennen!"

Diese repressive Atmosphäre durchdringt die kubanische Gegenwartsliteratur. Die politischen Konditionen, so die nach wie vor überzeugte Sozialistin Rodríguez, sind in jedem Werk präsent. Wie

24 **Literat** (*m., n-noun*), **-en** *writer*
   sich behelfen *to manage, make do*
   namhaft *well-known, noteworthy*
25 **Auslandshonorar** (*n.*), **-e** *foreign honorarium*
27 **heften** *to staple*
29 **geistiger Freiraum** (*m.*) *mental space*
30 **Verordnung** (*f.*), **-en** *decree*
32 **Gleichschaltung** (*f.*) *political elimination of opposition*
39 **Filmvorführung** (*f.*), **-en** *film screening*

40 **verzögern** *to delay, postpone, protract*
   Ausreisevisum (*n.*), **-visen** *exit visa*
   verteilen *to distribute, hand out*
41 **weilen** *to stay, abide*
42 **Schriftstellerverband** (*m.*), **-̈e** *writers' association*
43 **aus/schließen (schloß ... aus, ausgeschlossen)** *to exclude, debar from*
   Rückreise (*f.*), **-n** *return trip*
44 **ein/holen** *to obtain*
   verweigern *to refuse, deny*
45 **Verräter** (*m.*), **–** *traitor*

könnte es anders sein: „Geht man an den Strand, um sich zu entspannen, findet man die angespülten Leichen der ‚balseros‘, die versucht
haben, auf Booten nach Florida zu entkommen. Die Politik kann
schlicht nicht ignoriert werden."

50 **Strand** *(m.)*, ̈-e *beach*   51 **Leiche** *(f.)*, -n *corpse*
51 **an/spülen** *to wash up (on shore)*   **"balsero"** *(Spanish)*, -s *ferryman*

LEKTÜRE 8

DIE TAUSEND GEFRÄSSIGEN RACHEN DER LADY LUCK[1]

W as viele Städte als wirtschaftliches Wundermittel ansahen, entpuppt sich als ein teures Hobby. Im vergangenen Jahr warfen US-Bürger der Lady Luck, wie das Glücksspiel im Volksmund heißt, 482 Milliarden Dollar in den Rachen. In Bingo, Lotto, Pferderennen, Videopoker und Slot Machines fließen damit mehr Geld als die Volkswirtschaften Deutschlands oder Chinas erwirtschaften. Da die Branche mit Gewinnspannen von 30 bis 50 Prozent so lukrativ wie kaum eine andere ist, haben sich Casinobetreiber und bankrotte Staaten in eine Symbiose eingelassen, die ihren Bürgern das Geld aus der Tasche zieht und im Gegenzug Jobs und Aufschwung verspricht.

Acht Jahre nach dem Ausbruch des großen Glücksspielbooms regt sich jedoch Widerstand von Wirtschaftsexperten und Moralaposteln, die auf kaputte Familien, Beschaffungskriminalität und geprellte Gemeinden zeigen. „Gambling schafft mehr Probleme, als es löst", sagt Robert Goodman, Professor für Umweltplanung am Hampshire College in Massachusetts und der renommierteste Expert in Sachen Gambling. „Das angebliche Allheilmittel zur Wirtschaftsförderung bewirkt im besten Fall eine Umverteilung. Unterm Strich ist es ein Verlustgeschäft". (...)

Title	**gefräßig** *voracious, greedy*	
	Rachen *(m.), –* *jaws (of a beast)*	
2	**sich entpuppen** *to be revealed, turn out to be*	
	vergangen *past, last*	
3	**Glücksspiel** *(n.), -e* *gambling*	
4	**Volksmund** *(m.)* *vernacular*	
5	**Pferderennen** *(n.), –* *horse racing*	
6	**Volkswirtschaft** *(f.), -en* *national economy*	
7	**erwirtschaften** *to yield*	
	Branche *(f.), -n* *branch, department*	
	Gewinnspanne *(f.), -n* *profit margin*	

8	**Casinobetreiber** *(m.), –* *casino manager*	
9	**bankrott** *bankrupt*	
10	**Gegenzug** *(m.), ̈-e* *counter-move*	
14	**Beschaffungskriminalität** *(f.)* *illegal procurement*	
15	**prellen** *to cheat, swindle*	
18	**Allheilmittel** *(n.), –* *cure-all*	
	Förderung *(f.), -en* *promotion*	
19	**Umverteilung** *(f.), -en* *redistribution*	
	unterm Strich *all things considered*	
20	**Verlustgeschäft** *(n.), -e* *loss-making deal/business*	

1. Steffan Heuer, *Die Weltwoche,* No. 28, July 11,1996, p. 18

Bis 1976 war Glücksspiel nur in Nevada legal. Der Wüstenstaat finanziert beinahe die Hälfte seines Haushalts mit Einnahmen aus Las Vegas. Das weckte Begehrlichkeiten bei Staaten, deren traditionelle Industriezweige im Sterben lagen. Den Anfang machte Atlantic City

25 an der Ostküste. Doch obwohl Casinos dort seit 1978 über sechs Milliarden investierten, ist die Stadt kein kleines Paradies geworden. Im Gegenteil. Statistisch gesehen haben die glitzernden Paläste entlang des Boardwalk seit ihrer Eröffnung pro Einwohner eine Million Dollar abgeworfen, den Einheimischen allerdings kam das wenigste davon

30 zugute. Die meisten Jobs gingen an Pendler aus den Vorstädten, während die Innenstadt verödete. Viele Geschäfte, Restaurants und Bars mußten dichtmachen, da sie mit den Dumpingpreisen der Zockerburgen nicht mithalten konnten. „Atlantic City ist ein Warnsignal", sagt John Kindt, Wirtschaftsprofessor aus Illinois.

35 Trotzdem fielen Staaten von Illinois bis South Dakota reihenweise auf die Illusion herein, öffentliche Verschuldung und Arbeitslosigkeit drücken zu können. Heute sind Casinos in 26 Staaten legal, dazu kommen Spielhöllen in 140 Indianerreservaten wie Foxwood und öffentliche Lotterien in 37 Staaten.

40 Auf den ersten Blick ist das Ganze tatsächlich ein einträgliches Geschäft. Die Industrie macht 40 Milliarden Dollar Gewinn im Jahr und beschäftigt knapp eine Million Amerikaner, in die Staatskassen fließen 2 Milliarden Casinosteuern und 11 Milliarden an Lotto-Einnahmen. „Es lohnt sich für alle", versichert Kelley Gannon,

45 Sprecherin der Gambling-Lobby in Washington. Was sie verschweigt, sind die versteckten Kosten dieser kurzsichtigen Industriepolitik. Denn wer Geld in einen einarmigen Banditen steckt, hat danach kein Geld mehr für anderen Konsum und wettet sich oft in so hohe

---

21 **Wüstenstaat** (*m.*), **-en** *desert state*
22 **Einnahme** (*f.*), **-n** *revenue, income*
23 **Begehrlichkeit** (*f.*), **-en** *greediness, inordinate desire*
24 **Zweig** (*m.*), **-e** *branch*
27 **glitzern** *to glitter*
   entlang *along*
29 **ab/werfen** (**warf ... ab, abgeworfen; wirft ... ab**) *to yield*
   zugute kommen (**kam, ist gekommen**) *to benefit*
30 **Pendler** (*m.*), **-** *commuter*
31 **veröden** *to be devastated*
32 **dicht/machen** *to shut up shop*

33 **Zocker** (*m.*), **-** *gambler*
   Burg (*f.*), **-en** *fortress*
36 **Verschuldung** (*f.*) *indebtedness*
37 **drücken** *to bring down, reduce*
38 **Spielhölle** (*f.*), **-n** *gambling den*
   Foxwood (*casino on an Indian reservation in Connecticut*)
40 **einträglich** *lucrative, profitable*
42 **Staatskasse** (*f.*), **-n** (*government*) *treasury*
44 **es lohnt sich** *it is worth it*
46 **versteckt** *hidden*
48 **sich wetten** *to gamble/bet oneself*

Schulden, daß der Staat Millionen für Fürsorge und Justizwesen ausgeben muß.

Tag für Tag kassieren Lotterien in den USA 88 Millionen Dollar vor allem von denen, die es sich eigentlich nicht leisten können. „Arme sehen Gambling als Investition an", weiß Robert Goodman. „Je geringer das Einkommen, desto mehr wird gesetzt. Glücksspiel ist im Grunde genommen eine regressive Steuer." Fürsorgeempfänger verflüssigen sogar ihre Food Stamps, um zu tippen, und die Werbeprofis der Lottobetreiber wissen das. Eine überdimensionale Reklametafel in einem Slum von Chicago wirbt mit dem Slogan: „Das könnte Dein Ticket sein, um hier rauszukommen."

Ins nächste Casino vielleicht. Das sogenannte schnelle „McGambling" ist oft der Einstieg ins richtige Glücksspiel, bei dem man an einem Nachmittag sein Monatseinkommen durchbringen kann. Psychologen haben Spielsucht schon in den 80er Jahren als Krankheit definiert. Je mehr Casinos in abgewirtschafteten Provinzstädten entstehen, desto weiter breitet sich das Problem aus. Experten schätzen die Zahl der Spielsüchtigen inzwischen auf über zehn Millionen, Tendenz steigend. „Du denkst an Reiche im Frack, die alles beim Roulette verlieren und sich dann die Knarre in den Mund stecken. Aber wir haben es hier mit Familienvätern und kleinen Angestellten zu tun, die alles rauspusten, was sie besitzen", gibt eine Casino-Angestellte in Atlantic City zu. Jeder krankhafte Spieler steht im Schnitt mit zwei Jahresgehältern in der Kreide und kostet die Gesellschaft rund 13 000 Dollar im Jahr. Allein Therapieprogramme verschlingen bis 30 000 Dollar pro Kopf.

49 **Schuld** (f.), **-en** *debt*	64 **abgewirtschaftet** *run-down*
Fürsorge (f.) *welfare*	66 **süchtig** *addicted*
Justizwesen (n.) *judicial/legal affairs*	67 **Frack** (m.), **-s** *dress-coat, tails*
52 **sich leisten** *to afford*	68 **Knarre** (f.), **-n** *gun* (slang)
54 **gesetzt werden** *to be bet/placed*	70 **raus/pusten = heraus/pusten**
(on a bet)	*to blow off, throw away*
55 **Empfänger** (m.), **–** *recipient*	71 **im Schnitt** *on the average*
verflüssigen *to turn into cash*	72 **mit zwei Jahresgehältern in der**
56 **tippen** *to play the numbers*	**Kreide stehen** *to be in debt*
Werbeprofi (m.), **-s** *professional*	*for two years' wages*
advertiser	73 **verschlingen (verschlang,**
57 **Reklametafel** (f.), **-n** *billboard*	**verschlungen)** *to swallow up,*
62 **durch/bringen (brachte ... durch,**	*devour*
durchgebracht) *to squander*	

75 „Wenn man das alles hochrechnet, zahlen wir für jeden Dollar, den der Staat durch Glücksspiele einnimmt, mindestens drei Dollar drauf. Wahrscheinlich sind es sogar 8 bis 12 Dollar", zieht John Kindt von der University of Illinois Bilanz. Statistisch ist belegt, daß Gambling-Gemeinden deutlich mehr Fälle vor dem Familiengericht
80 und höheren Kriminalitätsraten haben. Als im kanadischen Windsor in unmittelbarer Nachbarschaft von Detroit ein Casino eröffnete, stieg die Zahl der Delikte in der Innenstadt um mehr als das Doppelte, obwohl sie im gesamten Stadtbereich zurückging. Die Stadt mußte Millionen investieren, um 25 neue Polizisten einzustellen und Bürger-
85 steige besser zu beleuchten.

„Das ganze ist eine Konjunkturblase", meint Ökonom John Kindt. „Sobald die fetten ersten Jahre vorbei sind, zeigen sich die negativen Folgen. Doch dann sind die Staaten schon zu tief verstrickt und von den Steuereinnahmen abhängig, um die Notbremse zu ziehen."

75	**hoch/rechnen** *to project*	84	**Bürgersteig** *(m.),* -e *sidewalk*
77	**Bilanz ziehen (zog, gezogen)** *to balance the books*	86	**Konjunkturblase** *(f.)* *economic cycle bubble*
78	**belegen** *to show proof of, verify*	88	**verstricken** *to ensnare, entangle*
82	**Delikt** *(n.),* -e *crime*	89	**Notbremse** *(f.),* -n *emergency brake*

LEKTÜRE 9

CARL VON OSSIETZKY: VOM IDEALISMUS GETRAGENE LEIDENSCHAFT[1]

„D em Friedensnobelpreisträger 1935 Carl von Ossietzky, geboren am 3. 10. 1889 Hamburg, gestorben am 4. 5. 1938 Berlin – der hier gelitten hat"– mit dieser Aufschrift auf einem großen Basaltstein wird auf einer Gedenkstätte im ehemaligen KZ Papenburg-Esterwegen des einstigen Häftlings Ossietzky gedacht, eines der streitbarsten und mutigsten Publizisten der Weimarer Republik. Ossietzky mußte im KZ Torf stechen, infizierte sich vermutlich dabei und starb bald darauf nach langem Todeskampf an Tuberkulose in Berlin. Zwei Jahre zuvor hatte er den Friedensnobelpreis erhalten, eine schallende Ohrfeige für die Machthaber des Dritten Reiches und eine Bestätigung für die aus Deutschland vertriebenen politischen Flüchtlinge.

Ossietzky begann als Hilfsschreiber beim Hamburger Amtsgericht. In der „Demokratischen Vereinigung", einer bürgerlich-republikanischen Splitterpartei, fand der junge – im Geist Kants, der Aufklärung und der 1848er erzogene – Verfechter der Menschenrechte und bürgerlichen Freiheiten eine Organisation, die seinen intellektuellen, politischen Absichten am nächsten kam: in Deutschland eine Demokratie durchzusetzen, sich für den Abbau sozialer Spannungen und für weltweite Abrüstung einzusetzen. In Hellmuth von Gerlach,

---

3 leiden (litt, gelitten) *to suffer*
4 Aufschrift (f.), -en *inscription*
  Basaltstein (m.), -e *basaltic stone*
5 Gedenkstätte (f.), -n *memorial*
  KZ = Konzentrationslager (m.), – *concentration camp*
  einstig *former(ly)*
  Häftling (m.), -e *prisoner*
6 streitbar *pugnacious, disputatious*
  mutig *brave*
7 Torf stechen (stach, gestochen; sticht) *to cut peat*
10 schallen *to ring, echo*

10 Ohrfeige (f.), -n *slap in the face*
  Machthaber (m.), – *authority*
12 vertreiben (vertrieb, vertrieben) *to exile, banish*
  Flüchtling (m.), -e *refugee*
13 Amtsgericht (n.), -e *police court*
15 Splitterpartei (f.), -en *political splinter party*
16 Verfechter (m.), – *defender*
19 sich ein/setzen für *to side with, stand up for*
20 Abrüstung (f.) *disarmament*

---

1. Stephan Reinhardt, *Rowohlt Revue*, Spring 1995, p. 7

einem der bedeutendsten republikanischen Publizisten des Kaiser-
reichs, findet er einen Mentor, der ihn ermuntert zu ersten Artikeln, zu
schriftlicher Überzeugungsware, die ihn künftig immer wieder mit der
Obrigkeit in Konflikt bringen wird. Häufig gibt es Anlaß, die republi-
kanische Idee und die Menschenrechte gegen die Autorität und
Willkür des Staates zu verteidigen.

Nachdem Ossietzky den Ersten Weltkrieg als waffenloser
„Schipper" an der Westfront überstanden hat, wird er Generalsekretär
der „Deutschen Friedensgesellschaft". Mit Maude, seiner englischen
Frau, zieht er 1920 nach Berlin, wo er Redakteur der „Berliner Volks-
zeitung" wird. Nach einem kurzen Ausflug in die Politik und einem
Zwischenspiel bei der liberalen Wochenzeitung „Das Tagebuch"
findet er schließlich gemeinsam mit Kurt Tucholsky in der „Welt-
bühne" sein Forum, zunächst als Mitarbeiter und Leitartikler, ab 1926
auch als Herausgeber. Ein freier, undogmatischer, von nichts und
niemandem korrumpierbarer Geist, streitet Ossietzky in der bedeutendsten Intellektuellen-Zeitschrift der Weimarer Republik als partei-
politisch unabhängiger Radikaldemokrat für die erste deutsche
Republik. Das schafft ihm neben Freunden auch viele Feinde inmitten
einer sich mehr und mehr dem Wahn des Nationalen hingebenden
Gesellschaft, die, publizistisch angeleitet von Ernst Jünger, auf Rache
drängt für den „Schmachfrieden" von Versailles. Weil er mehrmals
unerschrocken die – nach dem Versailler Vertrag illegale – Aufrüstung
des Deutschen Reiches enthüllt, wird er schließlich wegen „Landesver-
rats" zu 18 Monaten Haft verurteilt.

Ossietzkys von bestem Idealismus getragene Leidenschaft galt
nicht, wie ein auch heute noch verbreitetes Vorurteil es will, der

22	**ermuntern** *to encourage*		40	**sich hingeben** (gab ... hin, hinge-
23	**Überzeugungsware** *(f.)*, **-n** *article*			geben; gibt ... hin) *to resign*
	of conviction			*oneself to, submit, yield*
24	**Obrigkeit** *(f.)*, **-en** *the authorities*		41	**an/leiten** *to guide, instruct*
26	**Willkür** *(f.)* *despotism*			**Rache** *(f.)* *revenge*
27	**waffenlos** *unarmed*			**drängen auf** *to press for, urge*
28	**Schipper** *(m.)*, **–** *soldier in shovel*		42	**Schmachfrieden** *(m.)* *ignominious*
	brigade			*peace*
30	**Redakteur** *(m.)*, **-e** *editor*		43	**unerschrocken** *fearless*
31	**Ausflug** *(m.)*, **⸚e** *side trip, excursion*		44	**enthüllen** *to reveal, uncover*
32	**Zwischenspiel** *(n.)*, **-e** *intermezzo,*			**Landesverrat** *(m.)* *treason (against*
	interlude			*country)*
34	**Leitartikler** *(m.)*, **–** *lead-story writer*		45	**Haft** *(f.)* *custody, arrest*
36	**korrumpierbar** *corruptible*			**verurteilen** *to sentence*

Aushöhlung und Auflösung der Weimarer Republik, sondern ihrer
Vitalisierung, der Stärkung des republikanischen Geistes, des Selbst-
bewußtseins mündiger Bürger. Während Ernst Jünger, sein Pendant   50
auf der nationalen Rechten, den Wert bürgerlicher Freiheiten, ihre
Verteidigung gegen Staat und Ideologie, mißachtete, bestand
Ossietzky auf der Verkündigung der menschlichen Grundrechte. Das
macht ihn ebenso wie sein Eintreten für soziale Gerechtigkeit, Entmili-
tarisierung der Lebensverhältnisse und für Vermenschlichung von   55
Wissenschaft und Technik gerade auch heute zu einem Vorbild.
Ossietzkys Leben und publizistisches Werk sind ein Dokument des
aufrechten Ganges.

48 **Aushöhlung** (f.) *undermining*
   Auflösung (f.), -en *dissolution*
50 **mündig** *responsible for one's own*
   actions
   Pendant (n.), -s *match, equal*
52 **mißachten** *to disdain, disregard,*
   neglect

53 **Verkündigung** (f.) *proclamation*
54 **Eintreten** (n.) *defense (of),*
   standing up for
55 **Vermenschlichung** (f.)
   humanization

READINGS ◀

LEKTÜRE 10

DEUTSCHE RECHTSCHREIBREFORM[1]

V ertreter der vier deutschsprachigen Staaten und aus vier Ländern mit deutscher Minderheit haben am 1. Juli 1996 in
Wien die „Gemeinsame Absichtserklärung zur Neuregelung
der deutschen Rechtschreibung" unterzeichnet. Damit wurde die
5 deutsche Orthographie erstmals seit 1901 einer einheitlichen Reform
unterzogen. Die neuen Regeln für etwa 100 Millionen Menschen mit
deutscher Muttersprache werden stufenweise umgesetzt und sind ab
dem Jahr 2005 verbindlich.

Vor der Presse bezeichneten in Wien Vertreter der Unterzeich-
10 nerstaaten – neben Deutschland, Österreich, der Schweiz und Liech-
tenstein sind dies Italien (Südtirol), Belgien, Rumänien und Ungarn –
die Reform als tragfähigen Kompromiß, die einen Schlußpunkt unter
eine zehnjährige Diskussion setze. „Es ist nicht die ganz große
Reform, die sich manche gewünscht haben. Aber es ist ein wichtiger
15 Schritt in die richtige Richtung", betonte Österreichs Bildungsministerin. Der Präsident der deutschen Kultusministerkonferenz sagte, es
sei keine grundlegende Reform, sie mache aber Sinn.

Bei der Vereinbarung handelt es sich um eine politische Willenserklärung ohne völkerrechtlich verbindlichen Charakter. Mit ihr wird
20 die Zahl der Rechtschreibregeln von bisher 212 auf 112 reduziert,

Title **Rechtschreibreform** *(f.)*, **-en** *spelling reform*

3 **Absichtserklärung** *(f.)*, **-en** *statement of purpose*
Neuregelung *(f.)*, **-en** *new regulations*

4 **Rechtschreibung** *(f.)* *spelling, orthography*

6 **unterziehen (unterzog, unterzogen)** *to submit, undergo*

7 **Muttersprache** *(f.)*, **-n** *mother tongue, first language*
stufenweise *in stages*

9 **Unterzeichnerstaat** *(m.)*, **-en** *signing nations/countries*

12 **tragfähig** *able to bear the load*
Schlußpunkt *(m.)*, **-e** *full stop, period*

15 **Bildungsministerin** *(f.)*, **-nen** *minister of education*

16 **Kultusministerkonferenz** *(f.)* *conference of cultural ministers*

18 **Willenserklärung** *(f.)*, **-en** *declaratory act*

19 **völkerrechtlich** *by international law*

1. *Deutschland Nachrichten: Eine Wochenzeitung des German Information Center New York,* July 5,1996, p. 6. Original title, "Deutsche Rechtschreibreform in Kraft – Beteiligte Länder sprechen von einem 'tragbaren Kompromiß'"

aber nur 185 der rund 12 000 Wörter des deutschen Grundwort-
schatzes ändern sich. Von bisher 52 Kommaregeln bleiben nur noch
neun bestehen.

Auffälligste Änderung ist die Auflösung des „ß" nach kurzem
Vokal zu „ss". So wird künftig beispielsweise geschrieben: „Er isst am 25
Fluss ein bisschen wässriges Eis."[2] Auch wird die Konjunktion „daß"
generell zu „dass". Erhalten bleibt aber das „ß" nach langem Vokal,
zum Beispiel „Maß". Nach kurzen Vokalen werden künftig die
nachfolgenden Konsonanten verdoppelt: nummerieren, der Tipp, das
Ass usw. Auffallen werden auch die dreifachen Konsonanten, die 30
künftig bei Wortzusammensetzungen erhalten bleiben. Beispiel:
„Wenn der Balletttänzer nach der Schifffahrt in der Flusssenke
Flanelllappen fliegen lässt, gibt es Nassschnee."

Künftig wird eher groß als klein geschrieben: „Er trat als Achter
an, ging aber als Dritter ins Ziel." „Rad fahren" wird wie „Auto, Bus 35
und Schlitten fahren" groß geschrieben und getrennt. Bei der Anrede
im Brief wird das Du nicht mehr groß geschrieben. Und in vielen
Fällen kann gewählt werden, ob ein Komma gesetzt wird oder nicht.
Auch dem „st" tut die Trennung nicht mehr weh. Fens-ter und gestern sind erlaubt. 40

In acht der sechzehn Bundesländer begann Herbst 1996 der
Schreibunterricht für die Schüler der ersten Klasse mit den neuen
Regeln. Auch eine Neuausgabe des Duden erschien im Sommer
1996. Eine Verfassungsbeschwerde gegen die Reform wurde vom

21 **Grundwortschatz** *(m.)* *basic vocabulary*
22 **Kommaregel** *(f.)*, **-n** *rules regarding commas*
23 **bestehen/bleiben (blieb ... bestehen, ist bestehengeblieben)** *to last (for the future)*
24 **auffällig** *striking, conspicuous*
   Auflösung *(f.)* here: *replacement; deconstruction*
29 **nummerieren = numerieren** *to number*
   Tipp = Tip *(m.)*, **-s** *tip, hint*
30 **Ass = As** *(n.)*, **-se** *ace*
31 **Wortzusammensetzung** *(f.)*, **-en** *combining of words*

32 **Balletttänzer = Ballettänzer** *(m.)*, **–** *ballet dancer*
   Schifffahrt = Schiffahrt *(f.)*, **-en** *boat ride*
   Flusssenke = Flußsenke *(f.)*, **-n** *low point of a river*
33 **Flanelllappen = Flanellappen** *(m.)*, **–** *flannel rag/cloth*
   Nassschnee = Naßschnee *(m.)* *wet snow*
43 **Duden** *(m.)* *(German dictionary setting rules of German orthography)*
44 **Verfassungsbeschwerde** *(f.)*, **-n** *constitutional challenge*

---

2. The author uses **Er isst … Eis** and later examples to demonstrate spelling rules. When
   translating such examples, retain the German examples followed by English translations in
   parentheses.

▲ **READINGS** ▼

45 | Bundesverfassungsgericht (BVerfG) abschlägig beschieden. Die neuen
Rechtschreibregeln seien kein Eingriff in die Persönlichkeitsrechte
derjenigen Bürger, die die Rechtschreibung in der Schule noch nach
den alten Regeln gelernt haben. Denn wer sich nicht der neuen
Schreibweise anpasse, dem drohe keinesfalls eine „Blamage", urteilt
50 | das BVerfG. Denn „alle diejenigen, die bereits Lesen und Schreiben
können", würden dann nur feststellen, daß sich der Betroffene an die
traditionellen und nicht an die neuen Regeln halte.

45 **Bundesverfassungsgericht** *(n.)*
federal appeals court
abschlägig *negative, containing
a refusal*
bescheiden (beschied, beschieden)
to order, declare

46 **Eingriff** *(m.),* **-e** *intrusion*
49 **Schreibweise** *(f.),* **-n** *way of writing/
spelling*
Blamage *(f.),* **-n** *shame, disgrace*

APPENDICES, VOCABULARY, INDEX

APPENDIX A

German Script

The German Alphabet

GERMAN FORM		GERMAN NAME	ROMAN FORM	
a	𝔄	ah	a	A
b	𝔅	bay (bé)	b	B
c	ℭ	tsay (tsé)	c	C
d	𝔇	day (dé)	d	D
e	𝔈	ay (é)	e	E
f	𝔉	eff	f	F
g	𝔊	gay	g	G
h	ℌ	hah	h	H
i	ℑ	ee	i	I
j	𝔍	yott	j	J
k	𝔎	kah	k	K
l	𝔏	ell	l	L
m	𝔐	emm	m	M
n	𝔑	enn	n	N
o	𝔒	oh	o	O
p	𝔓	pay (pé)	p	P
q	𝔔	koo	q	Q
r	ℜ	err (trilled or uvular *r*)	r	R
ſ, s	𝔖	ess	s	S
t	𝔗	tay (té)	t	T
u	𝔘	oo	u	U
v	𝔙	fow (*as in* fowl)	v	V
w	𝔚	vay (vé)	w	W
x	𝔛	icks	x	X
y	𝔜	üpsilon	y	Y
z	ℨ	tset	z	Z
ä	𝔄̈	ah Umlaut	ä	Ä
ö	𝔒̈	oh Umlaut	ö	Ö
ü	𝔘̈	uh Umlaut	ü	Ü
ch		tsay-hah	ch	
ck		tsay-kah	ck	
ß		ess-tset	ß	
tz		tay-tset	tz	

In **Kapitel 18** you encountered the following reading in Roman script. Comparing the two forms will assist you in learning to recognize German script, used widely in older academic German texts.

Der Zeppelin im Ersten Weltkrieg

Unter der Leitung von Graf Zeppelin startete schon 1900 der erste Zeppelin, das „LZ 1". In den folgenden Jahren wurden die Luftschiffe immer größer und schneller.

Nachdem der 1. Weltkrieg ausgebrochen war, wurden Zeppeline von der Marine und dem Heer übernommen. Sie wurden zuerst für Aufklärungsflüge in der Nordsee gegen die englische Flotte und später zum Bombenabwurf über England eingesetzt. Als die Zeppeline über England und London ihre ersten Luftangriffe machten, erregten sie einen großen Schrecken, denn es gab keine erfolgreiche Abwehr gegen sie, wenn sie in einer Höhe von 4000 m flogen. Weder die englischen Jagdflugzeuge noch die Artilleriegranaten konnten so eine Höhe erreichen. Jedoch in einer verhältnismäßig kurzen Zeit verbesserten die Engländer ihre Flugabwehr, indem sie ihre Jagdflugzeuge und die Flak (Flugzeugabwehrkanone) verbesserten. Nun konnten sie die Zeppeline mit Phosphormunition angreifen. Da die Zeppeline mit brennbarem Wasserstoff gefüllt waren, genügte manchmal nur ein Treffer, um das Luftschiff in einen riesigen Feuerball zu verwandeln. Die angreifenden Luftschiffe erlitten nun schwere Verluste, und für die Mannschaft wurde eine Fahrt gegen England ein „Himmelfahrtskommando".

Obwohl die Zeppeline wenig taktischen Wert hatten, hatten sie jedoch einen gewissen psychologischen und strategischen Wert in den ersten Kriegsjahren. Je tiefer sie ins englische Hinterland eindrangen, je mehr Streitkräfte und Artillerie mußten zur Abwehr in England bleiben und konnten daher nicht in den Entscheidungsschlachten in Frankreich eingesetzt werden.

APPENDIX B

Irregular Verbs

Infinitive	Past	Past Participle	Present
backen *bake*	buk, backte	gebacken	bäckt
befehlen *command*	befahl	befohlen	befiehlt
beginnen *begin*	begann	begonnen	beginnt
beißen *bite*	biß	gebissen	beißt
bergen *hide*	barg	geborgen	birgt
bersten *burst*	barst	geborsten	birst
bewegen *induce*	bewog	bewogen	bewegt
biegen *bend*	bog	gebogen	biegt
bieten *offer*	bot	geboten	bietet
binden *bind*	band	gebunden	bindet
bitten *beg, ask*	bat	gebeten	bittet
blasen *blow*	blies	geblasen	bläst
bleiben *remain*	blieb	geblieben	bleibt
brechen *break*	brach	gebrochen	bricht
brennen *burn*	brannte	gebrannt	brennt
bringen *bring*	brachte	gebracht	bringt
denken *think*	dachte	gedacht	denkt
dingen *engage*	dang, dingte	gedungen, gedingt	dingt
dringen *press*	drang	gedrungen	dringt
dünken *seem*	dünkte, deuchte	gedünkt, gedeucht	dünkt, deucht
dürfen *be allowed*	durfte	gedurft	darf
empfehlen *recommend*	empfahl	empfohlen	empfiehlt
essen *eat*	aß	gegessen	ißt
fahren *drive*	fuhr	gefahren	fährt
fallen *fall*	fiel	gefallen	fällt
fangen *catch*	fing	gefangen	fängt
fechten *fight*	focht	gefochten	ficht
finden *find*	fand	gefunden	findet
flechten *braid*	flocht	geflochten	flicht
fliegen *fly*	flog	geflogen	fliegt
fliehen *flee*	floh	geflohen	flieht
fließen *flow*	floß	geflossen	fließt
fressen *devour*	fraß	gefressen	frißt
frieren *freeze*	fror	gefroren	friert
gären *ferment*	gor, gärte	gegoren, gegärt	gärt
gebären *bear*	gebar	geboren	gebiert
geben *give*	gab	gegeben	gibt
gedeihen *thrive*	gedieh	gediehen	gedeiht
gehen *go*	ging	gegangen	geht
gelingen *succeed*	gelang	gelungen	gelingt
gelten *be valid*	galt	gegolten	gilt
genesen *recover*	genas	genesen	genest
genießen *enjoy*	genoß	genossen	genießt
geschehen *happen*	geschah	geschehen	geschieht

Infinitive	Past	Past Participle	Present
gewinnen *gain*	gewann	gewonnen	gewinnt
gießen *pour*	goß	gegossen	gießt
gleichen *resemble*	glich	geglichen	gleicht
gleiten *glide*	glitt	geglitten	gleitet
glimmen *gleam*	glomm, glimmte	geglommen, geglimmt	glimmt
graben *dig*	grub	gegraben	gräbt
greifen *seize*	griff	gegriffen	greift
haben *have*	hatte	gehabt	hat
halten *hold*	hielt	gehalten	hält
hängen *hang*	hing	gehangen	hängt
heben *lift*	hob	gehoben	hebt
heißen *be called*	hieß	geheißen	heißt
helfen *help*	half	geholfen	hilft
kennen *know*	kannte	gekannt	kennt
klimmen *climb*	klomm, klimmte	geklommen, geklimmt	klimmt
klingen *sound*	klang	geklungen	klingt
kommen *come*	kam	gekommen	kommt
können *can*	konnte	gekonnt	kann
kriechen *creep*	kroch	gekrochen	kriecht
laden *load*	lud	geladen	lädt (ladet)
lassen *let*	ließ	gelassen	läßt
laufen *run*	lief	gelaufen	läuft
leiden *suffer*	litt	gelitten	leidet
leihen *lend*	lieh	geliehen	leiht
lesen *read*	las	gelesen	liest
liegen *lie*	lag	gelegen	liegt
lügen *tell a lie*	log	gelogen	lügt
meiden *shun*	mied	gemieden	meidet
messen *measure*	maß	gemessen	mißt
mögen *like, may*	mochte	gemocht	mag
müssen *must*	mußte	gemußt	muß
nehmen *take*	nahm	genommen	nimmt
nennen *name*	nannte	genannt	nennt
pfeifen *whistle*	pfiff	gepfiffen	pfeift
preisen *praise*	pries	gepriesen	preist
quellen *gush*	quoll	gequollen	quillt
raten *advise*	riet	geraten	rät
reiben *rub*	rieb	gerieben	reibt
reißen *tear*	riß	gerissen	reißt
reiten *ride*	ritt	geritten	reitet
rennen *run*	rannte	gerannt	rennt
riechen *smell*	roch	gerochen	riecht
ringen *wring; wrestle*	rang	gerungen	ringt
rinnen *flow, run*	rann	geronnen	rinnt
rufen *call*	rief	gerufen	ruft
saufen *drink, guzzle*	soff	gesoffen	säuft
saugen *suck*	sog	gesogen	saugt
schaffen *create*	schuf	geschaffen	schafft
scheiden *part*	schied	geschieden	scheidet
scheinen *appear*	schien	geschienen	scheint
schelten *scold*	schalt	gescholten	schilt

Infinitive	Past	Past Participle	Present
schieben *shove*	schob	geschoben	schiebt
schießen *shoot*	schoß	geschossen	schießt
schlafen *sleep*	schlief	geschlafen	schläft
schlagen *strike*	schlug	geschlagen	schlägt
schleichen *sneak*	schlich	geschlichen	schleicht
schließen *shut*	schloß	geschlossen	schließt
schlingen *sling*	schlang	geschlungen	schlingt
schmeißen *throw*	schmiß	geschmissen	schmeißt
schmelzen *melt*	schmolz	geschmolzen	schmilzt
schneiden *cut*	schnitt	geschnitten	schneidet
schreiben *write*	schrieb	geschrieben	schreibt
schreien *cry*	schrie	geschrie(e)n	schreit
schreiten *stride*	schritt	geschritten	schreitet
schweigen *be silent*	schwieg	geschwiegen	schweigt
schwimmen *swim*	schwamm	geschwommen	schwimmt
schwinden *vanish*	schwand	geschwunden	schwindet
schwingen *swing*	schwang	geschwungen	schwingt
schwören *swear*	schwur, schwor	geschworen	schwört
sehen *see*	sah	gesehen	sieht
sein *be*	war	gewesen	ist
senden *send*	sandte, sendete	gesandt, gesendet	sendet
sieden *boil*	sott, siedete	gesotten, gesiedet	siedet
singen *sing*	sang	gesungen	singt
sinken *sink*	sank	gesunken	sinkt
sinnen *think*	sann	gesonnen	sinnt
sitzen *sit*	saß	gesessen	sitzt
sollen *should*	sollte	gesollt	soll
spinnen *spin*	spann	gesponnen	spinnt
sprechen *speak*	sprach	gesprochen	spricht
sprießen *sprout*	sproß	gesprossen	sprießt
springen *spring*	sprang	gesprungen	springt
stechen *sting, pierce*	stach	gestochen	sticht
stecken *stick, put*	stak, steckte	gesteckt	steckt
stehen *stand*	stand	gestanden	steht
stehlen *steal*	stahl	gestohlen	stiehlt
steigen *climb*	stieg	gestiegen	steigt
sterben *die*	starb	gestorben	stirbt
stinken *stink*	stank	gestunken	stinkt
stoßen *push*	stieß	gestoßen	stößt
streichen *stroke*	strich	gestrichen	streicht
streiten *quarrel*	stritt	gestritten	streitet
tragen *carry*	trug	getragen	trägt
treffen *hit*	traf	getroffen	trifft
treiben *drive*	trieb	getrieben	treibt
treten *step*	trat	getreten	tritt
trinken *drink*	trank	getrunken	trinkt
trügen *deceive*	trog	getrogen	trügt
tun *do*	tat	getan	tut
verderben *spoil*	verdarb	verdorben	verdirbt
verdrießen *vex*	verdroß	verdrossen	verdrießt
vergessen *forget*	vergaß	vergessen	vergißt

Infinitive	Past	Past Participle	Present
verlieren *lose*	verlor	verloren	verliert
wachsen *grow*	wuchs	gewachsen	wächst
waschen *wash*	wusch	gewaschen	wäscht
weben *weave*	wob, webte	gewoben, gewebt	webt
weichen *yield*	wich	gewichen	weicht
weisen *show*	wies	gewiesen	weist
wenden *turn*	wandte, wendete	gewandt, gewendet	wendet
werben *woo, solicit*	warb	geworben	wirbt
werden *become*	wurde, ward	geworden	wird
werfen *throw*	warf	geworfen	wirft
wiegen *weigh*	wog	gewogen	wiegt
winden *wind*	wand	gewunden	windet
wissen *know*	wußte	gewußt	weiß
wollen *want (to)*	wollte	gewollt	will
zeihen *accuse*	zieh	geziehen	zeiht
ziehen *pull*	zog	gezogen	zieht
zwingen *force*	zwang	gezwungen	zwingt

APPENDIX C

Choosing a Dictionary

One of the most important tools necessary for reading proficiency is a good German–English dictionary, and finding the right one is a major step toward success in translating, reading, and researching German texts. Here are several criteria to consider when choosing a dictionary.

First of all, think about where and how you use your dictionary. Pocket dictionaries are handy for carrying around and looking up common items. You need to be aware, however, that pocket dictionaries are at best stop-gaps. The 50,000 to 70,000 entries to be found in the most popular paperback dictionaries provide "all the basics" and seem sufficient at first, but you soon discover the price you pay for handiness. Common drawbacks are the lack of clarity (small print and other space-saving approaches to presentation) and the frustrating lack of completeness. Serious students and specialized researchers will need a larger, hard-cover dictionary.

Every standard, hard-cover dictionary on the market today clearly outlines its own system of entries and the information that the dictionary contains. Before choosing a dictionary you should first read through the introductory outline and then check on some key-words, including: examples of contemporary jargon in your field of interest to see if the dictionary is up to date; several noun entries to check how gender and plural forms are presented; compound nouns to check the extent to which the dictionary lists compounds; irregular verbs, paying particular attention to whether principal parts are listed as separate cross-referenced entries, whether **haben/sein**-auxiliary verbs are given, and how various types of verbs (transitive, intransitive, reflexive) are denoted; abbreviations; and proper nouns and names. The ease with which you are able to find and understand these entries should be the deciding factor in your selection.

To test whether a standard dictionary makes it easy for you to find and understand its 150,000 to 300,000 entries, pay attention to the following aspects.

1. **Clarity of physical presentation:** Can you read the print? Are several print types employed to clarify different meanings of the same word? Does the dictionary use boldface, italics, and a numbering system?

2. **Clarity of definitions and varied definitions:** Does the dictionary supply authentic examples of contextualized modern usage to help you understand different meanings? How are idioms listed? Are the translations themselves idiomatic?

3. **Focus:** Has the foreign reader been taken into consideration? Are the predicates and principal parts of irregular verbs listed as main entries? Does the dictionary provide a sufficient number of compound nouns? Are the grammatical significations and variants between the two languages clear to you both in German and in the English translation?

4. **Special lists of entries:** Do the lists assist or hinder you? Does the extra listing make it easier or harder for you to find the sort of information you seek in a dictionary?

Here, for example, are ten important features highlighted by Langenscheidt Publishers in describing their *New College German Dictionary: German-English; English-German* (New York and Berlin, 1995).

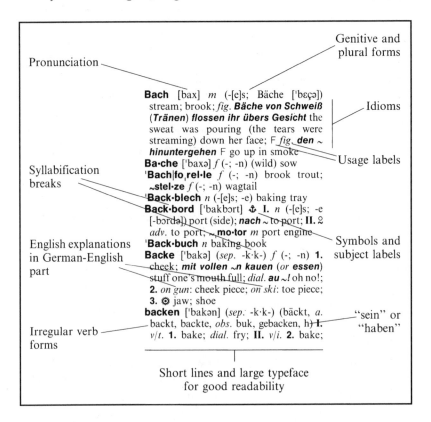

Genitive and plural forms

Pronunciation

Bach [bax] *m* (-[e]s; Bäche ['bɛçə]) stream; brook; *fig.* **Bäche von Schweiß (Tränen) flossen ihr übers Gesicht** the sweat was pouring (the tears were streaming) down her face; F *fig.* **den ~ hinuntergehen** F go up in smoke

Idioms

Ba·che ['baxə] *f* (-; -n) (wild) sow

'Bach|fo,rel·le *f* (-; -n) brook trout; **~stel·ze** *f* (-; -n) wagtail

Usage labels

Syllabification breaks

'Back·blech *n* (-[e]s; -e) baking tray

Back·bord ['bakbɔrt] ⚓ **I.** *n* (-[e]s; -e [-bɔrdə]) port (side); **nach ~ to** port; **II.** ♀ *adv.* to port; **~mo·tor** *m* port engine

Symbols and subject labels

'Back·buch *n* baking book

English explanations in German-English part

Backe ['bakə] (*sep.* -k·k-) *f* (-; -n) **1.** cheek; **mit vollen ~n kauen** (*or* **essen**) stuff one's mouth full; *dial.* **au ~!** oh no!; **2.** *on gun:* cheek piece; *on ski:* toe piece; **3.** ⚙ jaw; shoe

"sein" or "haben"

Irregular verb forms

backen ['bakən] (*sep.* -k·k-) (bäckt, *a.* backt, backte, *obs.* buk, gebacken, h) **I.** *v/t.* **1.** bake; *dial.* fry; **II.** *v/i.* **2.** bake;

Short lines and large typeface for good readability

VOCABULARY

Abb. = **Abbildung** *(f.)*, **-en** illustration
Abbau *(m.)* mining; dismantling
aber but, however
Abhandlung *(f.)*, **-en** treatise, discussion
ab/hängen von (**hing ... ab, abgehangen**)
　to be dependent upon
abhängig dependent
Abhilfe *(f.)*, **-n** remedy, redress, relief
ab/lehnen to reject
ab/nehmen (**nahm ... ab, abgenommen;
　nimmt ... ab**) to decrease, take off
ab/schneiden (**schnitt ... ab, abgeschnitten**)
　to cut off
Abschnitt *(m.)*, **-e** passage, paragraph
ab/schrecken to frighten off, scare away
Absicht *(f.)*, **-en** intention, design
Abteilung *(f.)*, **-en** department, section
acht eight
achten auf to pay attention to
achtzehn eighteen
Advokat *(m., n-noun)*, **-en** lawyer
ähnlich similar
Ähnlichkeit *(f.)*, **-en** similarity
all- all, every
alle all
allein alone, only, but
allerdings certainly, to be sure, of course
alles everything
allgemein general; **im allgemeinen**
　in general
allmählich gradual, by degrees
als as, when, than
also thus, therefore
alt old
Alter *(n.)* age
Altertum *(n.)* antiquity
ander- other, different
ändern (sich) to change
anders different, otherwise
Änderung *(f.)*, **-en** change, alteration
an/deuten to point out
Anfang *(m.)*, **⁼e** beginning, origin
an/fangen (**fing ... an, angefangen; fängt ...
　an**) to begin
anfangs in the beginning
an/führen to cite, state
Angabe *(f.)*, **-n** statement, estimate,
　information

an/geben (**gab ... an, angegeben; gibt ... an**)
　to state, quote, indicate; to boast
angeblich alleged
angenehm pleasant
angesichts in view of, in face of
Anhang *(m.)*, **⁼e** appendix
Anhänger *(m.)*, **–; Anhängerin** *(f.)*, **-nen**
　believer, fan
an/kommen (**kam ... an, ist angekommen**)
　to arrive; **an/kommen auf** to be
　dependent upon; **es kommt darauf an**
　it depends
Anlaß *(m.)*, **Anlässe** cause, occasion
an/nehmen (**nahm ... an, angenommen;
　nimmt ... an**) to assume, accept
an/passen (sich) to adapt to
Anpassung *(f.)* adjustment, adaptation
Anrede *(f.)*, **-n** greeting, form of address
an/regen to stimulate
Anregung *(f.)*, **-en** stimulation, suggestion
an/sehen (**sah ... an, angesehen; sieht ...
　an**) to regard, look at
Ansicht *(f.)*, **-en** view, opinion
an/siedeln (sich) to settle
anstatt instead (of)
anstelle instead, in place of
an/stellen to employ
Antike *(f.)* antiquity
Antwort *(f.)*, **-en** answer
antworten to answer
an/wachsen (**wuchs ... an, ist angewachsen;
　wächst ... an**) to grow, expand
an/wenden (**wandte ... an, angewandt**)
　to use, employ
Anwendung *(f.)*, **-en** use, application
Anzahl *(f.)* number
an/zeigen to indicate, show
an/ziehen (**zog ... an, angezogen**)
　to attract
Arbeit *(f.)*, **-en** work
arbeiten to work
arm poor
Art *(f.)*, **-en** kind, type, species
-artig resembling, like
Arzt *(m.)*, **⁼e; Ärztin** *(f.)*, **-nen** physician
auch also, too
auf on, upon
Aufbau *(m.)* construction

auf/bauen to build up, synthesize
**auf/fallen (fiel ... auf, ist aufgefallen;
  fällt ... auf)** to attract attention,
  be noticeable, strike
Aufgabe (f.), **-n** task
**auf/halten (hielt ... auf, aufgehalten;
  hält ... auf)** to stop
Auflage (f.), **-n** edition
aufmerksam attentive
Aufmerksamkeit (f.), **-en** attention
Aufnahme (f.), **-n** photograph; reception;
  uptake
**auf/nehmen (nahm ... auf, aufgenommen;
  nimmt ... auf)** to absorb, take up,
  borrow
aufrecht upright
auf/richten to set up, erect
Aufschwung (m.) prosperity, stimulus
auf/steigen (stieg ... auf, aufgestiegen)
  to rise
auf/stellen to set up, prepare, advance,
  formulate
Auftrag (m.), **-̈e** order, commission
**auf/treten (trat ... auf, ist aufgetreten;
  tritt ... auf)** to appear, occur
Auge (n.), **-n** eye; **vor Auge führen**
  to present, imagine
aus out of, from
aus/bilden to train
**aus/brechen (brach ... aus, ist ausgebro-
  chen; bricht ... aus)** to break out
Ausbruch (m.), **-̈e** outbreak
aus/dehnen to expand, enlarge
Ausdruck (m.), **-̈e** expression, term
Auseinandersetzung (f.), **-en** exchange,
  altercation
aus/führen to carry out, perform, execute
ausführlich detailed
Ausgabe (f.), **-n** expenditure; edition
**aus/geben (gab ... aus, ausgegeben;
  gibt ... aus)** to spend
Ausgrabung (f.), **-en** excavation
ausländisch foreign
Ausnahme (f.), **-n** exception
ausschließlich exclusive
Ausschnitt (m.), **-e** excerpt
außer besides, except for
äußern to express, say
außerordentlich extraordinary
äußerst very, extremely
**aus/sprechen (sprach ... aus,
  ausgesprochen; spricht ... aus)**
  to voice, express, pronounce

aus/statten to equip, endow
Ausstattung (f.), **-en** equipment,
  endowment
Ausstellung (f.), **-en** exhibition, exhibit
aus/üben to exert
aus/wählen to choose, select
aus/wandern to emigrate
aus/zahlen to pay out, make payment
Auszug (m.), **-̈e** excerpt
Autor (m., n-noun), **-en**; **Autorin** (f.), **-nen**
  author

bald soon
Band (m.), **-̈e** volume
Bankier (m.), **-s**; **Bankierin** (f.), **-nen**
  banker
Bär (m., n-noun), **-en**; **Bärin** (f.), **-nen** bear
Bau (m.), **-e, -ten** construction, building
bauen to build
Bauer (m., n-noun), **-n**; **Bäuerin** (f.), **-nen**
  farmer
beachten to pay attention to
Beachtung (f.) attention, notice
beantworten to answer
bedeuten to mean, signify
bedeutend significant, considerable,
  meaningful
Bedeutung (f.), **-en** meaning, significance
bedienen (sich) to make use of
Bedingung (f.), **-en** condition
Bedrohung (f.), **-en** threat
bedürfen (bedurfte, bedurft; bedarf)
  to require
beeinflussen to influence, manipulate
beenden to finish, complete
befassen (sich) mit to deal with,
  to concern oneself with
befinden (sich) (befand, befunden)
  to be located, to be, feel
beginnen (begann, begonnen) to begin
begreifen (begriff, begriffen)
  to understand, conceive
Begriff (m.), **-e** concept; word
begründen to found, prove, substantiate
Begründer (m.), **–**; **Begründerin** (f.), **-nen**
  founder
begrüßen to greet
behandeln to handle, treat, deal with
Behandlung (f.), **-en** treatment
behaupten to maintain, assert, claim
bei at
beide both
Beispiel (n.), **-e** example

beispielsweise for example
Beitrag *(m.)*, **–̈e** contribution
bei/tragen (trug ... bei, beigetragen; trägt ... bei) to contribute
bekämpfen to combat
Bekämpfung *(f.)*, **-en** combat, fight
bekannt (well) known
bekommen (bekam, bekommen) to get, receive
beleuchten to light
beliefern to deliver
bemerken to notice
bemerkenswert noteworthy
benutzen to use
beobachten to observe
Beobachtung *(f.)*, **-en** observation
berechnen to calculate
Bereich *(m.)*, **-e** realm, sphere
bereichern to enrich
bereits already, as early as
Berg *(m.)*, **-e** mountain
bergen (barg, geborgen; birgt) to conceal
Bericht *(m.)*, **-e** report
berichten to report
berücksichtigen to consider, take into consideration
Beruf *(m.)*, **-e** occupation, profession
berufstätig employed, working in a job
beruhen auf to be based on, rest on, depend on
beruhigen to quiet, pacify, mitigate
berühmt famous
berühren to touch
beschäftigen to employ, occupy; **sich beschäftigen mit** to deal with, engage in
beschleunigen to accelerate
beschließen (beschloß, beschlossen) to decide
beschränken (sich) auf to limit oneself to, be limited to
beschreiben (beschrieb, beschrieben) to describe
Besitz *(m.)*, **-e** possession
besitzen (besaß, besessen) to possess, have
besonders especially
besprechen (besprach, besprochen; bespricht) to discuss
besser better
bestätigen to confirm
Bestätigung *(f.)*, **-en** confirmation
bestehen auf (bestand, bestanden) to insist on, persist in, hold out for

bestehen aus (bestand, bestanden) to consist of
bestimmen to ascertain, define
bestimmt certain, definite
Bestimmung *(f.)*, **-en** determination, definition
besuchen to visit
Beteiligung *(f.)*, **-en** participation
betonen to emphasize, stress
betrachten to observe
Betrachter *(m.)*, **–; Betrachterin** *(f.)*, **-nen** viewer
betragen (betrug, betragen; beträgt) to amount to
betreffen (betraf, betroffen; betrifft) to affect, touch
betreiben (betrieb, betrieben) to carry out
Betrieb *(m.)*, **-e** operation, plant
Bevölkerung *(f.)*, **-en** population
bewegen to move
Bewegung *(f.)*, **-en** movement
beweisen (bewies, bewiesen) to prove
bewirken to effect, cause, bring about
Bewohner *(m.)*, **–; Bewohnerin** *(f.)*, **-nen** inhabitant
Bewußtsein *(n.)* consciousness
bezeichnen to designate, denote, call, characterize
Bezeichnung *(f.)*, **-en** term, designation
Beziehung *(f.)*, **-en** relation, connection
Bibliothek *(f.)*, **-en** library
bieten (bot, geboten) to offer
Bild *(n.)*, **-er** picture, photograph
bilden to form; to educate; to be
Bildung *(f.)* education, formation
billig cheap
bis until
bisher hitherto, until now
bislang so far, as yet
bitte please
bitten (bat, gebeten) to ask , request
Blatt *(n.)*, **–̈er** sheet of paper; petal
bleiben (blieb, ist geblieben) to stay, remain
Blick *(m.)*, **-e** look, view
bloß mere
blühen to bloom, blossom
Blut *(n.)* blood
Blütezeit *(f.)*, **-en** golden age
Boot *(n.)*, **-e** boat
Brauch *(m.)*, **–̈e** practice
brauchen to need, require
brennen (brannte, gebrannt) to burn

Brief *(m.)*, **-e** letter
bringen (brachte, gebracht) to bring
Brot *(n.)*, **-e** bread
Bruder *(m.)*, **∵** brother
Buch *(n.)*, **∵er** book
Buchbesprechung *(f.)*, **-en** book review
Buchhandlung *(f.)*, **-en** bookstore
Bühne *(f.)*, **-n** stage
Bundesregierung *(f.)* federal government
Bürger *(m.)*, **–; Bürgerin** *(f.)*, **-nen** citizen
Bürger *(pl.)* middle class, bourgeois, citizens
bürgerlich middle class, bourgeois; civic
Büro *(n.)*, **-s** office, bureau
bzw. = beziehungsweise or, respectively

Chemie *(f.)* chemistry
Chemiker *(m.)*, **–; Chemikerin** *(f.)*, **-nen** chemist
christlich Christian

da since, there, then
dabei thereby, in this case
dadurch thereby, thus, by this, by that
dafür for this, for it; instead of it; therefore
dagegen on the other hand, against it
daher therefore, hence, for that reason
damalig then, of that time
damals then, at that time
damit therewith, by it, so that
dankbar thankful, grateful
danken to thank
dann then
dar/stellen to represent
Darstellung *(f.)*, **-en** (re)presentation
darüber over it, about it; **darüber hinaus** beyond this, above that
darum therefore, for all that
das the, that, which
dasgleiche the same
daß that, the fact that; **auf daß** so that
Daten *(pl.)* data
Dauer *(f.)* duration
dauerhaft lasting
dauern to last
Decke *(f.)*, **-n** ceiling
dein yours, your
denken (dachte, gedacht) to think
Denkmal *(n.)*, **∵er** monument, memorial
denn for, because
dennoch nevertheless, yet, however
derart in such a way, to such an extent

deren whose, their, of those
derjenige, diejenige, dasjenige the one, that one, he who
derselbe, dieselbe, dasselbe the same, the latter, this
desgleichen similar, suchlike, just so
deshalb therefore
dessen whose, of him, of it
deswegen for this (that) reason, therefore
deutlich clear
deutsch German
Deutschland *(n.)* Germany
d.h. = das heißt i.e., that is
d.i. = das ist i.e., that is
dicht dense, packed
Dichter *(m.)*, **–; Dichterin** *(f.)*, **-nen** poet, creative writer
dienen to serve, be used for
Dienst *(m.)*, **-e** service
dieser, diese, dieses this, this one, the latter
Ding *(n.)*, **-e** thing, object
DM = Deutsche Mark German mark
doch however, indeed, yet, nevertheless
doppelt double, twice
dort there
drei three
dreißig thirty
dreizehn thirteen
dritt- third
Droge *(f.)*, **-n** drug
drohen to threaten
dunkel dark
durch through, by
durchaus clearly, certainly
durch/dringen (drang ... durch, ist durchgedrungen) to penetrate, permeate
durch/führen to carry out, execute
Durchschnitt *(m.)*, **-e** average, cross section
durchschnittlich average, on the average
dürfen (durfte, gedurft; darf) to be permitted, may; can; *(neg.)* must not

eben just now, now
ebenfalls also
echt real, true
ehe before
ehemalig former
eher earlier, rather, formerly
ehren to honor
Ei *(n.)*, **-er** egg

eigen own, individual
eigenartig peculiar, original
Eigenschaft (*f.*), **-en** property, quality
Eigentum (*n.*), **-̈er** property, belongings
ein a, an, one
einfach simple
Einfluß (*m.*), **Einflüsse** influence
ein/führen to introduce, import
Einführung (*f.*), **-en** introduction
Eingang (*m.*), **-̈e** entrance
ein/gehen (ging ... ein; ist eingegangen) to go into, enter
eingehend thoroughly, in detail
einheimisch native
Einheit (*f.*), **-en** unity, unit
einige some, several
Einkommen (*n.*), **–** income
ein/laden (lud ... ein, eingeladen; lädt ... ein) to invite
ein/leiten to introduce
Einleitung (*f.*), **-en** introduction, prelude
einmal once; **auf einmal** all at once, suddenly; **einmal ... zum andern** on the one hand . . . on the other hand; **nicht einmal** not even
einmalig singular
ein/nehmen (nahm ... ein, eingenommen; nimmt ... ein) to take in, collect
ein/ordnen to arrange
ein/richten to install, arrange, order
eins one
Einschätzung (*f.*), **-en** estimation
Einschränkung (*f.*), **-en** limitation, limiting
ein/steigen (stieg ... ein, ist eingestiegen) to enter, get into
ein/stellen to cease, discontinue
Einstieg (*m.*), **-e** entry
ein/teilen to classify, divide
Einteilung (*f.*), **-en** division, arrangement
Einwohner (*m.*), **–; Einwohnerin** (*f.*), **-nen** inhabitant
Einzelheit (*f.*), **-en** detail
einzeln individual, single
einzelne a few
einzig only, single
elf eleven
Eltern (*pl.*) parents
empfangen (empfing, empfangen; empfängt) to receive, greet
empfehlen (empfahl, empfohlen; empfiehlt) to recommend
empfinden (empfand, empfunden) to perceive, feel

empören to outrage, cause indignation
Ende (*n.*), **-n** end, limit, result
endgültig final, conclusive
endlich final, finite
eng narrow
entdecken to discover, disclose
Entdeckung (*f.*), **-en** discovery, disclosure
Entfaltung (*f.*), **-en** development
entfernen to remove
Entfernung (*f.*), **-en** distance
entgegengesetzt opposite
entgegen/wirken to counteract, check
enthalten (enthielt, enthalten; enthält) to include, contain
entkommen (entkam, ist entkommen) to escape, flee
entscheiden (entschied, entschieden) to decide
Entscheidung (*f.*), **-en** decision
entspannen (sich) to relax
entsprechen (entsprach, entsprochen; entspricht) to correspond to, match, be in accordance with
entstehen (entstand, ist entstanden) to come about, begin
entweder either
entwerfen (entwarf, entworfen; entwirft) to design
entwickeln to develop; **sich entwickeln** to develop, evolve (*not reflexive in English*)
Entwicklung (*f.*), **-en** development
Entwicklungsland (*n.*), **-̈er** developing country
erblich hereditary, inheritable
Erde (*f.*) earth
Ereignis (*n.*), **-se** event
Erfahrung (*f.*), **-en** experience
erfinden (erfand, erfunden) to invent
Erfindung (*f.*), **-en** invention
erfolgreich successful
ergänzen to complete
Ergebnis (*n.*), **-se** result
erhalten (erhielt, erhalten; erhält) to preserve
erhältlich available
erheblich considerable, weighty, important
erhöhen to increase, raise
erinnern to remind; **sich erinnern (an)** to remember, recall
erkennen (erkannte, erkannt) to recognize, perceive

Erkenntnis (*f.*), **-se** perception, knowledge
erklären to explain
Erklärung (*f.*), **-en** explanation
erkundigen (sich) to inquire, make inquiries
erläutern to comment
ermöglichen to make possible for, enable
Ernährung (*f.*) feeding, food, nourishment
erneuen to renew
ernst earnest
ernten to harvest
eröffnen to open
Erörterung (*f.*), **-en** discussion, debate
erreichen to reach, attain
erscheinen (erschien, ist erschienen) to appear
erst first, only
erstrecken to stretch, extend
erwähnen to mention
erwarten to expect
erweisen (erwies, erwiesen) to show, render
erweitern to expand, broaden
erzählen to tell, relate, report
erzeugen to produce
erziehen (erzog, erzogen) to train, educate
Erziehung (*f.*) education
essen (aß, gegessen; ißt) to eat
etwa about, perhaps
etwas something, some, somewhat
europäisch European
eventuell possible, perhaps (*not:* eventually)
Ewigkeit (*f.*) eternity
Exemplar (*n.*), **-e** copy

Fabrik (*f.*), **-en** factory, plant
-fach times, -fold
Fach (*n.*), **-̈er** profession, trade; academic subject
Fachmann (*m.*); **Fachfrau** (*f.*); **Fachleute** (*pl.*) expert, specialist
fähig capable
-fähig capable of, -able, -ible
Fähigkeit (*f.*), **-en** talent, capacity, ability
fahren (fuhr, gefahren; fährt) to ride, travel, go, drive
Fahrt (*f.*), **-en** trip
Fall (*m.*), **-̈e** case, situation; **auf jeden Fall** in any case, by all means; **in diesem Fall(e)** in this case
fallen (fiel, ist gefallen; fällt) to fall

falsch false, wrong
Farbe (*f.*), **-n** color
farbig colored
Fassung (*f.*), **-en** version
fast about, almost
fehlen to lack, be absent
Fehler (*m.*), **–** error, mistake
feiern to celebrate
Feind (*m.*), **-e; Feindin** (*f.*) **-nen** enemy, opponent
Feld (*n.*), **-er** field
fern far, distant
ferner further, farther, besides
fest/stellen to ascertain, determine
Feststellung (*f.*), **-en** establishment, confirmation
Filmemacher (*m.*), **–; Filmemacherin** (*f.*), **-nen** film maker
finden (fand, gefunden) to find
Firma (*f.*), **Firmen** firm, company
fliegen (flog, ist geflogen) to fly
fliehen (floh, ist geflohen) to flee, escape
Flug (*m.*), **-̈e** flight
Flughafen (*m.*), **-̈** airport
Flugzeug (*n.*), **-e** airplane
Fluß (*m.*), **Flüsse** river
Flüssigkeit (*f.*), **-en** liquid
Flut (*f.*), **-en** flood
Folge (*f.*), **-n** (as a) consequence
folgen to follow
folgend: im folgenden in the following
folgendermaßen as follows
folgendes the following
fordern to ask, demand
fördern to further, promote
Forderung (*f.*), **-en** demand, request
Förderung (*f.*), **-en** promotion
Form (*f.*), **-en** form, shape, type
forschen to research
Forscher (*m.*), **–; Forscherin** (*f.*), **-nen** researcher
Forschung (*f.*), **-en** research
fort/fahren (fuhr ... fort, ist fortgefahren; fährt ... fort) to continue
Fortschritt (*m.*), **-e** progress
fort/setzen to continue
Fortsetzung (*f.*), **-en** continuation
Frage (*f.*), **-n** question; **eine Frage stellen** to ask (pose) a question
fragen to ask
Franzose (*m.*), **-n; Französin** (*f.*), **-nen** Frenchman/woman
Frau (*f.*), **-en** Mrs., Ms., woman, wife

Fräulein (n.), – Miss, young woman
frei free, unconnected
Freiheit (f.), -en freedom
fremd foreign
Freund (m.), -e; Freundin (f.), -nen friend
Friede (m., n-noun), -n peace
früh early
fühlen (sich) to feel
führen to lead
Fülle (f.) abundance, profusion
Fund (m.), -e finding, find, discovery
fünf five
fünfzehn fifteen
fünfzig fifty
für for, in favor of
Furcht (f.) fear
fürchten (sich) vor to be afraid of
Fürst (m.), -en; Fürstin (f.), -nen ruler,
    prince/princess

Gang (m.), ⸚e path, way, action
ganz whole, quite; im ganzen on the
    whole
Ganze, Ganzes (n.) whole, entirety
gar even, very, quite
Gebäude (n.), – building
geben (gab, gegeben; gibt) to give; es gibt
    there is, there are
Gebiet (n.), -e area, region, field
gebildet educated
Gebirge (n.), – mountains
geboren born
Gebrauch (m.) usage, employment
gebrauchen to use, employ
Gebrauchsgut (n.), ⸚er consumer item
Geburt (f.), -en birth
Geburtstag (m.), -e birthday
Gedanke (m., n-noun), -n thought
Geduld (f.) patience
geeignet suited, qualified, specific, suitable
Gefahr (f.), -en danger
gefährdet endangered
gefährlich dangerous
gefallen (gefiel, hat gefallen; gefällt)
    to please, be pleasing
Gefühl (n.), -e feeling
gegen against, toward
Gegend (f.), -en area, region, district
Gegenstand (m.), ⸚e object, subject
gegenüber as compared to, opposite
Gegenwart (f.) present, the present time
gegenwärtig present, contemporary
Geheimnis (n.), -se mystery

geheimnisvoll mysterious
gehen (ging, ist gegangen) to go, walk;
    vor sich gehen to take place
gehören to belong to
Geist (m.), -er spirit
geistig intellectual, mental
Gelände (n.), – tract of land
gelangen to arrive at, reach
gelb yellow
Geld (n.), -er money
Gelegenheit (f.), -en opportunity
Gelehrte (f. or m.), -n scholar, scientist
gelingen (gelang, ist gelungen)
    to succeed; es gelingt mir I succeed
gelten (galt, gegolten; gilt) to be valid,
    to be true; gelten als to be considered
    as, be seen as
Gemälde (n.), – painting
gemäß according to
Gemeinde (f.), -n community
gemeinsam mutual, joint, common
genau exact
genug enough
Gericht (n.), -e court of law
gering small, slight, minimal
gern gladly, willingly; gern tun (tat, getan)
    to like to do
gesamt total, entire
geschehen (geschah, ist geschehen;
    geschieht) to happen, take place
Geschichte (f.) history
Geschichte (f.), -n story
geschickt adept, talented
Geschwindigkeit (f.), -en speed
Gesellschaft (f.), -en society, company
Gesetz (n.), -e law
Gesicht (n.), -er face
Gesichtspunkt (m.), -e point of view,
    aspect
gestalten to fashion, form
gestern yesterday
gesund healthy
Gesundheit (f.) health
Gewicht (n.), -e weight
gewinnen (gewann, gewonnen) to win
Gewinnung (f.) production, extraction
gewiß certain
gewöhnlich usual, customary, common
gierig eager, greedy
glauben to believe
gleich same, equal
gleichen (glich, geglichen) to resemble,
    be like

gleichermaßen to the same extent
Gleichung (*f.*), **-en** equation
gleichwohl nevertheless, for all that
Glück (*n.*) happiness, luck, good fortune
glücklich happy, fortunate
Gott (*m.*), **=er** god, God
Grenze (*f.*), **-n** boundary, border
Grieche (*f.* or *m.*), **-n** Greek
groß large, great
Größe (*f.*), **-n** size
grün green
Grund (*m.*), **=e** ground, reason; **auf Grund** on the basis of, on the strength of; **aus diesem Grund** for this reason; **dem liegt zu Grunde** this is based on; **im Grunde** basically, fundamentally
gründen to found, organize
Grundlage (*f.*), **-n** basis
grundlegend basic
gründlich thorough
Grundsatz (*m.*), **=e** principle
grundsätzlich fundamental
Grundzug (*m.*), **=e** main feature, characteristic
Gruppe (*f.*), **-n** group
günstig convenient
gut good

haben (hatte, gehabt; hat) to have
halb half, semi-
Hälfte (*f.*), **-n** half
halten (hielt, gehalten; hält) to hold, stop; **halten für** to consider
Handel (*m.*), **–** trade
handeln to act, trade, deal
handfest strong
Handlung (*f.*), **-en** action, deed; act (theater)
hart hard
häufig frequent
Haupt (*n.*), **=er** head, chief
Hauptfach (*n.*), **=er** major field (of study)
hauptsächlich main(ly), chief
Hauptstadt (*f.*), **=e** capital city
Haus (*n.*), **=er** house; **zu Hause** at home
Hausaufgabe (*f.*), **-n** homework, assignment
hebräisch Hebrew
heilig holy
Heimat (*f.*) native land
heimisch native, indigenous
heiraten to marry
heiß hot

heißen (hieß, geheißen) to be called, be named
heizen to heat
helfen (half, geholfen; hilft) to help
hell bright
heran/ziehen (zog ... heran, herangezogen) to bring up, refer to
heraus/geben (gab ... heraus, herausgegeben; gibt ... heraus) to publish; **herausgegeben von** published by
herbei/führen to bring about
herein/fallen (fiel ... herein, ist hereingefallen; fällt ... herein) to fall for
Herkunft (*f.*), **=e** origin
Herr (*m.*), **-en** Mr., lord, gentleman
herrschen to rule
her/stellen to produce, make
hervor/heben (hob ... hervor, hervorgehoben) to call special attention to, emphasize
hervorragend outstanding
hervor/treten (trat ... hervor, ist hervorgetreten; tritt ... hervor) to step forward, stand out, be prominent
Herz (*n.*), **-en** heart
heute today
heutig present
hier here
Hilfe (*f.*), **-n** help, aid
Himmel (*m.*) heaven, sky
Himmelskörper (*m.*), **–** celestial body
hin there, thither
hinauf up, upward
hingegen on the other hand, on the contrary
hinreichend sufficient
hinsichtlich with respect to
hinunter down, downward
Hinweis (*m.*), **-e** tip, information
hin/weisen auf (wies ... hin, hingewiesen) to refer to, point to
hinzu/fügen to add, supplement
hoch, hoh- high
Hochschule (*f.*), **-n** university, college
höchst highest, extremely, very, maximum
höchstens at most, at best
Höhe (*f.*), **-n** height, elevation
hören to hear
hrsg. = herausgegeben published, edited
hundert hundred

Idee (*f.*), **-n** idea
ihm (to) him, it

ihn him, it
ihnen (to) them
Ihnen (to) you
ihr you; (to) her, (to) it; their, her, its
Ihr your
illustrieren to illustrate
immer always, ever; **immer reicher** richer and richer; **immer wieder** again and again; **war schon immer** has always been
imstande sein (war, ist gewesen; ist) to be able
indem while, as, since, in that
infizieren (sich) to become infected
infolge on account of, because of
Inhalt (*m.*), **-e** content, contents
inmitten in the middle of
inner inner, interior, spiritual
innerhalb within
insbesondere especially
Insel (*f.*), **-n** island
insgesamt all together
interessant interesting
Interesse (*n.*), **-n** interest
interessieren (sich) für to be interested in
inzwischen meanwhile, in the meantime
irgend any, some; **irgend etwas** anything, anything at all, something
irgendein any(one), some(one)
irgendwelch- any, any kind of
irgendwie somehow, in some way

ja yes
Jahr (*n.*), **-e** year
Jahrestag (*m.*), **-e** anniversary
Jahreszeit (*f.*), **-en** season
Jahrhundert (*n.*), **-e** century
-jährig -year-old
Jahrzehnt (*n.*), **-e** decade
je always, every, per, ever; **je ... desto** the . . . the; **je nach** depending on, according to; **je nachdem** depending on whether
jedenfalls in any case, at any rate
jeder each, every
jederzeit any time, at all times, always
jedoch however, nevertheless
jemand somebody, anybody
jener that, the former, the one
jetzt now
jeweilig respective, at the moment, actual
jüdisch Jewish
jung young

Junge (*m.*), **-n** youth, boy, young one
Jura (*no article*) law

Kaiser (*m.*), **–; Kaiserin** (*f.*), **-nen** emperor/empress
kalt cold
Kampf (*m.*), **⸚e** battle, fight
kämpfen to fight, battle, struggle
Kapitel (*n.*), **–** chapter
kassieren to receive money
Kauf (*m.*), **⸚e** purchase
kaufen to buy
kaum hardly
kein no, not any
keinesfalls in no way
keineswegs in no way
kennen (kannte, gekannt) to know, be acquainted with
kennen/lernen to get to know, become acquainted with
Kenntnis (*f.*), **-se** knowledge
Kind (*n.*), **-er** child
Kino (*n.*), **-s** cinema, movie theater
Kirche (*f.*), **-n** church
klar clear
klein small
klettern to climb
Klima (*n.*) climate
knapp exactly, precisely; barely
kommen (kam, ist gekommen) to come
komprimieren to compress
konkurrieren to compete
Konstrukteur (*m.*), **-e; Konstrukteurin** (*f.*), **-nen** designer, constructor
Konsum (*m.*) consumption
Kopf (*m.*), **⸚e** head
Körper (*m.*), **–** body
körperlich physical, bodily, corporal
Kosten (*pl.*) cost, expenditure, expense
Kraft (*f.*), **⸚e** power, force, strength
Kraftwerk (*n.*), **-e** power plant
krank ill, sick
Krankenhaus (*n.*), **⸚er** hospital
Krankheit (*f.*), **-en** illness, disease
Kreis (*m.*), **-e** circle
Krieg (*m.*), **-e** war
Krise (*f.*), **-n** crisis
Kritik (*f.*), **-en** criticism, review
kritisch critical
Kultur (*f.*), **-en** culture
kulturell cultural
Kulturgeschichte (*f.*), **-n** history of civilization

künftig henceforth, in the future
Kunst *(f.)*, **⸚e** art
Künstler *(m.)*, **–; Künstlerin** *(f.)*, **-nen**
 artist
künstlich artificial, man-made
kurz short
kürzlich recently
kurzsichtig short-sighted, near-sighted
Küste *(f.)*, **-n** coast

Lage *(f.)*, **-n** position, situation
Laie *(m., n-noun)*, **-n** novice, layperson
Land *(n.)*, **⸚er** land, state, country
Landwirt *(m.)*, **-e; Landwirtin** *(f.)*, **-nen**
 farmer
landwirtschaftlich agricultural
lang long; **drei Jahre lang** for three years
Länge *(f.)*, **-n** length, duration, longitude
langsam slow
längst longest, for a long time; **längst nicht**
 by far not, not by a long way
langweilig boring
Lärm *(m.)* noise
lassen (ließ, gelassen, läßt) to let, leave,
 yield, permit, cause; **sich lassen** can
 be, may be
Lauf *(m.)* course; **im Laufe** in the
 course of
laufen (lief, ist gelaufen; läuft) to run
Leben *(n.)*, **–** life
leben to live
lebendig lively, alive
Lebensmittel *(pl.)* food, victuals
Lebewesen *(n.)*, **–** living being, creature
lebhaft lively, vivacious
lediglich only, merely
legen to lay, place; **sich legen** to lay down
Lehre *(f.)*, **-n** doctrine, teaching
lehren to teach
leicht light, easy
Leiden *(n.)*, **–** suffering
Leidenschaft *(f.)*, **-en** passion
leider unfortunately
Leistung *(f.)*, **-en** work, performance,
 achievement
leiten to conduct, lead
Leiter *(m.)*, **–; Leiterin** *(f.)*, **-nen** leader
lernen to learn
lesen (las, gelesen; liest) to read
letzt last, final
Leute *(pl.)* people
Licht *(n.)*, **-er** light
lieben to love

lieber rather
liefern to supply
liegen (lag, gelegen) to lie, be lying down
Linie *(f.)*, **-n** line; **in erster Linie**
 primarily, in the first place
links left
loben to praise
lösbar solvable
lösen to solve, dissolve
los/lassen (ließ ... los, losgelassen, läßt ...
 los) to let go
Lösung *(f.)*, **-en** solution
Luft *(f.)*, **⸚e** air

machen to do, make, cause
Macht *(f.)*, **⸚e** power, might, force
mächtig powerful, mighty, huge
mahnen to remind, warn, admonish
mal times
Mal *(n.)*, **-e** point of time, time
malen to paint
Malerei *(f.)*, **-en** painting
man (some)one, they, we, people
manch some, many a
manchmal sometimes
Mangel *(m.)*, **⸚** deficiency, lack
Mann *(m.)*, **⸚er** man, husband
Märchen *(n.)*, **–** fairy tale
Maß *(m.)*, **-e** measure, measurement
Maßnahme *(f.)*, **-n** measure, precaution
Mauer *(f.)*, **-n** wall, outdoor enclosure
Meer *(n.)*, **-e** ocean, sea
mehr more; **nicht mehr** no more,
 no longer
mehrere several, some, a few
Mehrzahl *(f.)* majority
mein my, mine
meinen to state an opinion; to mean,
 intend
Meinung *(f.)*, **-en** opinion
meist most
meistens mainly, mostly
Meister *(m.)*, **–; Meisterin** *(f.)*, **-nen**
 master, expert
Menge *(f.)*, **-n** amount, quantity
Mensch *(m., n-noun)*, **-en** mankind,
 human being, person
Menschheit *(f.)* mankind, humanity
menschlich human, humane
Milliarde *(f.)*, **-n** billion
Minderheit *(f.)*, **-en** minority
mindestens at least
mit with

Mitarbeiter *(m.)*, –; **Mitarbeiterin** *(f.)*, -nen
co-worker
Mitglied *(n.)*, -er member
**mit/halten (hielt ... mit, mitgehalten; hält ...
mit)** to keep up with
Mitte *(f.)*, -n middle, center
mit/teilen to tell, communicate, impart
Mitteilung *(f.)*, -en report, communication
Mittel *(n.)*, – means, aid, middle
Mittelalter *(n.)* Middle Ages
mittels by means of
mittlerweile in the meantime, meanwhile
möglich possible
Möglichkeit *(f.)*, -en possibility
Monat *(m.)*, -e month
Mond *(m.)*, -e moon
morgen tomorrow
Mund *(m.)*, ̈-er mouth
müssen to have to, must, be obliged to
Mutter *(f.)*, ̈- mother
Mythe *(f.)*, -n myth

nach to, toward; after, according to; **nach
und nach** gradually, little by little
Nachbar *(m., n-noun)*, -n; **Nachbarin** *(f.)*,
-nen neighbor
nach/bilden to copy, imitate
nachdem after
nachfolgend following
Nachfrage *(f.)*, -n demand, request,
inquiry
Nachlaß *(m.)*, **Nachlässe** literary remains
nächst next, nearest
Nacht *(f.)*, ̈-e night
Nachteil *(m.)*, -e disadvantage
Nachweis *(m.)*, -e proof, detection,
determination
nach/weisen (wies ... nach, nachgewiesen)
to prove, show
nach/zeichnen to follow, outline
nah(e) near
Nähe *(f.)* vicinity, nearness; **in der Nähe**
near
näher more closely, in greater detail
nahezu nearly
Name *(m., n-noun)*, -n name
nämlich namely, that is
Natur *(f.)*, -en nature, constitution
natürlich of course, naturally
Naturwissenschaft *(f.)*, -en natural science
neben beside, in addition to, near
Nebenfach *(n.)*, ̈-er minor field
(of study)

nehmen (nahm, genommen; nimmt)
to take
nein no
nennen (nannte, genannt) to name
neu new
neuartig novel, new-fashioned
neulich recently
neun nine
neunzehn nineteen
neunzig ninety
nicht not
nichts nothing; **gar nichts** nothing at all;
nichts als nothing but
nie never
**nieder/lassen (sich) (ließ ... nieder,
niedergelassen; läßt ... nieder)**
to settle down, establish oneself
niedrig low
niemals never
niemand nobody
noch still, even; **noch einmal** once
again, once more; **noch immer** still;
noch nicht not yet
Nord, Norden *(m.)* north
nördlich northern, northerly
nötig necessary, needed
notwendig necessary
nun now
nur only
nützen to help
nützlich useful
Nutzung *(f.)*, -en yield, revenue, utilization

ob whether, if
oben above
oberhalb above, overhead
obgleich although
obwohl although, though
oder or
offen open
offenbar apparent
öffentlich public
Öffentlichkeit *(f.)* public
offensichtlich obvious, apparent
öffnen to open
oft often
ohne without
Ökologie *(f.)* ecology
Ort *(m.)*, -e village, place, site
Ost, Osten *(m.)* east; Orient
Österreich *(n.)* Austria
Ostküste *(f.)* east coast
östlich eastern, oriental, easterly

Papier *(n.)*, **-e** paper, document
  (not: newspaper, term paper)
Patient *(m., n-noun)*, **-en; Patientin** *(f.)*,
  -nen patient
Periode *(f.)*, **-n** period, interval
Person *(f.)*, **-en** person
Pflanze *(f.)*, **-n** plant
Pflege *(f.)* care, cultivation
Pflicht *(f.)*, **-en** duty
Phänomen *(n.)*, **-e** phenomenon
· **plötzlich** suddenly
Politik *(f.)* politics, policy
politisch political
prägen to shape, coin
praktisch practical
Prinzip *(n.)*, **-ien, -e** principle
pro per
profund thorough, solid
prüfen to test
Prüfung *(f.)*, **-en** test, examination

Quadrat *(n.)*, **-e** square
Quelle *(f.)*, **-n** source, spring

Rad *(n.)*, **⁼er** bike
Rahmen *(m.)*, **–** frame; **im Rahmen**
  within the framework, scope
rasch rapid, fast
Rat *(m.)*, **Ratschläge** advice; **um Rat**
  bitten (bat, gebeten) to ask for advice
Rate *(f.)*, **-n** rate
rationell efficient, rational, economical
Raum *(m.)*, **⁼e** room, space, volume
reagieren auf to react to
recht right, true; quite
Recht *(n.)*, **-e** right, permission
rechtlich legal
Rede *(f.)*, **-n** speech, talk
Regel *(f.)*, **-n** rule; **in der Regel** as a rule,
  ordinarily
Regen *(m.)*, **–** rain
regen (sich) to cause a stir, set in motion
regieren to rule, govern; to prevail
Regierung *(f.)*, **-en** government
Regisseur *(m.)*, **-e; Regisseurin** *(f.)*, **-nen**
  director
regnen to rain
reich rich, abundant
Reich *(n.)*, **-e** empire, state, realm
reifen to ripen, mature
reihenweise by the dozen
rein pure, clean
Reise *(f.)*, **-n** trip

reisen to travel
renommiert well-known, respected
Repräsentant *(m., n-noun)*, **-en; Repräsen-**
  tantin *(f.)*, **-nen** representative
Rest *(m.)*, **-e** remains
restaurieren to restore
Resultat *(n.)*, **-e** result, findings
richtig right, correct
riesig gigantic
Rohstoff *(m.)*, **-e** raw material
Rolle *(f.)*, **-n** role
Roman *(m.)*, **-e** novel
Römer *(m.)*, **–; Römerin** *(f.)*, **-nen** Roman
rot red
rund round, about

sagen to say
sammeln to collect
Sammlung *(f.)*, **-en** collection
sämtlich all, entire
Satz *(m.)*, **⁼e** sentence, theorem;
  movement *(music)*
Schaden *(m.)*, **⁼** damage
schaffen (schuf, geschaffen) to produce,
  formulate, create
schaffen (schaffte, geschafft) to do, work
schätzen to estimate; to value
Schauspieler *(m.)*, **–; Schauspielerin** *(f.)*,
  -nen actor
scheinen (schien, geschienen) to shine;
  to appear, seem
schenken to give, award
Schicksal *(n.)*, **-e** fate
schildern to describe
schlecht bad, ill, poor, evil
schlicht plain, simple
schließen (schloß, geschlossen) to close,
  finish, conclude
schließlich finally, in conclusion, after all
Schlitten *(m.)*, **–** sled
schnell rapid, fast
schon already
schön beautiful, nice
schrecklich frightful, terrible, dreadful
schreiben (schrieb, geschrieben) to write
Schrift *(f.)*, **-en** work, writing
Schriftsteller *(m.)*, **–; Schriftstellerin** *(f.)*,
  -nen writer, author
Schritt *(m.)*, **-e** step
Schule *(f.)*, **-n** school
Schüler *(m.)*, **–; Schülerin** *(f.)*, **-nen** pupil
schützen to protect
schwach weak, feeble, slight**

schwarz black
schwer heavy, difficult, severe
Schwester (f.), -n sister
schwierig difficult
Schwierigkeit (f.), -en difficulty
sechs six
sechzehn sixteen
sechzig sixty
See (m.), -n lake
See (f.), -n sea
Seele (f.), -n soul, spirit
seelisch psychic, spiritual, emotional
sehen (sah, gesehen; sieht) to see
sehr very, very much
sein his, its
sein (war, ist gewesen; ist) to be; es sei
   denn, daß unless
seit since
Seite (f.), -n page
selber: er selber -self: he himself
selbst -self; even
Selbstbewußtsein (n.) self-assurance,
   self-confidence
selbstverständlich self-evident, obvious
setzen to set, place, put; sich setzen
   to sit down
seufzen to sigh
sicher safe, secure; definite, sure, certain
Sicherheit (f.), -en security
sichern to protect
sichtbar visible
sieben seven
siebzehn seventeen
siebzig seventy
Siedlung (f.), -en settlement
Sieger (m.), –; Siegerin (f.), -nen victor
Sinn (m.), -e meaning, sense
sitzen (saß, gesessen) to sit
so so, such, thus, then; so wie just as
sofort immediately
sogar even
sogenannt so-called
Sohn (m.), ⁀e son
solch such
Soldat (m.), -en; Soldatin (f.), -nen
   soldier
sollen shall; to be said to, be supposed to,
   should, ought to
sondern but (rather)
Sonne (f.), -n sun
sonst otherwise, else
sonstig other
Sorte (f.), -n kind, variety, type

soviel so far as; soviel wie as much as,
   as good as
sowie as well as, just as, as soon as, as also
sowohl ... wie both . . . and, not only . . .
   but also, as well as
sozusagen so to speak, as it were
spannend exciting
Spannung (f.), -en tension, excitement
spät late
Speicher (m.), – data bank, (computer)
   memory
speichern to store
Speicherung (f.), -en storage
Spiel (n.), -e play, game
Spielzeug (n.), -e toy
Sprache (f.), -n language
sprechen (sprach, gesprochen; spricht)
   to speak
spürbar detectable, perceivable
Staat (m.), -en state
staatlich state, civil, national, public
Stadt (f.), ⁀e city
Stamm (m.), ⁀e tribe, stem
stammen to come from, stem from
Stand (m.), ⁀e state, position, stand
ständig constant
Standpunkt (m.), -e position, standpoint,
   perspective
stark strong
statt instead (of)
statt/finden (fand ... statt, stattgefunden)
   to take place, occur
stehen (stand, gestanden) to stand
steigen (stieg, ist gestiegen) to rise,
   increase
steigern to increase, raise
Stelle (f.), -n place, location, passage
stellen to place, put, set
Stellung (f.), -en position, situation
sterben (starb, ist gestorben; stirbt) to die
Stern (m.), -e star
stets constantly
Steuer (f.), -n tax
Stichwort (n.), -e catch-word, key-word
Stil (m.), -e style
Stoff (m.), -e substance, material
stören to disturb, disrupt
stolz proud
Strahl (m.), -en ray, beam
Straße (f.), -n street
streben to strive
streiten (stritt, gestritten) to fight/
   stuggle for

Strom *(m.)*, **=e** stream, flow
Stück *(n.)*, **-e** piece
studieren to study at university
Studium *(n.)*, **Studien** study, studies (at university)
Stunde *(f.)*, **-n** hour; lesson, class
stürmisch stormy, turbulent
Süd, Süden *(m.)* south
südlich southern, southerly

Tabelle *(f.)*, **-n** table, summary, chart
Tag *(m.)*, **-e** day
täglich daily
Tagung *(f.)*, **-en** convention, meeting
Taschenbuch *(n.)*, **=er** paperback book
tätig active, engaged, busy
Tätigkeit *(f.)*, **-en** activity
Tatsache *(f.)*, **-n** fact
tatsächlich in fact, actual, factual
tausend thousand
Teil *(m.)*, **-e** part; **zum Teil** in part, partly
teilen to divide
Teilnahme *(f.)* participation
teil/nehmen (nahm ... teil, teilgenommen; nimmt ... teil) to take part, participate
Teilnehmer *(m.)*, **–; Teilnehmerin** *(f.)*, **-nen** participant
teils partly, in part
Teilung *(f.)*, **-en** division
teilweise partly, partially
Thema *(n.)*, **Themen** topic, theme
tief deep, low
Tier *(n.)*, **-e** animal
Titel *(m.)*, **–** title
Tod *(m.)* death
tot dead
töten to kill
tragen (trug, getragen; trägt) to carry, bear, wear
Trennung *(f.)*, **-en** separation
treten (trat, ist getreten; tritt) to step, move
Truppe *(f.)*, **-n** troop
Tugend *(f.)*, **-en** virtue
tun (tat, getan) to do
Tür *(f.)*, **-en** door

u.a. = unter anderem, unter anderen amongst other things, among others
u.a.m. = und anderes mehr and others, and so forth
üben to practice

über over, about
überall everywhere
überaus extremely, exceedingly
Überblick *(m.)*, **-e** overview, survey
überdies moreover, besides
überfällig overdue
überhaupt generally, on the whole, at all
überlegen (sich) to think about, ponder
überraschen to surprise
Überraschung *(f.)*, **-en** surprise
überschreiten (überschritt, überschritten) to exceed, go beyond
übersetzen to translate
Übersicht *(f.)*, **-en** view, survey, digest, summary
überzeugen to convince
überziehen (überzog, überzogen) to overstate, exaggerate
üblich usual, customary
übrig (left) over, other
übrigens by the way, moreover
Übung *(f.)*, **-en** exercise, practice
Uhr *(f.)*, **-en** clock; **um acht Uhr** at eight o'clock
um around, about, at (+ *time*), by, for; **um mehr als** by more than; **um ... willen** for the sake of . . . ; **um ... zu** in order to
um/arbeiten to rewrite, revise
Umfang *(m.)* extent
umfangreich extensive
umfassen to encompass
Umgebung *(f.)*, **-en** environ, surrounding area
um/setzen to implement
umso ... je the . . . the
Umstand *(m.)*, **=e** circumstance, situation
um/steigen auf (stieg ... um, ist umgestiegen) to switch to, transfer to
umstritten contested, controversial
Umwelt *(f.)* environment
Umweltschutz *(m.)* environmental protection
um/ziehen (zog ... um, ist umgezogen) to move; **sich um/ziehen (zog sich ... um, hat sich umgezogen)** to change clothing
unabhängig independent
und and
ungeeignet unsuitable, unfit
ungefähr about, approximately
ungekannt unknown

ungewöhnlich unusual
unmittelbar direct
unmöglich impossible
uns us, to us, ourselves; **bei uns** in our (country/family), here
unser our
unten below
unter under, among
unternehmen (unternahm, unternommen; unternimmt) to carry out, undertake
Unternehmen *(n.),* – enterprise, large company
Unterricht *(m.)* instruction
unterscheiden (unterschied, unterschieden) to distinguish
unterstützen to support
Unterstützung *(f.),* **-en** support
untersuchen to examine, investigate
Untersuchung *(f.),* **-en** investigation, examination
unterzeichnen to sign
unzählig countless
Ursache *(f.),* **-n** cause
Ursprung *(m.),* **¨e** origin, source
ursprünglich original
u.s.w. = **und so weiter** and so forth, etc.
u.U. = **unter Umständen** under certain circumstances

Vater *(m.),* **¨** father
v.Chr. = **vor Christi (Geburt)** B.C.
verändern to change
Veränderung *(f.),* **-en** change
veranlassen to bring about, occasion
verbannen to ban
verbessern to improve
verbieten (verbot, verboten) to forbid
verbinden (verband, verbunden) to combine, connect
verbindlich binding
Verbindung *(f.),* **-en** connection
verbleibend remaining
verbreiten to spread, disseminate
Vereinbarung *(f.),* **-en** agreement
Vereinigte Staaten *(pl.)* United States
Verfahren *(n.),* – process
Verfasser *(m.),* **–; Verfasserin** *(f.),* **-nen** author
Verfügung *(f.),* **-en** disposal, order; **zur Verfügung haben** to have available; **zur Verfügung stehen** to be available
vergessen (vergaß, vergessen; vergißt) to forget

Vergleich *(m.),* **-e** comparison; **zum Vergleich** as a comparison
vergleichen (verglich, verglichen) to compare
vergrößern to enlarge
Verhältnis *(n.),* **-se** ratio, relationship
verhältnismäßig relative, comparative
verhelfen (verhalf, verholfen) to help/assist toward an end
verkaufen to sell
Verkäufer *(m.),* **–; Verkäuferin** *(f.),* **-nen** salesman/woman
Verlag *(m.),* **-e** publisher
verlangen to demand, claim, desire
verletzen to injure; **sich verletzen** to get hurt, injure oneself
verlieren (verlor, verloren) to lose
Verlust *(m.),* **-e** loss
vermehren (sich) to multiply
vermeiden (vermied, vermieden) to avoid
vermerken to annotate, note, remark
vermitteln to convey, give
vermuten to suspect, assume
vermutlich presumable, possible
Vernunft *(f.)* reason
Veröffentlichung *(f.),* **-en** publication
verschieden various, different
verschweigen to keep secret, conceal
verschwinden to disappear
versehen (versah, versehen; versieht) to equip, provide, furnish
versichern to insure, assure
versöhnen to reconcile
versorgen to provide, supply
Verstand *(m.)* mind, reason
verständlich intelligible
Verständnis *(n.)* understanding
verstehen (verstand, verstanden) to understand
verstorben deceased
Versuch *(m.),* **-e** experiment, attempt
versuchen to try
verteidigen to defend
Verteidigung *(f.)* defense, vindication
vertreiben (vertrieb, vertrieben) to exile
Vertreter *(m.),* **–; Vertreterin** *(f.),* **-nen** representative
verwandeln (sich) to change, transform, metamorphose
verwenden to use, employ
verzeichnen to record, list
verzichten (auf) to forgo

v.H. = **vom Hundert** percent
viel much
vieles much
vielfach manifold, various, frequent
Vielfalt *(f.)* variety
vielfältig varied, manifold
vielleicht perhaps
vier four
vierzehn fourteen
vierzig forty
Vokal *(m.),* **-e** vowel
Volk *(n.),* **⁼er** people, nation
vollenden to complete, end, finish
völlig fully, completely
vollständig complete, entire
von of, from, about, by, on, upon
vor before, in front of, for; **vor allem**
    above all; **vor zehn Jahren** ten
    years ago
voraus before, in advance, ahead
voraus/sagen to predict
Voraussetzung *(f.),* **-en** assumption,
    hypothesis, prerequisite
vor/bereiten to prepare
Vorbild *(n.),* **-er** model, example
Vordergrund *(m.),* **⁼e** foreground
vor/führen to bring up, present,
    demonstrate
Vorführung *(f.),* **-en** demonstration,
    presentation, show
Vorgang *(m.),* **⁼e** procedure
vorhanden sein (war, ist gewesen; ist)
    to be present
vorher before, previously
vorher/gehen (ging ... vorher, ist
    vorhergegangen) to precede
vor/kommen (kam ... vor, ist
    vorgekommen) to occur, happen,
    seem
vorläufig for the time being, temporary,
    preliminary
vor/legen to produce, present
Vorlesung *(f.),* **-en** lecture
Vorliebe *(f.),* **-n** preference
Vorschlag *(m.),* **⁼e** suggestion
vor/schlagen (schlug ... vor, vorgeschlagen;
    schlägt ... vor) to suggest, propose
vor/sehen (sah ... vor, vorgesehen;
    sieht ... vor) to consider, provide for
vor/stellen to introduce
Vorurteil *(n.),* **-e** prejudice
vor/werfen (warf ... vor, vorgeworfen;
    wirft ... vor) to reproach

vor/ziehen (zog ... vor, vorgezogen)
    to prefer

wachsen (wuchs, gewachsen; wächst)
    to grow
Wachstum *(n.)* growth
Wagen *(m.),* **–** wagon, vehicle, car
wählen to choose, select; to vote
wahr true
während during, for, while, whereas
Wahrheit *(f.),* **-en** truth
wahrscheinlich probably
Wald *(m.),* **⁼er** forest, woods
Wand *(f.),* **⁼e** wall
wann when
Wärme *(f.)* warmth, heat
warum why
was what, that, which, whatever; **was für**
    (ein) what kind of
Wasser *(n.),* **–** water
wechseln to change
weder ... noch neither . . . nor
Weg *(m.),* **-e** way, path, course
wegen because of, on account of
weh/tun (tat ... weh, wehgetan) to be
    painful
weiblich female, feminine
weich soft
weil because, since
weise wise
Weise *(f.),* **-n** way, manner; **auf diese**
    Weise in this way
weiß white
weit wide, far, extensive
weiter further
weiter/gehen (ging ... weiter, ist weiter-
    gegangen) to continue
weithin widely, largely
welch who, which, what
Welt *(f.),* **-en** world
Weltkrieg *(m.),* **-e** world war
Wende *(f.),* **-n** turning point, new era
wenden (sich) an to appeal to
wenig little, few
wenn if, when; whenever
wenn auch/auch wenn even though,
    although
wer who, which, he who, whoever
werben (warb, geworben; wirbt)
    to advertise
werden (wurde, ist geworden; wird)
    to become; **werden zu** to turn into
Werk *(n.),* **-e** work, plant

Werkzeug *(n.)*, **-e** tool
Wert *(m.)*, **-e** value, worth
Wesen *(n.)*, **–** being, nature, essence
wesentlich essential, important, considerable; **im wesentlichen** essentially
weshalb why
West, Westen *(m.)* west, Occident
westlich west, western, occidental
Wetter *(n.)* weather
wichtig important
Wichtigkeit *(f.)* importance
widersprüchlich contradictory
Widerstand *(m.)*, **⁼e** opposition, resistance
widmen (sich) to be dedicated
wie as, like, how
wiederholen to repeat
wiegen (wog, gewogen) to weigh
wieviel how much
wie viele how many
Wille *(m.)* will
willkürlich arbitrary
wirken to work, be engaged; to have an effect
wirklich actual, real, true
Wirklichkeit *(f.)*, **-en** reality
Wirkung *(f.)*, **-en** effect, consequence
Wirtschaft *(f.)*, **-en** industry, economy
wirtschaftlich economic, industrial
wissen (wußte, gewußt; weiß) to know (facts); **wir wissen es schon lange** we have known it for a long time
Wissenschaft *(f.)*, **-en** science
wissenschaftlich scientific, scholarly
wo where
Woche *(f.)*, **-n** week
wohl well, perhaps, probably, indeed, no doubt
wollen (wollte, gewollt; will) to want to, intend to, be about to, wish
Wort *(n.)*, **-e; ⁼er** word
wünschen to wish

Zahl *(f.)*, **-en** number
zählen to count
zahlreich numerous
z.B. = zum Beispiel for example
zehn ten
Zeichen *(n.)*, **–** sign, symbol, mark, token
zeigen to show, demonstrate; **sich zeigen** to appear, prove to be
Zeit *(f.)*, **-en** time; **zur Zeit (z.Z.)** at the time, at present, now

Zeitalter *(n.)*, **–** age, era
zeitweise at times, from time to time
Zelle *(f.)*, **-n** cell
zerstören to destroy
Zerstörung *(f.)*, **-en** destruction
ziehen (zog, gezogen) to move, pull
Ziel *(n.)*, **-e** goal, aim
ziemlich fairly, rather
zu to, in, for, at, in addition to, too
zuerst at first, first of all, first
Zufall *(m.)*, **⁼e** coincidence
zufrieden satisfied
Zug *(m.)*, **⁼e** train
zu/geben (gab … zu, zugegeben; gibt … zu) to admit
zugleich also, at the same time
Zukunft *(f.)* future
zumindest at least
zunächst next, first of all, to begin with, above all
Zunahme *(f.)*, **-n** increase
zu/nehmen (nahm … zu, zugenommen; nimmt … zu) to increase, grow
zurück back
zurück/kehren to return
zusammen together
Zusammenarbeit *(f.)* cooperation
Zusammenbruch *(m.)*, **⁼e** collapse
zusammen/fassen to summarize
Zusammenhang *(m.)*, **⁼e** connection, relationship
zusammen/hängen mit (hing … zusammen, zusammengehangen) to be connected with
Zustand *(m.)*, **⁼e** condition
zustande/kommen (kam … zustande, ist zustande gekommen) to come about, produce
Zustimmung *(f.)*, **-en** agreement
zuvor previously
Zuwachs *(m.)* growth
zu/wandern to immigrate
zwanzig twenty
zwar indeed, to be sure; **und zwar** that is, they are
Zweck *(m.)*, **-e** purpose
zwei two
zwischen between
Zwischenzeit *(f.)*, **-en** meantime
zwölf twelve

INDEX

INDEX

Index ▲ 323

Permissions and Credits

The authors and editors of *German for Reading Knowledge* would like to thank the following authors and publishers for their kind permission to reprint these materials.

Readings

p. 40 excerpt from Arno Kappler, Adriane Grevel: *Tatsachen über Deutschland,* Frankfurt 1995; pp. 414–416 (some material for exercises was also drawn from *Tatsachen über Deutschland*); **pp. 60–61** from *Illustrierte Neue Welt* #10, October 1995; p. 20; **pp. 68–69** based on *Schüler Duden: Das Wissen von A bis Z.,* 1992; p. 436; **pp. 77–78** Bundesministerium für Umweltschutz, Bonn; from *Umweltschutz in Deutschland,* 1992; pp. 58–60; **pp. 121–122** from *Sturm und Drang und Zeitgenossen* Katalog 13, 1996; p. 46; **pp. 129–130** based on Günther Heismann's "Unternehmer: Ostdeutschlands Frauen machen mobil," *Die Woche,* March 15, 1996; p. 14; **pp. 148–149** from Immanuel Kant's "Was ist Aufklärung?" *Berlinische Monatsschrift,* Dezember 1784. *Kants Werke,* © E. Cassirer, Berlin, 1912, Volume IV; **pp. 156–157** from *Der Spiegel* 39/1995; p. 226; **pp. 172–173** shortened from Werner Spies, *Frankfurter Allgemeine Zeitung* 1/96; pp. 12–13; **pp. 180–181** based on review of Jürgen Mirow's *Geschichte des deutschen Volkes* in *Wissenschaftliche Buchgesellschaft Jahreskatalog 95;* 1995; p. 168; **pp. 182–184** shortened from Frank T. Zumbach *dtv magazin* 1/95; p. 19 © 1995 Deutscher Taschenbuch Verlag, Munich/Germany; **pp. 190–191** from Renate Schostack's "Robert Schumann: Original-Partitur wiedergefunden," *Frankfurter Allgemeine Zeitung,* Oct. 27, 1994; **pp. 211–212** based on review of Heinz Bechert and Georg von Simson's *Einführung in die Indologie* in *Wissenschaftliche Buchgesellschaft Jahreskatalog 95;* 1995; p. 258; **pp. 219–221** from *Der Spiegel* 46/1995; p. 215; **pp. 228–229** from Margaret Wertheim's "Ehre sei Gott im Cyberspace"; *Die Zeit* 22, May 31, 1996; p. 19, translated by Regine Reimers from the original "The Medieval Consolations of Cyberspace," THE SCIENCES, vol. 35, Nov./Dec. 1995; pp. 24–25; **pp. 244–245** based on a book review of Hans-J. Misselwitz's *Nicht länger mit dem Gesicht nach Westen* by Peter Pragal, *Berliner Zeitung,* March 6, 1996; p. 6; **pp. 250–251** from Jörg Bäsecke, *Süddeutsche Zeitung,* May 4, 1995; p. 257 Jörg Blech, *Die Zeit* 29, July 12, 1996; p. 19; **pp. 258–260** from Ingeborg Braa and Sigrid Kumm, *Städteporträt: Berlin,* Inter Nationes, 1992; pp. 16–17; Rolf Schneider's "Ich bin kein Berliner" from *Berlin, ach Berlin,* edited by H.W. Richter, Berlin 1981; **pp. 263–265** Mark Lilla, "Goethes Mülldeponie" *Frankfurter Allgemeine Zeitung,* Feb. 16, 1996; **pp. 266–268** shortened from Ernst Robert Curtius' "Bemerkungen über den französischen Roman" reprinted in *Merkur* 4, April 1996; p. 356; the original article first appeared in *Merkur* 17, July, 1946; **pp. 269–271** from The Museum of Modern Art New York, 1994; **pp. 272–273** Albert Gier, "Über die Familie Mendelssohn," *Neue Zürcher Zeitung;* Dec. 19, 1995; p. 44; **pp. 274–277** shortened from Martin Kessler's "Europäische Währungsunion: Eine deutsche Diskussion," INTER NATIONES, 1996; pp. 1–5; **pp. 278–281** from Luise F. Pusch, *Das Deutsche als Männersprache: Aufsätze und Glossen zur feministischen Linguistik;* Frankfurt/Main, 1984; 46–48; **pp. 282–284** Adi Sollberger, "Papierkrieg in Havanna," WELTWOCHE Supplement, *Weltwoche* 22, May 30, 1996; p. 26; **pp. 285–288** from Steffan Heuer, "Die tausend gefräßigen Rachen der Lady Luck," *Die Weltwoche* 28, July 11, 1996; p. 18;

pp. 289–291 from Stephan Reihnardt, "Carl von Ossietzky: Vom Idealismus getragene Leidenschaft," *Rowohlt Revue* Spring/1995; p. 7; pp. 292–294 from "Deutsche Rechtschreibreform in Kraft–Beteiligte Länder sprechen von einem 'tragbaren Kompromiß' "*Deutschland Nachrichten: Eine Wochenzeitung des German Information Center New York,* July 5, 1996; p. 6.

Realia

p. 54 from *Langenscheidt's New College German Dictionary*, Berlin 1995, p. 434; p. 304 *(Appendix C)* from *Langenscheidt's New College German Dictionary,* Berlin 1995; back cover.